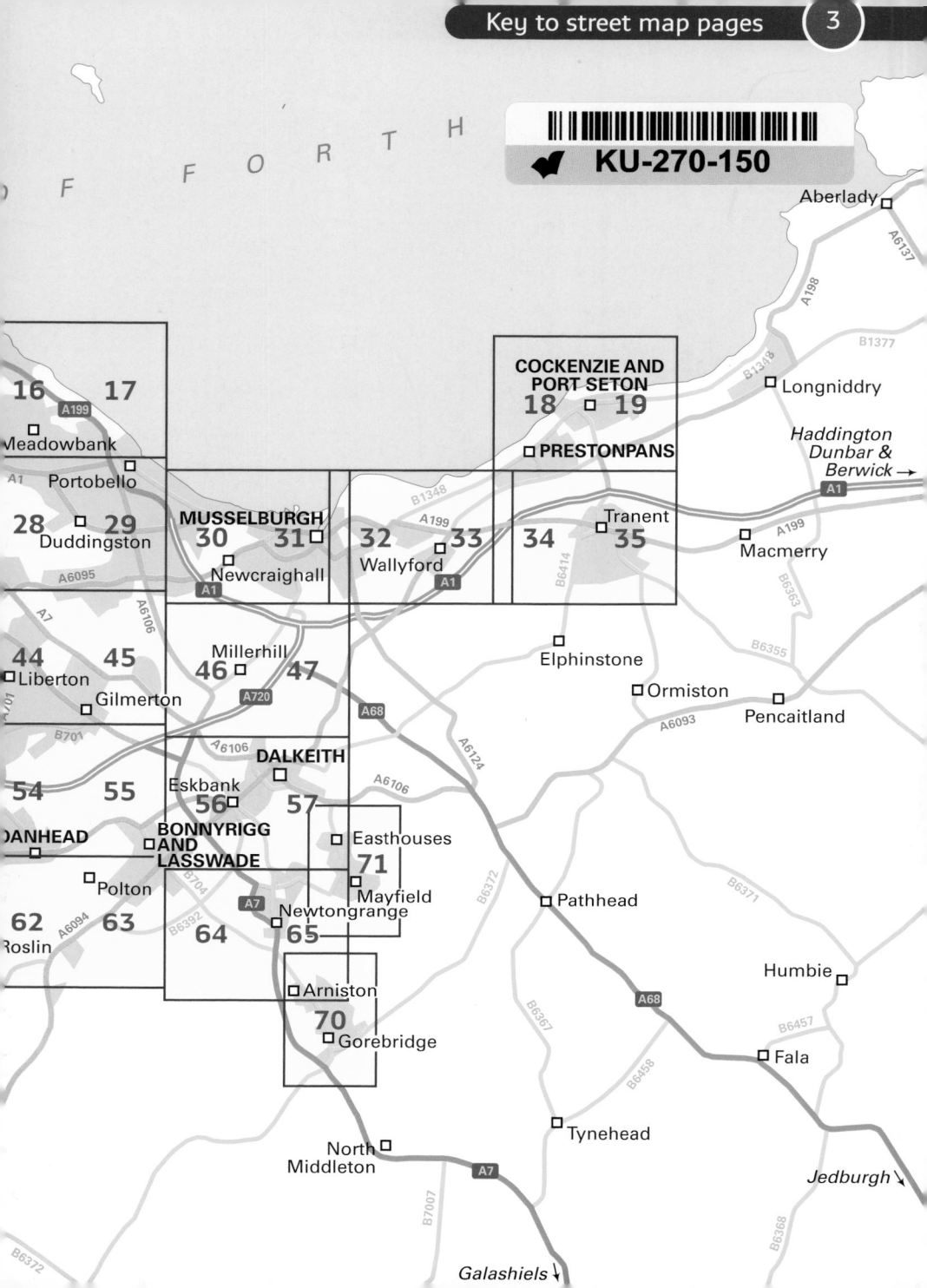

OF FORTH

Aberlady

Longniddry

COCKENZIE AND PORT SETON
18 19

PRESTONPANS

Haddington Dunbar & Berwick →
A1

16 17

Meadowbank
A199

Portobello
A1

28 29
Duddingston
A6095

MUSSELBURGH
30 31

Newcraighall
A1

32 33
Wallyford
A1

34 35
Tranent

Macmerry

B6414

44 45
Liberton

Gilmerton

46 47
Millerhill
A720

A6106

54 55
Eskbank

DALKEITH

56 57

BONNYRIGG AND LASSWADE

Easthouses

Elphinstone

Ormiston

Pencaitland
A6093

A68

A6124

A6106

ANHEAD

Polton

62 63
Roslin

A6094

64 65
Newtongrange

71
Mayfield

B6372

Pathhead

B6371

Humbie

70
Arniston

Gorebridge

B6367

A68

B6457

Fala

North Middleton

Tynehead

Jedburgh ↘

B7007
A7

Galashiels ↓

B6368

B6372

M8	Motorway
A720	Primary road dual /single
A70	'A' Road dual / single
B701	'B' Road dual / single
	Other road dual / single
	Road under construction
4	Key number for street name (See note in index for further details)
Toll	One-way street / Toll
	Restricted access / Pedestrian street
	Minor road / Track
FB	Footpath / Cycle path / Footbridge
EDINBURGH	Unitary authority boundary
EH1	Postcode boundary and number
	Railway stations
	Railway tunnel
	Level crossing
	Tram (under construction)
	Bus / Coach station
P&R	Park & Ride (road)
P	Car Park
◼ i	Tourist information centre
+ ☾ ✡	Church / Mosque / Synagogue
	Toilet

PO	Post Office
	Cinema
	Theatre
	Major Hotel
Pol	Police station
Lib	Library
	Leisure / Tourism
	Shopping / Retail
	Administration / Law
	Education
	Hospital / Health
	Industry / Commerce
	Other notable building
	Major religious building
	Wood / Forest
	Park / Garden / Recreation ground
	Public open space
	Golf course
	Cemetery
	Built up area
318	National Grid Reference
15	Page continuation number

SCALE

0	1/4	1/2	3/4	1 mile
0	0.25	0.5	0.75	1	1.25	1.5 kilometres

1 : 15,840 4 inches (10.2 cm) to 1 mile / 6.3 cm to 1 km

Collins

EDINBURGH

Contents

Key to street map pages	2-3
Key to street map symbols	4
Key to route planning map symbols	5
City centre map	6-7
Street maps	8-71
Route planning maps	72-75
Index	76-112

◆ Collins

Published by Collins
An imprint of HarperCollins Publishers
77-85 Fulham Palace Road, Hammersmith, London W6 8JB

www.harpercollins.co.uk
Copyright © HarperCollins Publishers Ltd 2009
Collins® is a registered trademark of HarperCollins Publishers Limited

Mapping generated from Collins Bartholomew digital databases
Pages 6-71 use map data licensed from Ordnance Survey ® with the permission of the Controller of Her Majesty's Stationery Office.
© Crown copyright. Licence number 399302
The grid on this map is the National Grid taken from the Ordnance Survey map with the permission of the Controller of Her Majesty's
Stationery Office.

Printed in Hong Kong by Printing Express Ltd
ISBN 978-0-00-727441-3   Imp 001   VI 12390   RDA

e-mail: roadcheck@harpercollins.co.uk

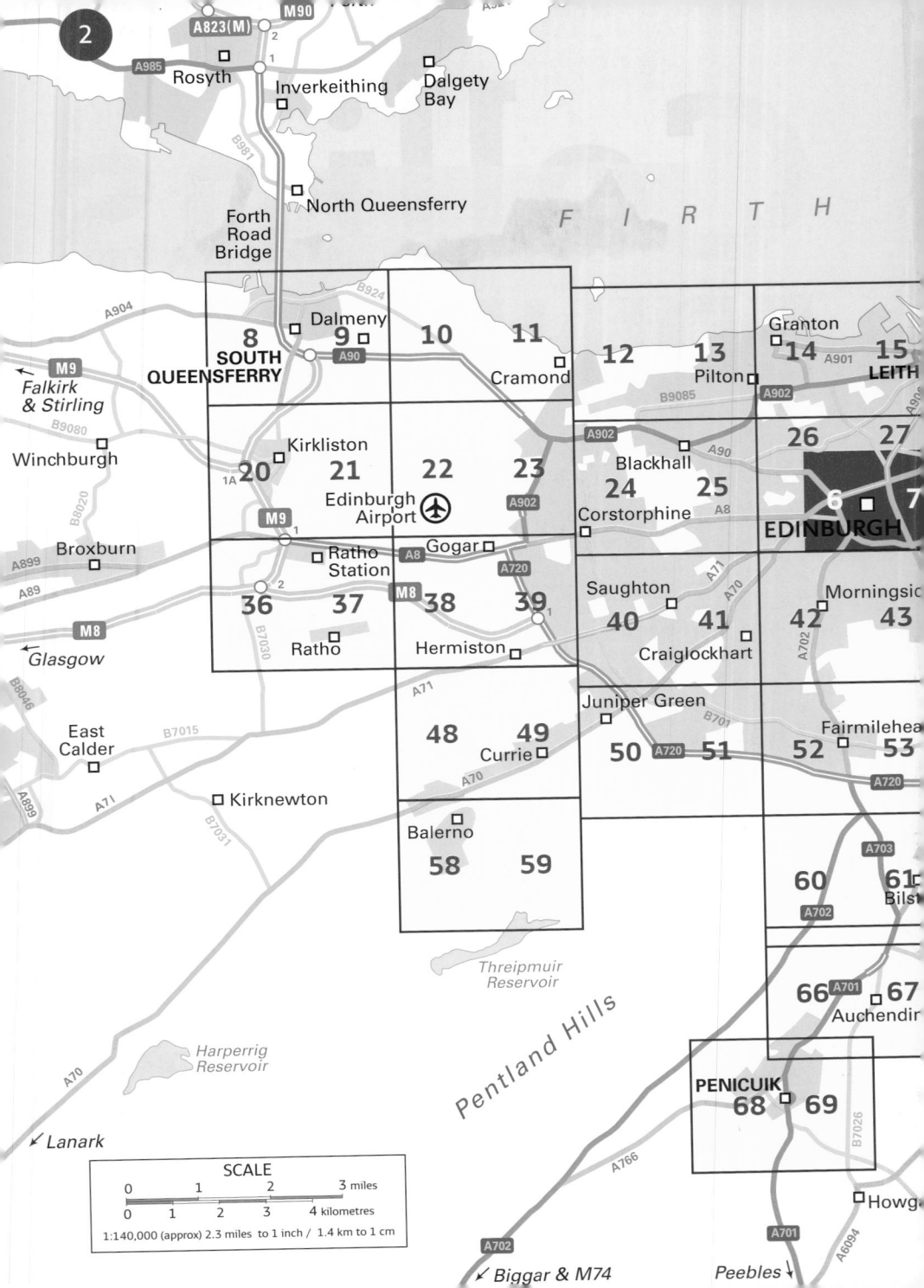

2

A823(M) M90
A985 Rosyth
Inverkeithing
Dalgety Bay

B981

North Queensferry

Forth Road Bridge

F I R T H

A904

B924

8 Dalmeny 9 10 11
SOUTH QUEENSFERRY A90 Cramond 12 13 Granton 14 A901 15
Pilton B9085 A902 LEITH

M9
Falkirk & Stirling

B9080

Winchburgh

Kirkliston
20 21 22 23 A902 Blackhall 26 27
Edinburgh Airport 24 25 6 7
Corstorphine A8 EDINBURGH

1A

Broxburn
A899
A89

M9

Ratho Station
36 37 38 39 40 41 42 43
Ratho Gogar A720 Saughton A71 A70 Morningsic
Hermiston Craiglockhart A702

M8
Glasgow

B8046

B7030

A8

M8

A71

East Calder

B7015

48 49 Juniper Green 50 A720 51 52 53 Fairmilehea
Currie B701 A720

A899

A71 Kirknewton

B7031

A70

Balerno
58 59
60 61
Bils

A703
A702

Threipmuir Reservoir

66 A701 67
Auchendir

Pentland Hills

PENICUIK
68 69

A70 Harperrig Reservoir

B7026

Lanark

SCALE
0 1 2 3 miles
0 1 2 3 4 kilometres
1:140,000 (approx) 2.3 miles to 1 inch / 1.4 km to 1 cm

A766

A702

A701

Howg

Biggar & M74

Peebles

A6094

M8	Motorway	Ⓗ	Heliport
8 9	Motorway junctions (full, limited access)	P&R P&R	Park and Ride site operated by bus / rail
Stirling Harthill	Motorway service areas (off road, full, limited access)		Canal / Dry canal / Canal tunnel
Hamilton			Built up area
A80	Primary route dual / single	□ □ ◻	Town / Village / Other settlement
A89	'A' road dual / single	STIRLING	Primary route destination
B806	'B' road dual / single		County / Unitary Authority boundary
	Minor road		
	Roads with restricted access		National Park boundary
	Road proposed or under construction		Regional / Forest Park boundary
33	Multi-level junction with full/ limited access	Danger Zone	Military range
	Roundabout		Woodland
4	Road distance in miles	🗼	Beach / Lighthouse
	Road tunnel	468	Spot height (metres)
	Steep hill (arrows point downhill)	▲ 941	Summit height (metres)
Toll	Level crossing / Toll		Lake / Dam / River / Waterfall
Zeebrugge	Car ferry	74	Page continuation number
	Railway line / station / tunnel		
✈	Airport with scheduled services		

Any of the following symbols may appear on the map in maroon which indicates that the site has World Heritage status e.g. ★

ℹ ⓘ	Tourist information office (all year / seasonal)	⊹	Ecclesiastical building	◣	Nature reserve (NNR indicates a National Nature Reserve)
m	Ancient monument	⛰	Event venue	⚞	Racecourse
🐟	Aquarium	🐄	Farm Park	◪	Rail Freight Terminal
⌂	Aqueduct / Viaduct	✿	Garden	⛷	Ski slope (artificial)
♣	Arboretum	⚐	Golf course	⛟	Steam railway centre / Preserved railway
✕ 1643	Battlefield	🏠	Historic house	⛱	Surfing beach
⚑	Blue flag beach	⊿	Historic ship	⚑	Theme park
⛺ 🚐	Camp site / Caravan site	⚽	Major football club	⚓	University
▦	Castle	£	Major shopping centre / Outlet village	🐘	Wildlife park / Zoo
⌂	Cave	🗡	Major sports venue	★	Other interesting feature
◔	Country park	▨	Motor racing circuit	(NTS)	National Trust for Scotland property
⚗	Distillery	🏛	Museum / Art gallery		

	0	490	985	1640	2295	2950	feet
water	0	150	300	500	700	900	metres

SCALE

0		4		8		12		16 miles
0	5		10		15		20	25 kilometres

1:250 000 4 miles to 1 inch (2.5cm) / 2.5km to 1cm

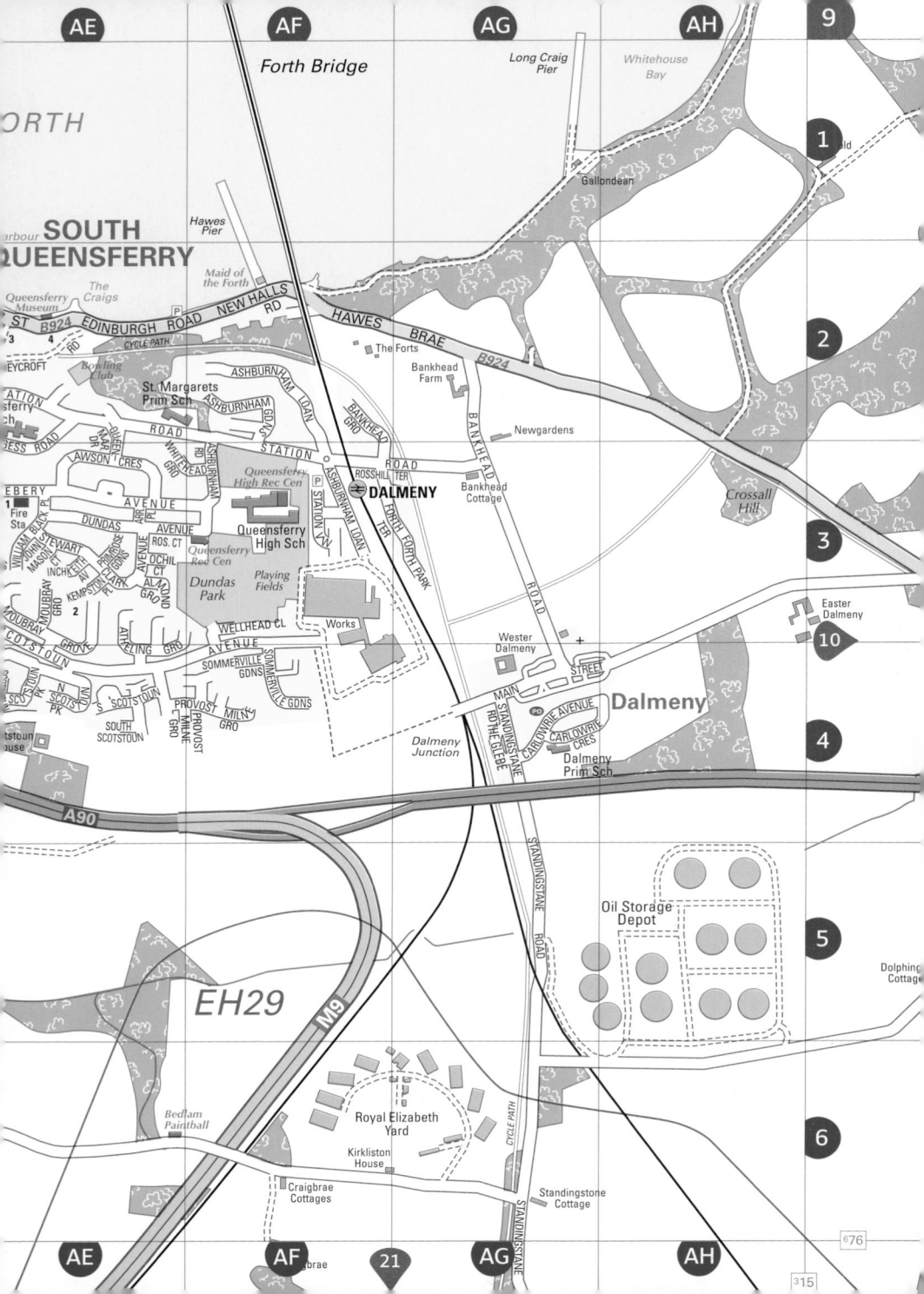

1

FIRTH

OF

FORTH

2

DRUM SANDS

3

Snab Point

12

Long
Green

Eagle
Rock

LONG GREEN
WOOD

4

Breakwater

Balmeny
me Farm

Home Farm
Cottages

Linkfen Burn

ESPLANA

Cobble
Cottage
Passenger Ferry

Cramond
Tower
Cramond
'House
Roman Fort
(remains)

Hall

Wilderness
Wood

CRAMOND

5

Cen

EH4

Weir

THE
GLEBE

School Brae

Weir

CADDELL'S
ROW
FAIR-A-FAR
COTTAGES

Cramond Terrace

Cramond Park
Cramond Road

Cramond Gdn

Cramond PL

Cramond Avenue

ROAD

6

New
Burnshot

East
Craigie

River Almond

CYCLE PATH

FAIR-A-FAR

WHITEHOUSE

INVER-
BRO

CRAMOND
VALE

INVERALMOND DR

Cramond
Prim Sch

GAMEKEEPER'S

Cargilfield
Sch

Bro

MILL
ROAD

FORTH OF FORTH

SEAFIELD ROAD

PROMENADE

EAST A199

Seafield Industrial Estate

Portobello Indoor

KING'S PLAYER

KING'S RD

29

INCHVIEW GRO

CHRIST

CRAIG

CRAIGENTINNY

CHRISTIEMILLER

CHRISTIEMILLER TERR

SYDNEY PK

SYDNEY PL

VANDELUR AVENUE

BRYCE GRO

KEKEWICH AVENUE

WAKEFIELD AVENUE

GOLF AVENUE

CRAIGENTINNY AVENUE

STAPELEY AVENUE

FILLYSIDE AVENUE

FILLYSIDE AV

FILLYSIDE TER

SEAFIELD WAY

SEAFIELD ROAD

NANTWICH DRIVE

FILLYSIDE ROAD

Pavilion

FIELD REC CREATION GROUND

Works

Pavilion

99

17

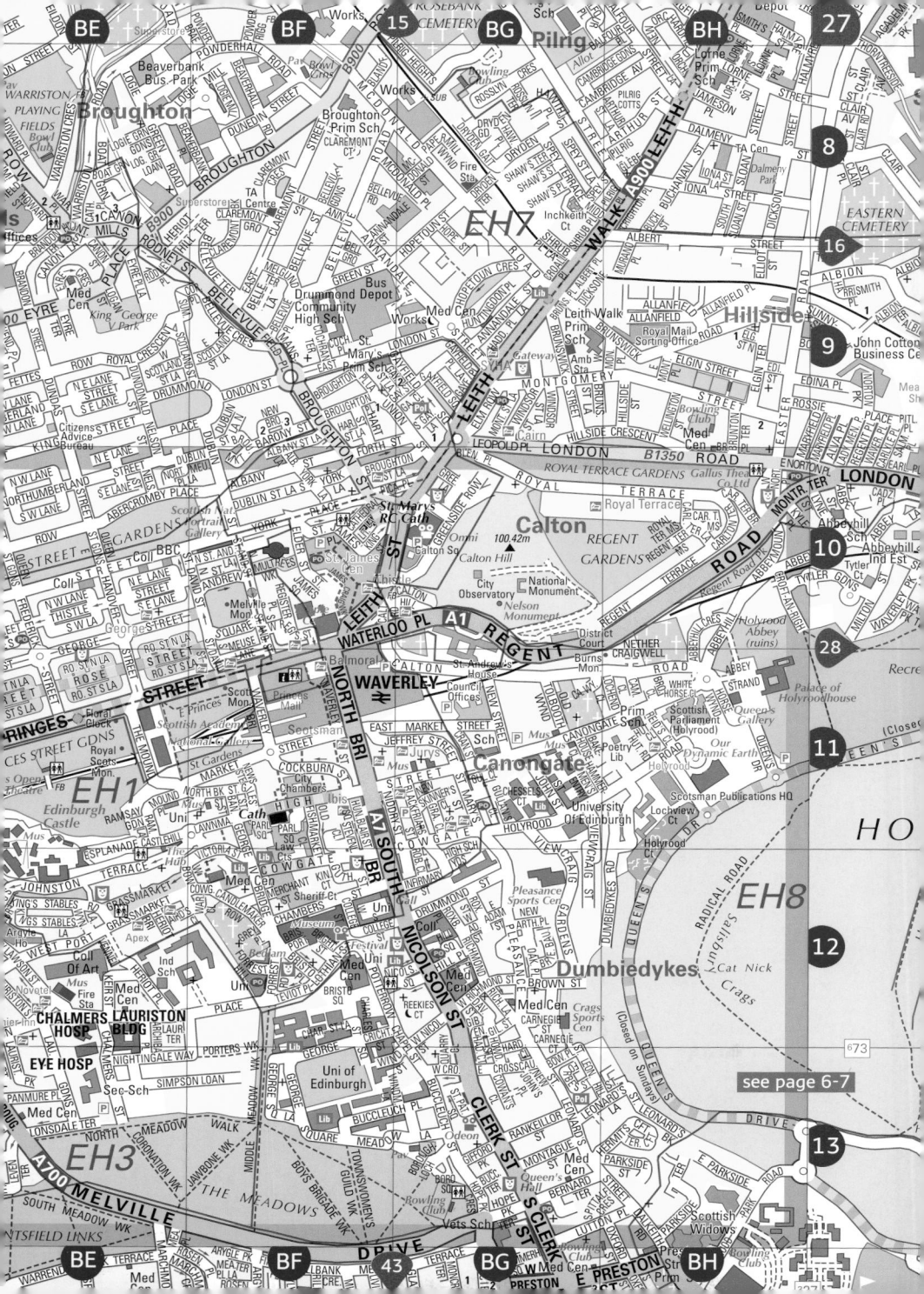

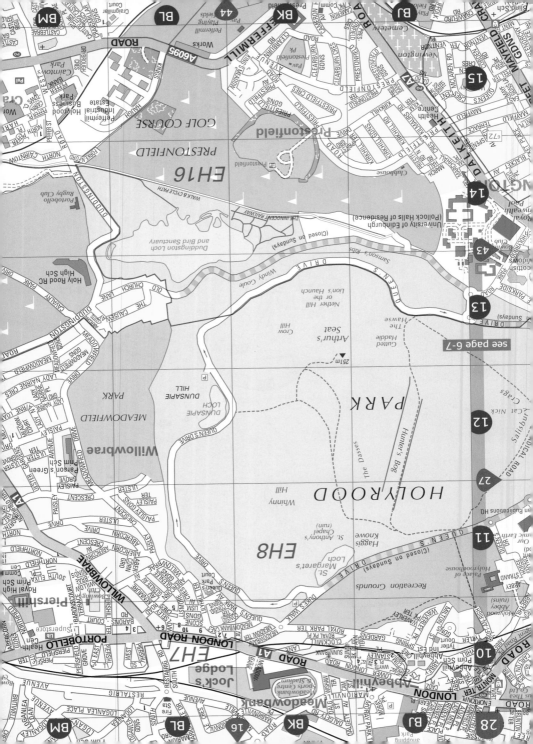

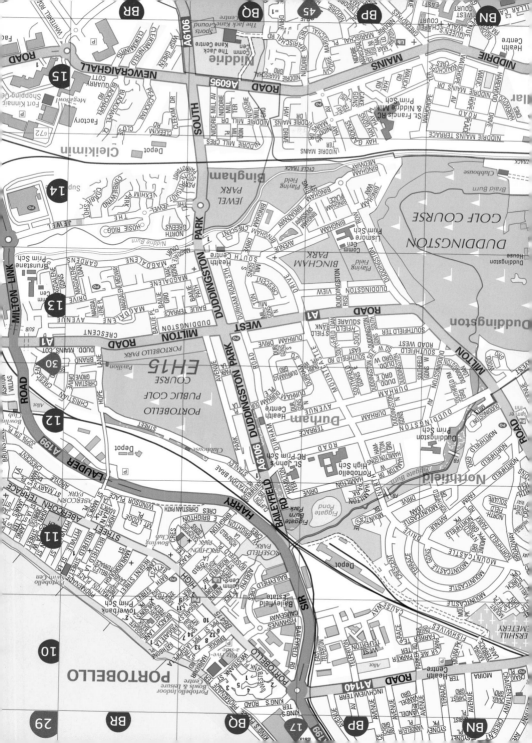

11

12

13

34

14

15

16

St. Gabrie
RC Prim S
PREST
PRESTON C

Oathill

Mid
Ind

EH32

EH33

Bowling
Club

Clubhouse

Prestongrange
Industrial Heritage
Museum

HAVEN

ROYAL MUSSELBURGH

GOLF COURSE

Ash
Lagoon

P

Drummohr
Caravan Park

Drummohr

Prestongrange
Crossing

Dolphingstone
Farm

Goshen
Farm

Wallyford
Toll

ROAD

P&R

WALLYFORD
STATION

Wallyford
Prim Sch

Comm
Cen

Wallyford
Industrial
Estate

Wallyford

Rosehill
Villa

St Clement's
Wells

B1348

B1361

A199

A199

A1

A199

A6094

INCHVIEW

CRES

WEMYSS GDNS

ALBERT PL

FA'SIDE GDNS

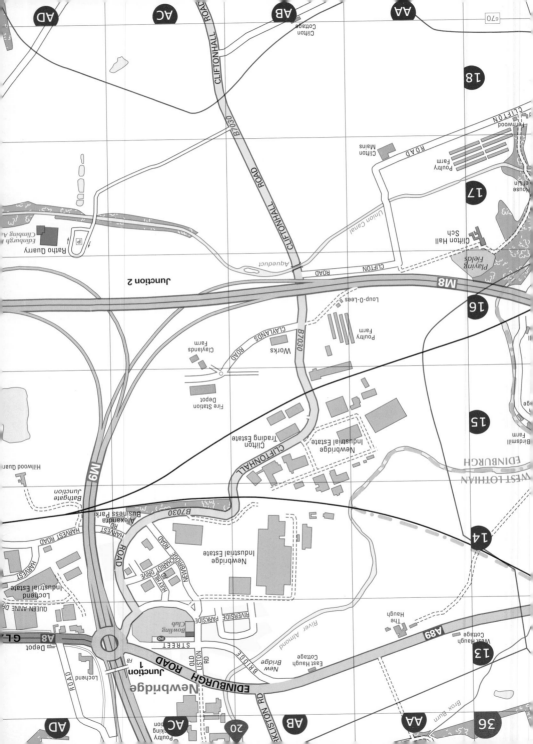

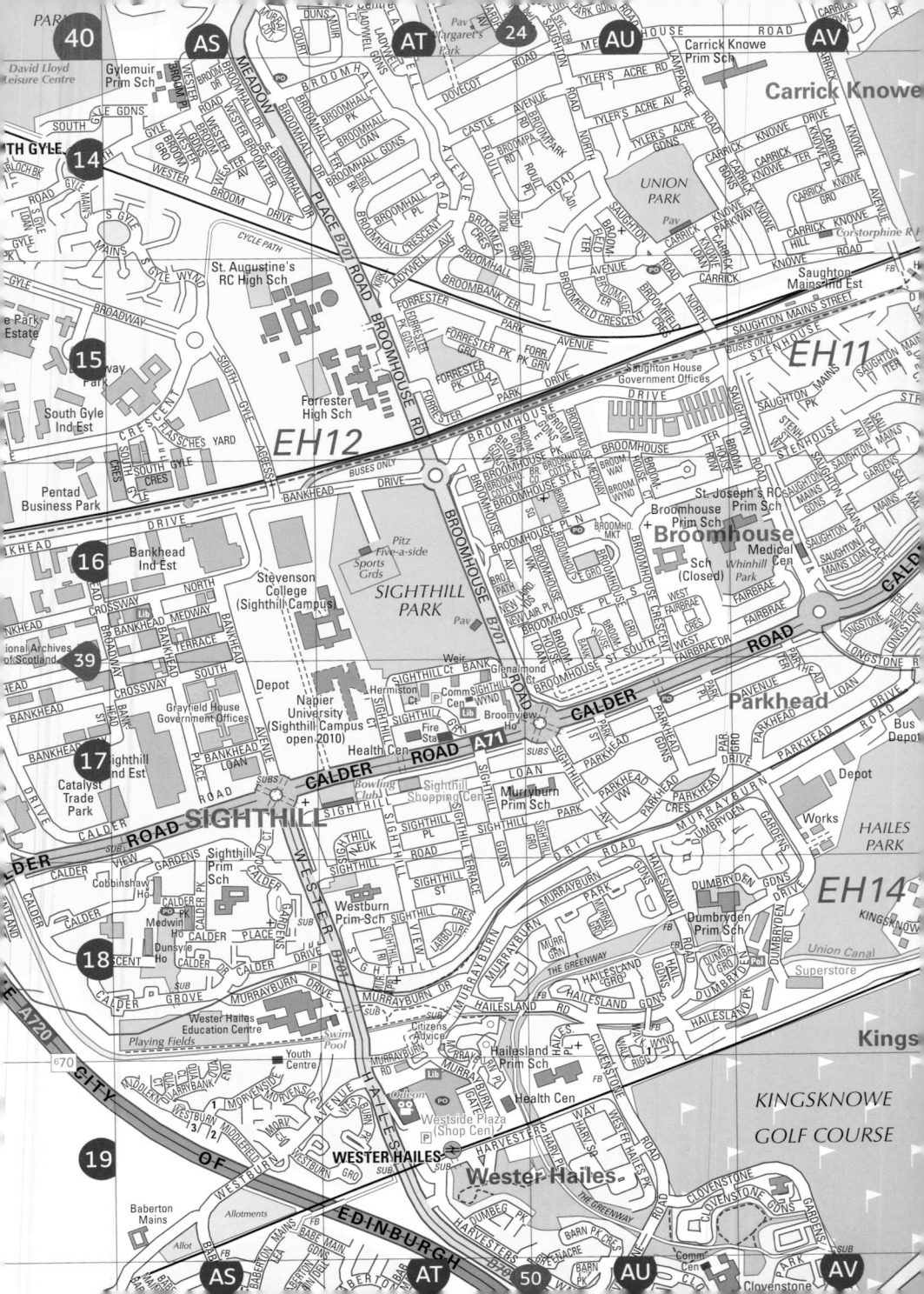

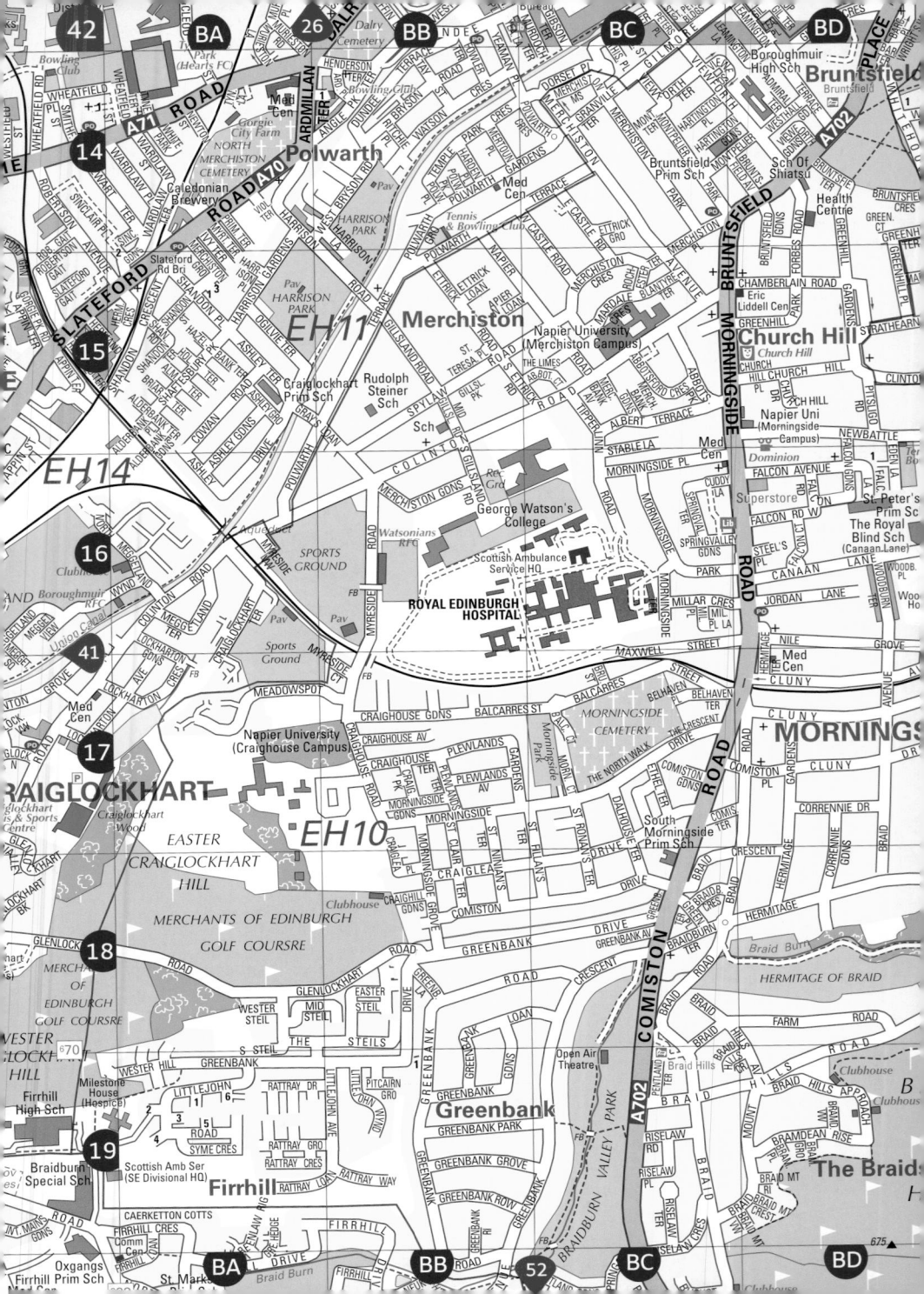

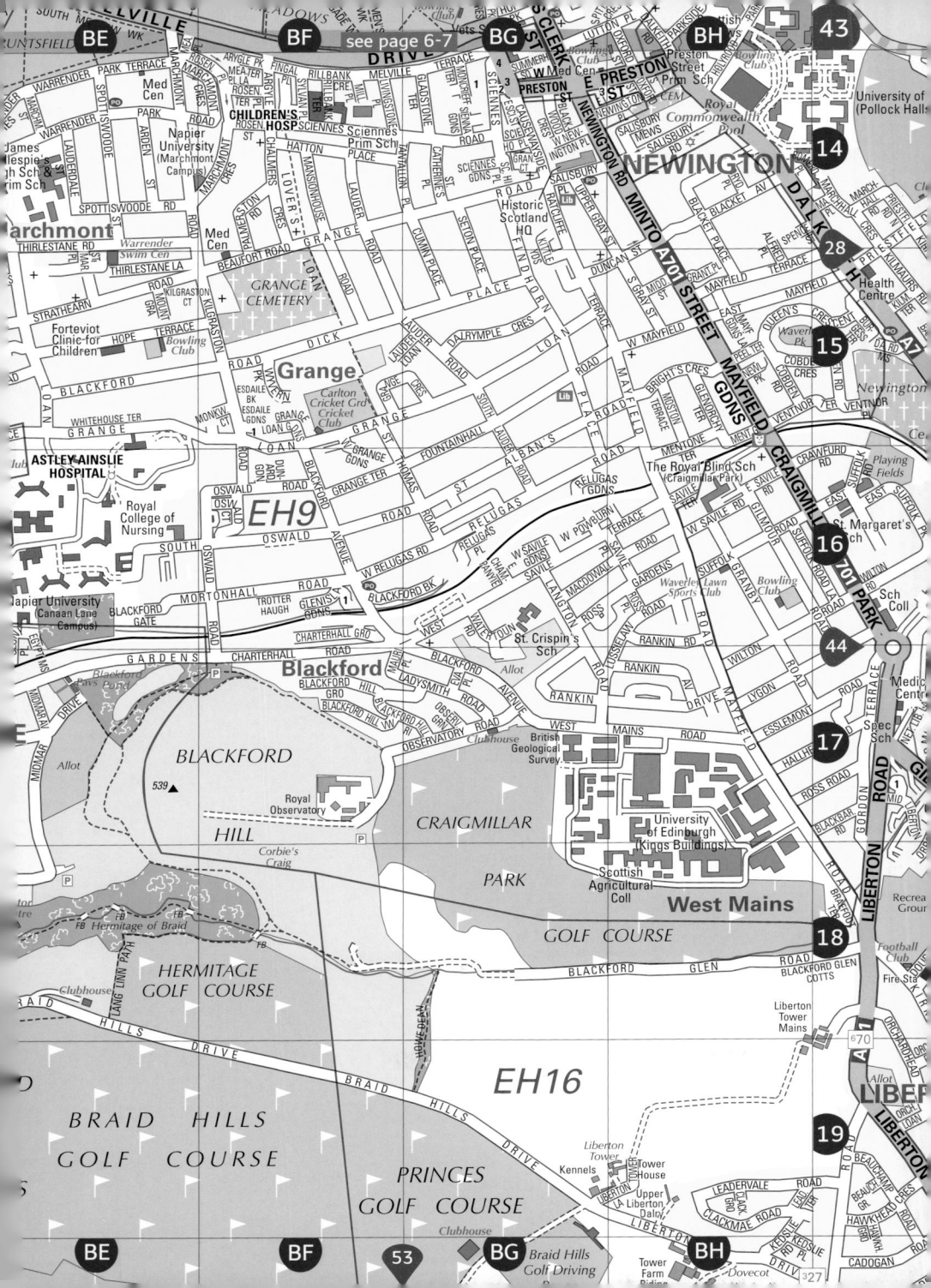

BS BT 30 BU WHITEHILL ROAD BV

Cauldcoats
17

Shawfair

Millerhill
Marshalling
Yard

MILLERHILL ROAD

WHITEHILL ROAD

18
A6106

Hilltown
Terrace

Recreation
Ground

MOOR
COTTS

MILLERHILL ROAD

Newton
Village

Hope
Cottage

Harelaw Farm

B6415

19

EDMONSTONE TERRACE
ROAD

NEWTON VILLAGE

HARELAW

OLD CRAIGHALL ROAD

EDMONSTONE ROAD

The
Scotway
Centre

Depot

45

ANGRES

EDMONSTON

Medical
Centre

NEWTON CHURCH ROAD

A6106

Easter
Millerhill

Lib
P

Danderhall
Community &
Leisure Centre

20

Danderhall

Millerhill

CAMP VIEW
CAMP VIEW
CAMP VIEW
CAMP VIEW
CAMP VIEW
GDNS
KAIMES

Wester
Millerhill

A7

ROAD

Shawfair
Park

ROAD
A6106

21

OLD

Sheriffhall
Park & Ride
P&R

Sheriffhall
Mains

DALKEITH

THE

DEANH
PARK

22

ROAD

Campend

MILLERHILL ROAD

A720

Cock Burn

Summerside

WESTGATE

68

BS BT 56 BU BV

31 EDINBURGH BYPASS Sheriffhall
Rdbt

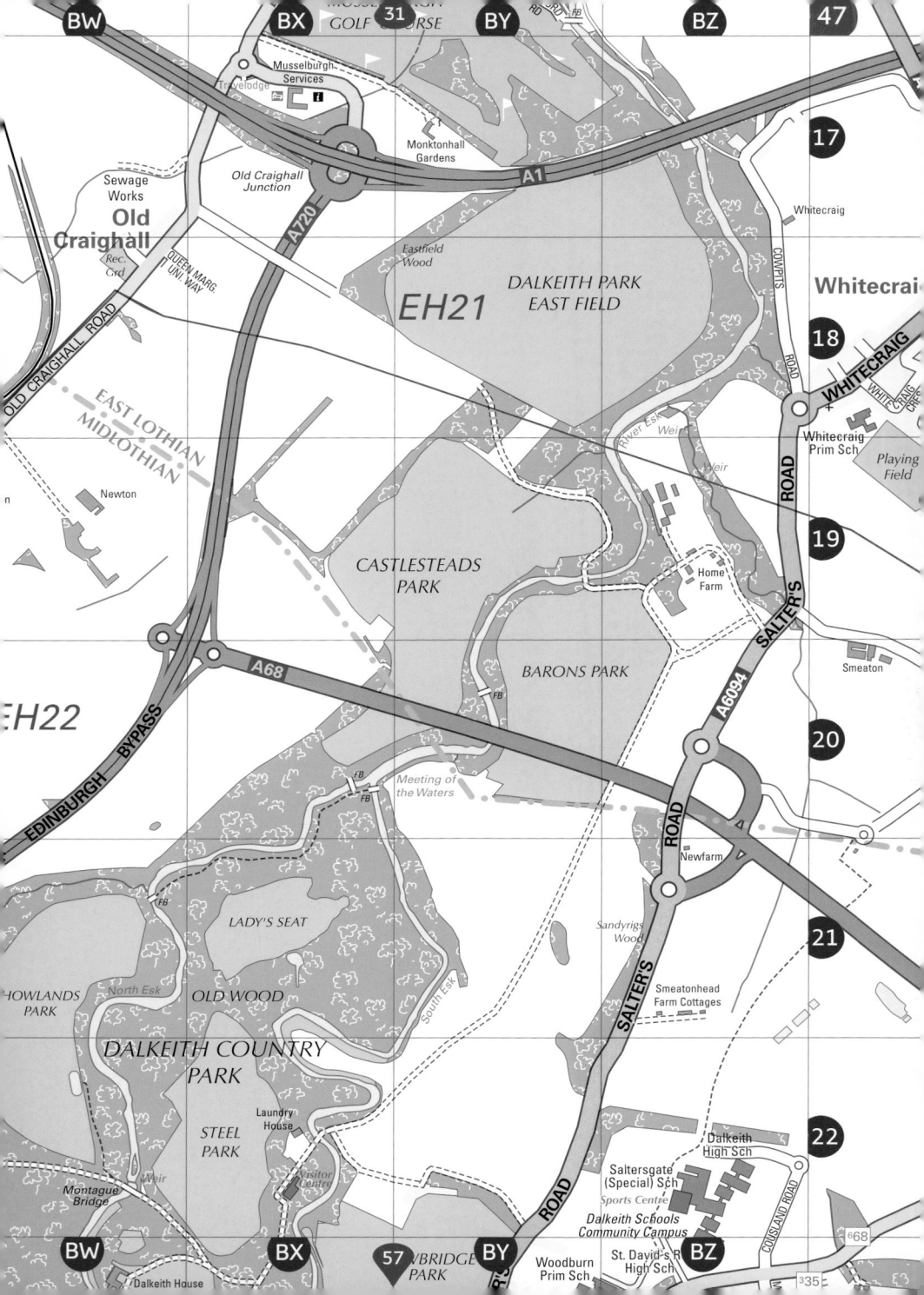

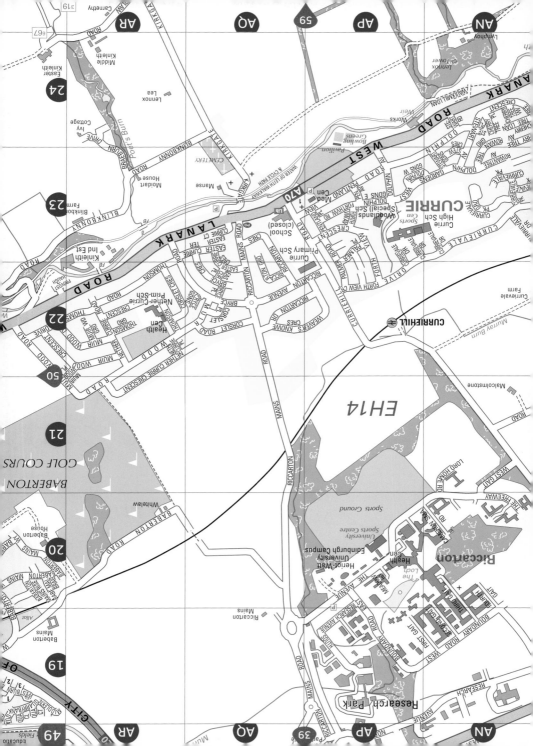

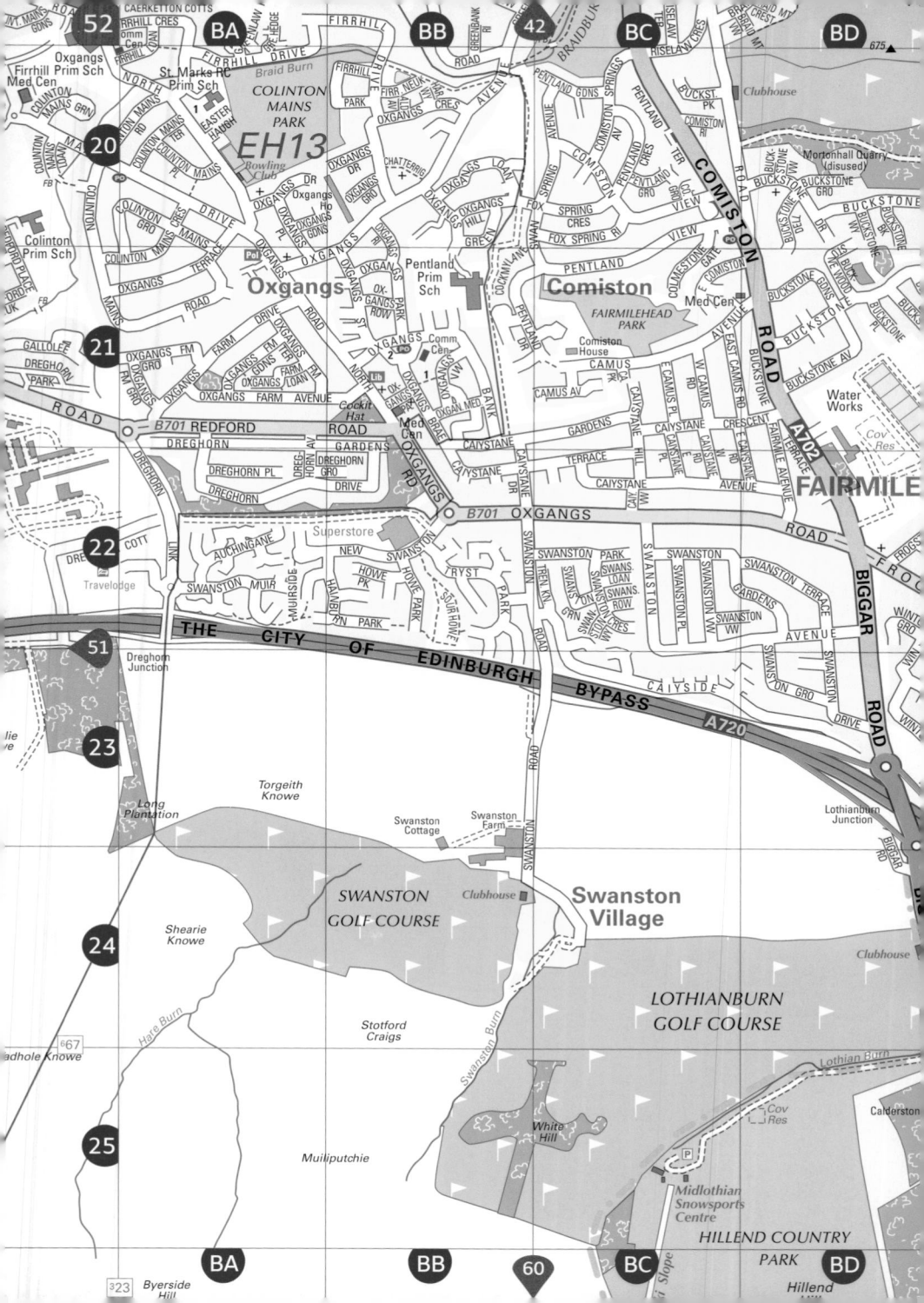

BE **BF** 43 **BG** 53

GOLF COURSE

Clubhouse

Braid Hills
Golf Driving
Range

BH

Upper Liberton
Dalry

Tower
Farm
Riding
Stables

Dovecot

Nursing Home
Liberton House

LIBERTON

KOLSIE
KOLSIE PL

CADOGAN

LIBERTON

MORTONHALL

Elf
Loch

GOLF COURSE

Kennels

Meadowhead

EH16

Alnwickhill
House

Alnwickhill

20

LIBERTON
PARK

44

TA
Centre

Res

STANEDYKEHEAD

Buckstone
Prim Sch

NETHERBANK

ALNWICKHILL VW

ALNWICKHILL

ALNWICKHILL

NETHERBANK

ALNWICKHILL GRO

ALNWICKHILL
LOAN

BACKLEE

BACKLEE

DRIVE

HOWDEN

21

Mortonhall Caravan
Park

HOWDEN
HALL CT

HOWDEN
HALL LOAN

HOWDEN

HOWDEN
HALL PK

HOWDEN

HOWDEN
HALL
WY

HOWDEN HALL

HOWDEN HALL

HOWDE

Crematorium

Mortonhall
Cemetery

Stenhouse Burn

Mortonhall

22

Mortonhall

M. PK
WAY

M. PK

MORTON
PK GRO

MORTON
PK LOAN

M. PK
GRN

MORTONHALL
PK

M. PK BK

MORTON
PK

MORTON
PK OR

MORTONHALL

Garden
Centre

FROGSTON ROAD

54

Fairmile
Marie Curie
Centre

Buckstone
Howe

WHITE DALES

BUCKSTONE
CROOK

GALACHLAW

MOUNTHOOLY

KING MALCOLM
CL

QUEEN

MARGARET

MARGARET ROSE

MARGARET ROSE
CRES

MARGARET
ROSE WAY

ROAD B701 WEST FROGSTON
BRAE

FROGSTON ROAD EA

EH10

Morton
House

Pav
Sports
Grd

EH17

23

Morton
Mains

THE CITY OF EDINBURGH BYPASS

Lothian Burn

A720

Broomhills

Burdieho

24

Electricity
Sub Sta

67

MIDLOTHIAN

Lothianburn

25

Straiton
Park & Rid

P&R

EH20

Straiton

Hillend

OLD PENTLAND

Straiton Park

BE **BF** 61 **BG** **BH**

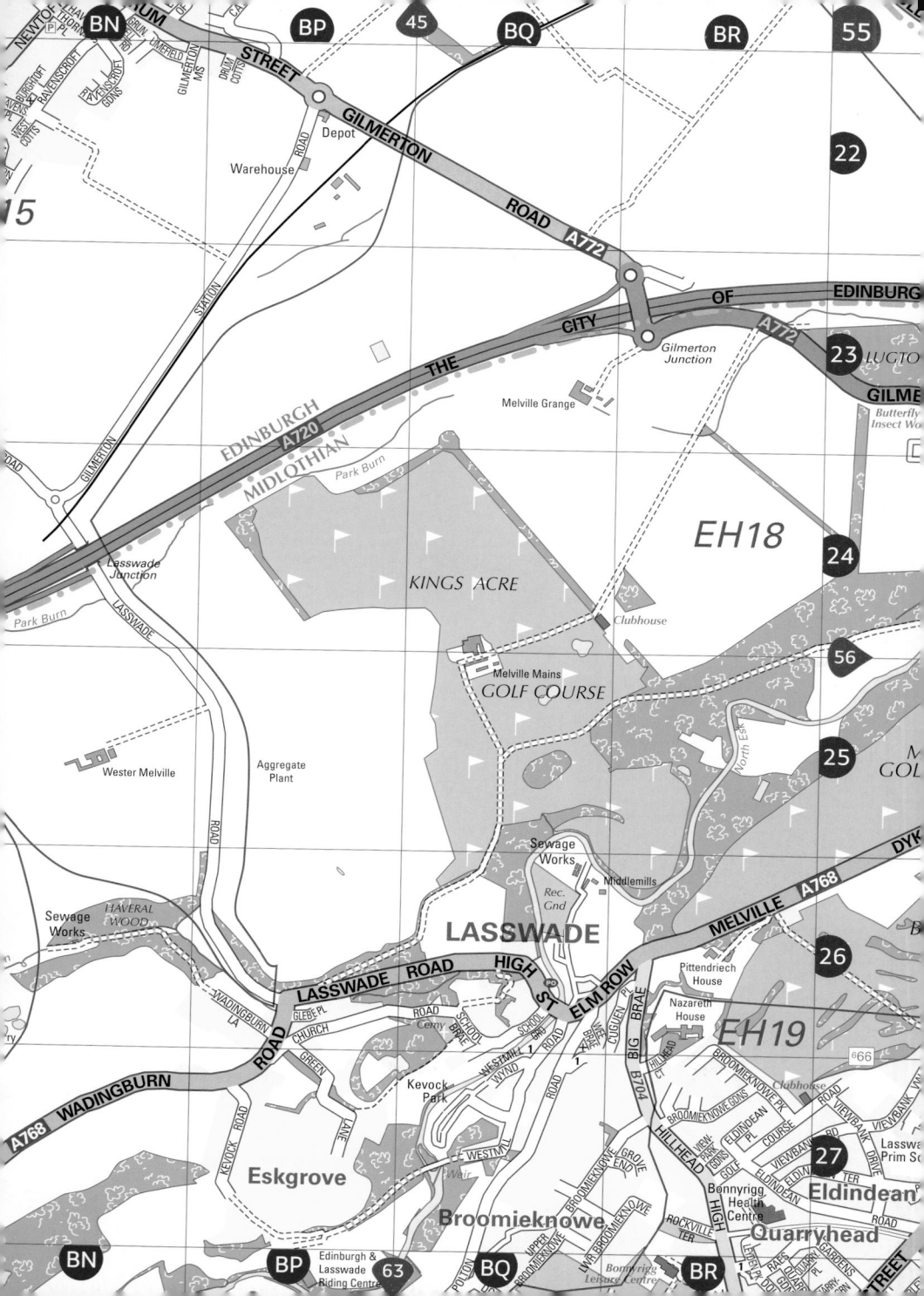

Middle
Kinleith

KIRKGATE

HARLAW ROAD

Carnethy

25

Wester
Kinleith

26

Leith

*BLACK
WOOD*

HARLAW ROAD

27

EH14

Reservoir
(Covered)

Harlaw
Farm

HARLAW
ROAD

HARLAW ROAD

P

Balleny
Farm

28

Weirs

Visitor
Centre

*Harlaw
Reservoir*

29

Weir

30

*Threipmuir

Reservoir*

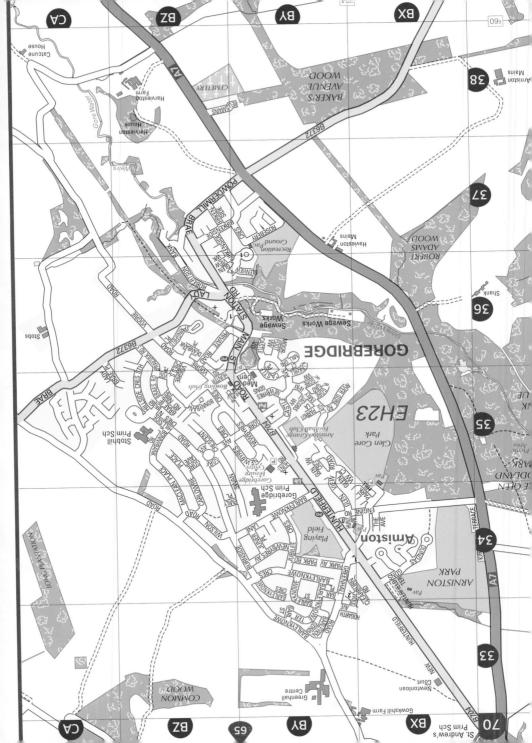

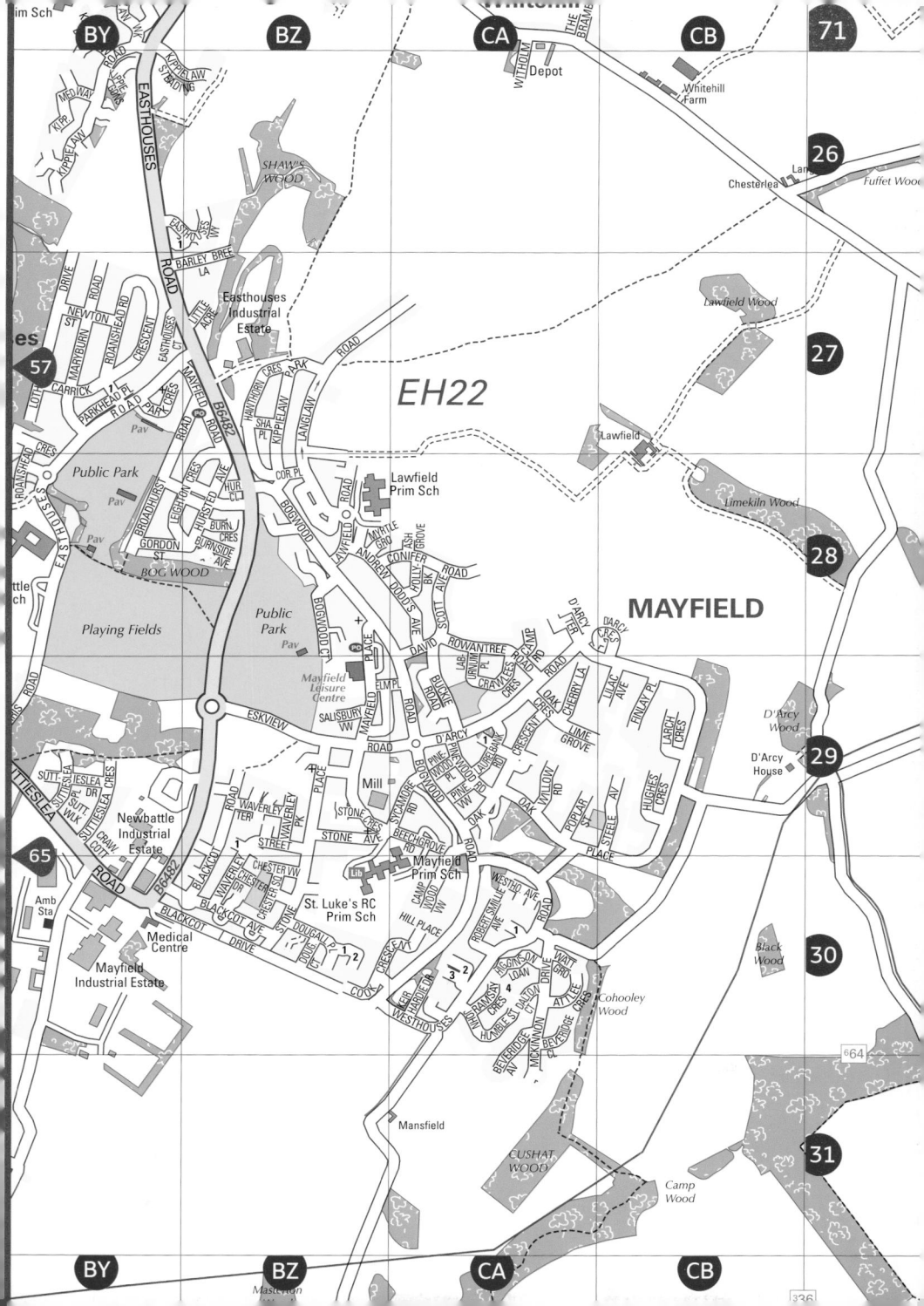

Macduff's Castle
East Wemyss
Wemyss
H OF FORTH
Fidra
Yellowcraig
Lamb
North Berwick
Craigleith
Scottish Seabird Centre
Bass Rock
Tantallon Castle
Auldhame
St Baldred's Boat
Scoughall
Gullane Bents
Muirfield
Dirleton
Gullane Bay
Gullane Point
Gullane
Dirleton Castle & Gardens
North Berwick Law
187
Kingston
Fenton Barns
Whitekirk
St Baldred's Cradle
Tyninghame House
Tyne Mouth
Aberlady Bay
Luffness
Aberlady
Craigielaw
Craigielaw Point
Luffness Friary
Drem
Mungoswells
East Fortune
Peffer Burn
Belhaven Bay
John Muir
Tyninghame
Dunbar
Belhaven
Gosford Bay
Gosford House
Ballencrieff
Chesters Hill Fort
Church of Plague
Museum of Flight
Preston
Preston Mill & Phantassie Dovecot (NTS)
West Barns
Area covered by street maps
Longniddry Bents
Spittal
Athelstaneford
East Linton
Cockenzie and Port Seton
Seton Collegiate Church
Preston Tower & Hamilton House (NTS)
Longniddry
Garleton Hills
Traprain
Hailes
Bier Water
Dunbar 1650
Dunbar 1296
Pitcox
Spott
Door Hom
Prestonpans
Prestonpans 1745
Elvingston
St Mary's Church
Haddington
Luggate
Traprain Law Fort
Luggate Burn
Stenton
Brunt Hill
225
Levenhall
Meadowmill
Tranent
Gladsmuir
Pinkie 1547
Wallyford
Macmerry
Penston
EAST LOTHIAN
Pressmennan Lake
Halls
Dry Burn
Inveresk
Elphinstone
New Winton
New Town
Samuelston
Lennoxlove
Papple
Whitelaw Hill
Deuchrie Dod
Carberry Tower
Market Cross
Winton House
Bolton
Garvald
Bransly Hill
397
Crossgatehall
Ormiston
Pencaitland
Colstoun Water
Gifford Church
Carfrae
Nunraw Abbey
Dunbar Common
Cousland
West Saltoun
East Saltoun
Gifford
Gifford Water
Danskine
Clints Dod
398
White
Rangely Kip
400
Whitehill
Easthouses
Oxenford
Peastonbank
Peaston
Gilchriston
Longyester
Newlands Hill
423
Spartleton Edge
Bothwell Water
Whiteadder Water
Gamelshiel
Mayfield
Edgehead
Ford
Pathhead
Vogrie
Newlandrig
Crichton
Keith Water
Birns Water
Humbie
Fala Dam
East Water
Lammer Law
528
Hopes Reservoir
Hopes Water
Faseny Water
Whiteadder Reservoir
Penshiel Hill
Cranshaws Hill
379
Gorebridge
Crichton Castle
Borthwick
Fala
West Hill
451
Crib Law
509
Seenes Law
513
Meikle Says Law
535
Meikle Law
467
LAMMERMUIR HILLS
North Middleton
Tynehead
Fala Moor
Soutra Hill
368
Dean Burn
Hunt Law
495
Wrunk Law
364
Dye Water
Gilston
Dun Law
394
363
Turf Law
Blythe Edge
Longformacus
Falahill
Southern Upland Way
Watch Water Reservoir
HILLS
Soonhope Burn
Hogs Law
448
SCOTTISH BORDERS
Dirrington Great
Dirrington Little Law
363
Oxton
Carfraemill
Heriot
Gala Water
Heriot Water
Collie Law
381
Earnscleugh Water
Scoured Rig
363
LAUDER
Edgarhope Wood
Westruther
Dun Law
Inchkeith Hill
365
Fountainhall
Thirlestane Castle
Thirlestane
Cockholm Burn
Torquhan
Lauder
Whiteburn
Houndslow
Blackadder
Ladyside Height
A1
A199
A198
A6093
A6137
A6124
A68
A7
A697
B1347
B1345
B1377
B1343
B1407
B1348
B6363
B6355
B6371
B6414
B6368
B6369
B6370
B6372
B6367
B6457
B6458
B7007
B6709
B6456

General abbreviations

Acad	Academy	Est	Estate	Par	Parade
All	Alley	Ex	Exchange	Pas	Passage
Allot	Allotments	Exhib	Exhibition	Pav	Pavilion
Amb	Ambulance	FB	Footbridge	Pk	Park
App	Approach	FC	Football Club	Pl	Place
Arc	Arcade	Fld	Field	Pol	Police
Av	Avenue	Flds	Fields	Prec	Precinct
Ave	Avenue	Fm	Farm	Prim	Primary
Bdy	Broadway	Gall	Gallery	Prom	Promenade
Bk	Bank	Gar	Garage	Pt	Point
Bldgs	Buildings	Gdn	Garden	Quad	Quadrant
Boul	Boulevard	Gdns	Gardens	RC	Roman Catholic
Bowl	Bowling	Govt	Government	Rbt	Roundabout
Br	Bridge	Gra	Grange	Rd	Road
Bri	Bridge	Grd	Ground	Rds	Roads
Cath	Cathedral	Grds	Grounds	Rec	Recreation
Cem	Cemetery	Grn	Green	Res	Reservoir
Cen	Central, Centre	Grns	Greens	Ri	Rise
Cft	Croft	Gro	Grove	S	South
Cfts	Crofts	Gros	Groves	Sch	School
Ch	Church	Gt	Great	Sec	Secondary
Chyd	Churchyard	Ho	House	Shop	Shopping
Cin	Cinema	Hosp	Hospital	Sq	Square
Circ	Circus	Hts	Heights	St.	Saint
Cl	Close	Ind	Industrial	St	Street
Clo	Close	Int	International	Sta	Station
Co	County	Junct	Junction	Sts	Streets
Coll	College	La	Lane	Sub	Subway
Comm	Community	Las	Lanes	Swim	Swimming
Conv	Convent	Lib	Library	TH	Town Hall
Cor	Corner	Ln	Loan	Tenn	Tennis
Coron	Coroners	Lo	Lodge	Ter	Terrace
Cors	Corners	Lwr	Lower	Thea	Theatre
Cotts	Cottages	Mag	Magistrates	Twr	Tower
Cov	Covered	Mans	Mansions	Twrs	Towers
Crem	Crematorium	Med	Medical, Medicine	Uni	University
Cres	Crescent	Mem	Memorial	Vet	Veterinary
Ct	Court	Mkt	Market	Vil	Villas
Cts	Courts	Mkts	Markets	Vil	Villa
Ctyd	Courtyard	Ms	Mews	Vw	View
Dep	Depot	Mt	Mount	W	West
Dev	Development	Mus	Museum	Wd	Wood
Dr	Drive	N	North	Wds	Woods
Dws	Dwellings	NTS	National Trust for Scotland	Wf	Wharf
E	East			Wk	Walk
Ed	Education	Nat	National	Wks	Works
Embk	Embankment	PO	Post Office	Yd	Yard

Post town and locality abbreviations

Auch.	Auchendinny	Inglis.	Ingliston	Port S.	Port Seton
Bal.	Balerno	Inv.	Inveresk	Pres.	Prestonpans
Bils.	Bilston	Jun. Grn	Juniper Green	Ratho Sta	Ratho Station
Bonny.	Bonnyrigg	K'lis.	Kirkliston	Ricc.	Riccarton
Cock.	Cockenzie	K'new.	Kirknewton	Ros.	Roslin
Craig.	Craigiehall	Lass.	Lasswade	Rose.	Rosewell
Cram.	Cramond	Lnhd	Loanhead	S Q'fry	South Queensferry
Dalk.	Dalkeith	Mayf.	Mayfield		
Dalm.	Dalmeny	Milt.Br	Milton Bridge	Silv.	Silverburn
Dand.	Danderhall	Monk.	Monktonhall	Strait.	Straiton
David.M.	Davidsons Mains	Muss.	Musselburgh	Tran.	Tranent
		Newbr.	Newbridge	Wall.	Wallyford
Easth.	Easthouses	Newcr.	Newcraighall	White.	Whitecraig
Gilm.	Gilmerton	Newt.	Newtongrange	Wool.	Woolmet
Gore.	Gorebridge	Pen.	Penicuik		
Gowks.	Gowkshill	Polt.	Polton		

There are street names in the index which are followed by a number in **bold**. These numbers can be found on the map where there is insufficient space to show the street name in full. For example Affleck Ct (*EH12*, **1**   23 AQ11) will be found by a number 1 in the square AQ11 on page 23.

Place names are indicated in CAPITAL letters, schools and hospitals are shown in pink type and other places of interest are shown in blue type.

3D Loch Ness Experience *EH1* **8**   7   BF11

A

Abbeygrange (Newt.), Dalk. *EH22*	65	BW29
ABBEYHILL *EH8*	28	BJ10
Abbeyhill *EH8*	7	BH10
Abbeyhill Cres *EH8*	7	BH11
Abbeyhill Ind Est *EH8*	28	BJ10
Abbeyhill Prim Sch *EH7*	28	BJ10
Abbey La *EH8*	28	BJ10
Abbeymount *EH8*	7	BH10
Abbey Rd, Dalk. *EH22*	56	BV25
Abbey Strand *EH8*	7	BH11
Abbey St *EH7*	28	BJ10
Abbotsford Ct *EH10*	42	BC15
Abbotsford Cres *EH10*	42	BC15
Abbotsford Pk *EH10*	42	BC15
Abercorn Av *EH8*	28	BM11
Abercorn Cotts *EH15*	28	BM13
Abercorn Ct *EH8* **1**	28	BM12
Abercorn Cres *EH8*	28	BL11
Abercorn Dr *EH8*	28	BL11
Abercorn Gdns *EH8*	28	BM10
Abercorn Gro *EH8*	28	BL11
Abercorn Rd *EH8*	28	BL11
Abercorn Ter *EH15*	29	BR11
Abercromby Pl *EH3*	6	BE10
Abinger Gdns *EH12*	25	AZ12
Academy La, Lnhd *EH20*	54	BL27
Academy Pk *EH6*	16	BJ7
Academy St *EH6*	16	BJ7
Acheson Dr, Pres. *EH32*	34	CG11
Acklam Path, Lnhd *EH20*	61	BH28
Adams Well *EH13*	51	AZ20
Addiston Cres, Bal. *EH14*	48	AL24
Addistone Br (Ratho), Newbr. *EH28*	48	AL19
Addiston Fm Rd (Ratho), Newbr. *EH28*	38	AK18
Addiston Gro, Bal. *EH14*	48	AL24
Addiston Pk, Bal. *EH14*	48	AK24
Adelphi Gro *EH15*	29	BQ11
Adelphi Pl *EH15*	29	BQ11
Admiral Ter *EH10*	42	BD14
Admiralty St *EH6*	15	BH5
Advocates Cl *EH1* **1**	7	BF11
Affleck Ct *EH12* **1**	23	AQ11
Afton Pl *EH5*	14	BC6
Afton Ter *EH5*	14	BC6
Agnew Ter *EH6*	15	BF6
Ainslie Pl *EH3*	6	BC10
Aird's Cl *EH1*	6	BE12
Aitchison's Pl *EH15* **11**	29	BQ10
Aitkenhill *EH1*	41	AX15
Alan Breck Gdns *EH4*	24	AT10
Albany La *EH1*	7	BF10
Albany St *EH1*	7	BF10
Albany St La *EH1*	7	BF10
Albert Cl (Wall.), Muss. *EH21* **2**	33	CD14
Albert Cres (Wall.), Muss. *EH21*	33	CD14
Albert Dock *EH6*	16	BJ5
Albert Pl *EH7*	27	BG9
Albert Pl (Wall.), Muss. *EH21*	33	CD14
Albert Rd *EH6*	16	BK6
Albert St *EH7*	27	BH8
Albert Ter *EH10*	42	BC15
Albert Ter, Muss. *EH21*	32	CA13
Albion Business Cen *EH7*	16	BJ9
Albion Gdns *EH7*	16	BJ9
Albion Pl *EH7*	16	BJ9
Albion Rd *EH7*	16	BJ9
Albion Ter *EH7*	16	BJ9
Albyn Pl *EH2*	6	BD10

Alcorn Rigg *EH14* **1**	50	AU20
Alcorn Sq *EH14*	50	AU20
Alderbank, Pen. *EH26*	68	BA39
Alderbank Gdns *EH11*	42	BA16
Alderbank Pl *EH11*	42	BA15
Alderbank Ter *EH11*	42	BA15
Aldermoor Av *EH13*	52	BB20
Alder Rd (Port S.), Pres. *EH32*	19	CL8
Alemoor Cres *EH7*	16	BK8
Alemoor Pk *EH7*	16	BK8
Alexander Dr *EH11*	41	AZ14
Alexander Dr, Pres. *EH32*	34	CG11
Alexandra Business Pk, Newbr. *EH28*	36	AC14
Alfred Pl *EH9*	43	BH14
Allanfield *EH7*	27	BH9
Allanfield Pl *EH7*	27	BH9
Allan Pk, K'lis. *EH29*	20	AC9
Allan Pk Cres *EH14*	41	AY16
Allan Pk Dr *EH14*	41	AY17
Allan Pk Gdns *EH14*	41	AY17
Allan Pk Ln *EH14*	41	AZ17
Allan Pk Rd *EH14*	41	AY17
Allan St *EH4*	26	BC9
Allan Ter, Dalk. *EH22*	57	BX24
Allermuir Av (Bils.), Ros. *EH25*	61	BG30
Allermuir Rd *EH13*	51	AW21
Allison Pl, K'lis. *EH29*	20	AD9
Alloway Ln *EH16*	44	BJ19
Almond Av *EH12*	21	AH12
Almond Bk Cotts *EH4* **1**	11	AR5
Almondbank Ter *EH11*	42	BA15
Almond Ct *EH16*	45	BN16
Almond Cres, Bonny. *EH19*	63	BR29
Almond Dr *EH12*	21	AH12
Almond Grn *EH12*	23	AQ11
Almond Gro, S Q'fry *EH30*	9	AE3
Almondhill Rd, K'lis. *EH29*	20	AD9
Almondhill Steadings, K'lis. *EH29*	20	AD8
Almond Rd *EH12*	21	AH12
Almondside, K'lis. *EH29*	20	AD10
Almond Sq *EH12*	23	AQ11
ALNWICKHILL	53	BH21
Alnwickhill Ct *EH16*	53	BH21
Alnwickhill Cres *EH16*	53	BH21
Alnwickhill Dr *EH16*	53	BH21
Alnwickhill Gdns *EH16*	53	BH21
Alnwickhill Gro *EH16*	53	BH21
Alnwickhill Ln *EH16*	53	BH21
Alnwickhill Pk *EH16*	44	BJ21
Alnwickhill Rd *EH16*	44	BJ20
Alnwickhill Ter *EH16*	53	BH21
Alnwickhill Vw *EH16*	53	BH21
Alvanley Ter *EH9* **1**	42	BD14
Alva Pl *EH7*	28	BJ10
Alva St *EH2*	6	BC11
Ambassador Ct, Muss. *EH21*	31	BZ13
Amos Path, Lnhd *EH20*	61	BG28
Anchor Cl *EH1* **11**	7	BF11
Anchorfield *EH6*	15	BF5
Ancrum Bk, Dalk. *EH22*	56	BV26
Ancrum Rd, Dalk. *EH22*	56	BV26
Anderson Av (Newt.), Dalk. *EH22*	65	BX29
Anderson Pl *EH6*	15	BG6
Andrew Ct, Pen. *EH26*	68	BA36
Andrew Dodd's Av (Mayf.), Dalk. *EH22*	57	BZ28
Andrew Wd Ct *EH6*	15	BE5
Angle Pk Ter *EH11*	42	BB14
Angres Ct (Dand.), Dalk. *EH22*	46	BS19
Annandale St *EH7*	27	BF8
Annandale St La *EH7*	27	BG9
Anne St, Pen. *EH26*	68	BA36

Annfield *EH6*	15	BF5
Annfield St *EH6*	15	BF5
Ann St *EH4*	6	BC10
Ann Ter *EH8*	28	BJ10
Antigua St *EH1* **1**	27	BG9
Apex City Hotel *EH1*	6	BE12
Apex European Hotel *EH12*	26	BB12
Apex International Hotel *EH1*	6	BJ12
Apex Waterloo Place *EH1*	7	BF10
Appin Dr, Pres. *EH32*	18	CJ9
Appin La *EH14*	41	AZ16
Appin Pl *EH14*	41	AZ16
Appin St *EH14*	41	AZ16
Appin Ter *EH14*	41	AZ15
Arboretum Av *EH4*	26	BC9
Arboretum Pl *EH3*	26	BC8
Arboretum Rd *EH3*	14	BC7
Arbuthnot Rd, Lnhd *EH20*	62	BL28
Archibald Pl *EH3*	6	BE12
Arden St *EH9*	43	BE14
Ardmillan Pl *EH11*	42	BB14
Ardmillan Ter *EH11*	42	BA14
Ardmillan Ter La *EH11* **1**	42	BB14
Ardshiel Av *EH4*	24	AT11
Argyle Cres *EH15*	29	BR11
Argyle Pk Ter *EH9*	43	BF14
Argyle Pl *EH9*	43	BF14
Argyle Pl, Bonny. *EH19*	63	BP29
Argyle St *EH6*	15	BG5
Argyll Ter *EH11* **2**	6	BC12
Armine Pl, Pen. *EH26*	69	BD36
ARNISTON	70	BX34
Arniston Pl, Bonny. *EH19* **2**	63	BR28
Arnott Gdns *EH14*	41	AW18
Arnprior Rd, Gore. *EH23*	70	BZ35
Arran Pl *EH15*	30	BS11
Arras Gro, Pen. *EH26*	66	BB35
Arrol Pl, S Q'fry *EH30*	9	AE3
Arthur's Seat *EH8*	28	BK13
Arthur St *EH6*	27	BH8
Arthur St La *EH6*	27	BH8
Arthur Vw Cres (Dand.), Dalk. *EH22*	45	BR19
Arthur Vw Ter (Dand.), Dalk. *EH22*	45	BR19
Ashburnham Gdns, S Q'fry *EH30*	9	AF2
Ashburnham Ln, S Q'fry *EH30*	9	AF2
Ashburnham Rd, S Q'fry *EH30*	9	AF3
Ash Gro (Mayf.), Dalk. *EH22*	71	CA28
Ashgrove, Muss. *EH21*	32	CA13
Ashgrove Pl, Muss. *EH21*	32	CB13
Ashgrove Vw, Muss. *EH21*	32	CA13
Ash La, Lnhd *EH20*	61	BG28
Ashley Dr *EH11*	42	BA16
Ashley Gdns *EH11*	42	BA16
Ashley Gra, Bal. *EH14*	58	AL25
Ashley Gro *EH11*	42	BA15
Ashley Pl *EH6*	15	BG7
Ashley Ter *EH11*	42	BA15
Ashton Gro *EH16*	44	BK18
Ashton Vil *EH15*	30	BS12
Ashville Ter *EH6*	16	BK8
Ashy Path *EH10* **1**	42	BB19
Assembly Rooms Theatre *EH2*	6	BE11
Assembly St *EH6*	16	BJ6
Assynt Bk, Pen. *EH26*	69	BC37
Astley Ainslie Hosp *EH9*	43	BE16
Atheling Gro, S Q'fry *EH30*	9	AE3
Atholl Cres *EH3*	6	BC12
Atholl Cres La *EH3*	6	BC12
Atholl Pl *EH3*	6	BC12
Atholl Ter *EH11* **3**	6	BC12
Atholl Vw, Pres. *EH32*	18	CJ9
Attlee Cres (Mayf.), Dalk. *EH22*	71	CA30

Name	Page	Grid
AUCHENDINNY	67	BE34
Auchingane *EH10*	52	BA22
Auchinleck Ct *EH6*	15	BE5
Auchinleck's Brae *EH6* **1**	15	BE5
Auldgate, K'lis. *EH29*	20	AD10
Auld Orchard, Bonny. *EH19*	56	BS28
Avenel *EH4*	23	AQ7
Avenue, The (Ricc.), Currie *EH14*	49	AP20
Avenue, The, Gore. *EH23*	70	BX34
Avenue Rd, Dalk. *EH22*	56	BV25
Avenue Rd (Cock.), Pres. *EH32*	19	CL8
Avenue Vil *EH4*	26	BB9
Avondale Pl *EH3*	26	BD9
Avon Gro *EH4*	23	AQ7
Avon Gro, Pen. *EH26*	69	BC37
Avon Pl *EH4*	23	AQ7
Avon Rd *EH4*	23	AQ7
Ayres Wynd, Pres. *EH32* **3**	18	CH10

B

Name	Page	Grid
BABERTON	50	AS20
Baberton Av, Jun. Grn *EH14*	50	AT21
Baberton Cres, Jun. Grn *EH14*	50	AT21
Baberton Golf Course *EH14*	50	AS21
Baberton Ln, Jun. Grn *EH14*	50	AT22
Baberton Mains Av *EH14*	50	AT20
Baberton Mains Bk *EH14*	50	AT20
Baberton Mains Brae *EH14*	50	AS20
Baberton Mains Ct *EH14*	50	AT20
Baberton Mains Cres *EH14*	50	AT20
Baberton Mains Dell *EH14*	50	AS20
Baberton Mains Dr *EH14*	50	AS20
Baberton Mains Gdns *EH14*	40	AS19
Baberton Mains Grn *EH14*	50	AT20
Baberton Mains Gro *EH14*	50	AT20
Baberton Mains Hill *EH14*	40	AS19
Baberton Mains Lea *EH14*	50	AS20
Baberton Mains Ln *EH14*	50	AU20
Baberton Mains Pk *EH14*	50	AT20
Baberton Mains Pl *EH14*	50	AT20
Baberton Mains Ri *EH14*	50	AS20
Baberton Mains Row *EH14*	50	AT20
Baberton Mains Ter *EH14*	50	AT20
Baberton Mains Vw *EH14*	50	AT20
Baberton Mains Way *EH14*	50	AS20
Baberton Mains Wynd *EH14*	50	AT20
Baberton Pk, Jun. Grn *EH14*	50	AT21
Baberton Rd, Currie *EH14*	49	AR20
Baberton Sq, Jun. Grn *EH14*	50	AT21
Back Dean *EH4*	26	BB11
Backdean Rd, Dalk. *EH22*	45	BQ19
Backlee *EH16*	53	BH21
Back Sta Rd *EH16* **1**	28	BM15
Baileyfield Cres *EH15*	29	BQ11
Baileyfield Est *EH15*	29	BQ10
Baileyfield Rd *EH15*	29	BP10
Bailie Gro *EH15*	29	BR13
Bailie Path *EH15*	29	BQ13
Bailie Pl *EH15*	29	BR13
Bailie Ter *EH15*	29	BQ13
Baird Av *EH12*	25	AY13
Baird Dr *EH12*	41	AX14
Baird Gdns *EH12*	25	AX13
Baird Gro *EH12*	25	AY13
Baird Rd (Ratho), Newbr. *EH28*	37	AF15
Baird's Way, Bonny. *EH19*	64	BT29
Baird Ter *EH12*	25	AY13
Bakehouse Cl *EH8*	7	BG11
Baker's Pl *EH3* **1**	26	BD9
Balbirnie Pl *EH12*	26	BA12
Balcarres Ct *EH10*	42	BC17
Balcarres Pl, Muss. *EH21*	31	BZ12
Balcarres Rd, Muss. *EH21*	31	BZ12
Balcarres St *EH10*	42	BC17
Balderston Gdns *EH16*	44	BK18
Balderston Gdns N *EH16*	44	BK18
Baldwin Ct, Pen. *EH26*	68	BA39
BALERNO	58	AM26
Balerno Comm High Sch *EH14*	58	AL25
Balfour Pl *EH6*	27	BG8
Balfour Sq, Tran. *EH33*	35	CM13
Balfour St *EH6*	15	BH7
Balfour Ter, Pen. *EH26*	66	BD34
Balfron Ln *EH4*	24	AS10
Balgreen Av *EH12*	25	AW13
Balgreen Gdns *EH12*	25	AW13
Balgreen Pk *EH12*	25	AW13
Balgreen Prim Sch *EH11*	41	AY14
Balgreen Rd *EH11*	41	AY15
Balgreen Rd *EH12*	25	AX13
Ballantyne La *EH6* **1**	15	BH6
Ballantyne Rd *EH6*	15	BH6
Balmoral Hotel *EH2*	7	BF11
Balmoral Pl *EH3*	26	BD9
Balm Well Av *EH16*	54	BK22
Balm Well Gro *EH16*	54	BK22
Balmwell Pk *EH16* **1**	54	BK22
Balm Well Ter *EH16*	54	BJ22
Baltic St *EH6*	16	BJ6
Bangholm Av *EH5*	14	BD6
Bangholm Bower Av *EH5*	14	BD6
Bangholm Gro *EH5*	15	BE6
Bangholm Ln *EH5*	15	BE6
Bangholm Pk *EH5*	14	BD6
Bangholm Pl *EH5*	14	BD6
Bangholm Rd *EH5*	14	BD6
Bangholm Ter *EH3*	14	BD7
Bangholm Vw *EH5*	15	BE6
Bangor Rd *EH6*	15	BG6
Bankfoot, Pres. *EH32*	33	CF11
Bankhead Av *EH11*	40	AS16
Bankhead Bdy *EH11*	39	AR16
Bankhead Crossway N *EH11*	39	AR16
Bankhead Crossway S *EH11*	39	AR17
Bankhead Dr *EH11*	40	AS16
Bankhead Gro (Dalm.), S Q'fry *EH30*	9	AF2
Bankhead Ind Est *EH11*	40	AS16
Bankhead Ln *EH11*	40	AS17
Bankhead Medway *EH11*	40	AS16
Bankhead Pl *EH11*	40	AS16
Bankhead Rd (Dalm.), S Q'fry *EH30*	9	AG2
Bankhead St *EH11*	40	AS17
Bankhead Ter *EH11*	39	AR17
Bankhead Way *EH11*	39	AR17
Bankmill, Pen. *EH26*	69	BB39
Bankmill Vw, Pen. *EH26* **1**	69	BB39
Bankpark Brae, Tran. *EH33*	34	CK12
Bankpark Cres, Tran. *EH33*	34	CK12
Bankpark Gra, Tran. *EH33*	34	CK12
Bankpark Gro, Tran. *EH33*	34	CK12
Bank St *EH1*	7	BF11
Bank St, Pen. *EH26*	68	BA39
Bankton Ct, Tran. *EH33*	35	CM13
Bankton Ter, Pres. *EH32*	18	CK10
Barclay Pl *EH10*	6	BD13
Barclay Ter *EH10*	42	BD14
Barga Ct (Cock.), Pres. *EH32*	18	CK7
Barley Bree La, Dalk. *EH22*	57	BY27
Barleyknowe Cres, Gore. *EH23*	70	BY34
Barleyknowe Gdns, Gore. *EH23*	70	BY33
Barleyknowe La, Gore. *EH23*	70	BY34
Barleyknowe Pl, Gore. *EH23*	70	BY34
Barleyknowe Rd, Gore. *EH23*	70	BY33
Barleyknowe St, Gore. *EH23*	70	BY33
Barleyknowe Ter, Gore. *EH23*	70	BY34
Barn Pk *EH14*	50	AU20
Barn Pk Cres *EH14*	40	AU19
Barnshot Rd *EH13*	51	AX21
Barntalloch Ct *EH12* **4**	23	AR12
BARNTON	23	AR9
Barnton Av *EH4*	12	AU7
Barnton Av W *EH4*	23	AR7
Barnton Brae *EH4*	23	AR7
Barnton Gdns *EH4*	12	AU7
Barntongate Av *EH4*	23	AR9
Barntongate Dr *EH4*	23	AR9
Barntongate Ter *EH4*	23	AR9
Barnton Gro *EH4*	23	AR8
Barnton Ln *EH4*	12	AT7
Barnton Pk *EH4*	12	AU7
Barnton Pk Av *EH4*	24	AS8
Barnton Pk Cres *EH4*	24	AS8
Barnton Pk Dell *EH4*	24	AT8
Barnton Pk Dr *EH4*	24	AS8
Barnton Pk Gdns *EH4*	24	AS8
Barnton Pk Gro *EH4*	24	AS8
Barnton Pk Pl *EH4*	24	AT8
Barnton Pk Vw *EH4*	23	AR8
Barnton Pk Wd *EH4*	23	AR9
Baronscourt Rd *EH8*	28	BL10
Baronscourt Ter *EH8*	28	BM10
Barony Pl *EH3* **3**	27	BF9
Barony St *EH3*	27	BF9
Barony Ter *EH12*	24	AT12
Barracks St (Port S.), Pres. *EH32*	19	CM7
Barrie's Cl *EH1* **14**	7	BF11
Basil Paterson Coll *EH3*	6	BD10
Bathfield *EH6*	15	BG5
Bath Pl *EH15* **2**	29	BR10
Bath Rd *EH6*	16	BK6
Bath St *EH15*	29	BR11
Bath St La *EH15*	29	BR11
Bavelaw Cres, Pen. *EH26*	68	AZ37
Bavelaw Gdns, Bal. *EH14*	58	AL26
Bavelaw Grn, Bal. *EH14*	58	AL25
Bavelaw Rd, Bal. *EH14*	58	AL26
Baxter's Gate, Tran. *EH33*	35	CL14
Baxter's Pl *EH1* **1**	7	BG10
Bayview (Port S.), Pres. *EH32* **1**	19	CM7
Beach La *EH15*	29	BQ11
Beach La, Muss. *EH21*	31	BX12
Beauchamp Gro *EH16*	44	BJ19
Beauchamp Rd *EH16*	44	BJ19
Beaufort Rd *EH9*	43	BF15
Beaverbank Business Pk *EH7*	27	BE8
Beaverbank Pl *EH7*	27	BE8
Beaverhall Rd *EH7*	27	BF8
Bedford Ct *EH4*	26	BC9
Bedford St *EH4*	26	BC9
Bedford Ter *EH15*	30	BS11
Bedlam Paintball *EH29*	9	AE6
Bedlam Theatre *EH1*	7	BF12
Beeches, The, (Newt.), Dalk. *EH22*	57	BW28
Beech Gro Av, Dalk. *EH22*	56	BT26
Beechgrove Rd (Mayf.), Dalk. *EH22*	71	CA29
Beech Ln, Bonny. *EH19*	63	BR29
Beechmount Cres *EH12*	25	AX12
Beechmount Pk *EH12*	25	AX13
Beech Pl, Pen. *EH26*	69	BB39
Beechwood Mains *EH12*	25	AX12
Beechwood Pk (Newt.), Dalk. *EH22*	65	BX29
Beechwood Ter *EH6*	16	BK8
BEESLACK	69	BC36
Beeslack Comm High Sch *EH26*	69	BC36
Begbie Vw, Pen. *EH26*	66	BC33
Belford Av *EH4*	26	BA10
Belford Br *EH4*	26	BB11
Belford Gdns *EH4*	26	BA10
Belford Ms *EH4*	26	BB11
Belford Pk *EH4*	26	BB11
Belford Pl *EH4*	26	BA11
Belford Rd *EH4*	26	BB11
Belford Ter *EH4* **1**	26	BB11
Belgrave Cres *EH4*	26	BB10
Belgrave Cres La *EH4*	26	BB10
Belgrave Gdns *EH12*	24	AU13
Belgrave Ms *EH4*	26	BB10
Belgrave Pl *EH4*	26	BB10
Belgrave Rd *EH12*	24	AU12
Belgrave Ter *EH12*	24	AU13
Belhaven Pl *EH10*	42	BC17
Belhaven Ter *EH10*	42	BC17

Name	Map	Grid
Bellenden Gdns EH16	44	BL18
Bellerophon Dr, Pen. EH26	69	BB39
Bellevue EH7	27	BF9
Bellevue Cres EH3	27	BF9
Bellevue Gdns EH7	27	BF8
Bellevue Gro EH7	27	BF9
Bellevue La EH7	27	BF9
Bellevue Pl EH7	27	BF9
Bellevue Rd EH7	27	BF9
Bellevue St EH7	27	BF9
Bellevue Ter EH7	27	BF8
Bellfield Av, Dalk. EH22	56	BU25
Bellfield Av, Muss. EH21	31	BX13
Bellfield Ct, Muss. EH21	31	BX14
Bellfield La EH15	29	BR11
Bellfield Sq, Pres. EH32 1	34	CG11
Bellfield St EH15	29	BR11
Bellfield Ter EH15	29	BR11
Bellfield Vw, Bonny. EH19 1	56	BT27
Bellman's Rd, Pen. EH26	68	BA37
Bell Pl EH3	26	BD9
Bells Brae EH4	6	BC11
Bellsmains, Gore. EH23	70	BY38
Bell's Mills EH4	26	BB11
Bellstane, S Q'fry EH30 1	8	AD2
Bell's Wynd EH1 2	7	BF11
Belmont Av EH12	25	AX12
Belmont Cres EH12	25	AX12
Belmont Dr EH12	25	AX12
Belmont Gdns EH12	25	AX12
Belmont Pk EH12	25	AX12
Belmont Rd, Jun. Grn EH14	50	AS21
Belmont Ter EH12	25	AX12
Belmont Vw EH12	25	AX12
Belvedere Pk EH6	15	BE5
Belwood Cres (Milt.Br), Pen. EH26	66	BD34
Belwood Rd (Milt.Br), Pen. EH26	66	BA34
Beresford Av EH5	15	BE5
Beresford Gdns EH5	15	BE6
Beresford Pl EH5	14	BD6
Beresford Ter EH5	14	BD6
Bernard St EH6	16	BJ5
Bernard Ter EH8	7	BG13
Best Western Bruntsfield Hotel EH10	42	BD14
Best Western Edinburgh City Hotel EH3	6	BE12
Best Western Kings Manor Hotel EH15	30	BT13
Bethlehem Way EH7	16	BK8
Beulah, Muss. EH21	32	CA13
Bevan Lee Ct, Dalk. EH22	57	BX24
Bevan Rd (Mayf.), Dalk. EH22 2	65	BZ30
Beveridge Av (Mayf.), Dalk. EH22	71	CA31
Beveridge Cl (Mayf.), Dalk. EH22	71	CA30
Big Brae, Bonny. EH19	55	BR27
Big Brigs Way (Newt.), Dalk. EH22	64	BV31
Biggar Rd EH10	52	BD22
Biggar Rd (Silv.), Pen. EH26	66	BB32
Bill Russell Gro, Dalk. EH22	57	BX24
BILSTON	61	BF29
Bilston Cotts, Ros. EH25	61	BG29
Bilston Glen Ind Est, Lnhd EH20	61	BH28
BINGHAM	29	BQ14
Bingham Av EH15	29	BP14
Bingham Bdy EH15	29	BP14
Bingham Cres EH15	29	BP14
Bingham Crossway EH15	29	BP14
Bingham Dr EH15	29	BQ14
Bingham Medway EH15	29	BP14
Bingham Pl EH15	29	BP14
Bingham Ter EH15	29	BP14
Bingham Way EH15	29	BP14
BioCampus, Ros. EH25	61	BE31
Birch Ct EH4	23	AR9
Birch Cres, Lnhd EH20	61	BH28
Birch Ter, Pen. EH26	66	BC34
Birkenside, Gore. EH23	70	BZ37
Birnies Ct EH4	13	AW6
Birsley Brae, Tran. EH33	34	CJ13
Birsley Rd, Tran. EH33	35	CL13
Blackadder Pl EH5	14	BA5
Blackbarony Rd EH16	44	BJ17
Blackburn Crag EH17	44	BM19
Blackchapel Cl EH15	29	BR15
Blackchapel Rd EH15	29	BR15
Blackcot Av (Mayf.), Dalk. EH22	65	BZ30
Blackcot Dr (Mayf.), Dalk. EH22	65	BY30
Blackcot Pl (Mayf.), Dalk. EH22 1	65	BZ29
Blackcot Rd (Mayf.), Dalk. EH22	65	BZ30
Blacket Av EH9	43	BH14
Blacket Pl EH9	43	BH14
BLACKFORD	43	BF17
Blackford Av EH9	43	BF16
Blackford Bk EH9	43	BF16
Blackford Gate EH9	43	BF16
Blackford Glen Cotts EH16	43	BH18
Blackford Glen Rd EH16	43	BG18
Blackford Hill EH9	43	BF17
Blackford Hill Gro EH9	43	BF17
Blackford Hill Ri EH9	43	BF17
Blackford Hill Vw EH9	43	BF17
Blackford Rd EH9	43	BE15
Blackfriars St EH1	7	BG11
BLACKHALL	25	AW9
Blackhall Prim Sch EH4	25	AW10
Blackhall Ter, Pen. EH26	66	BC34
Blackie Rd EH6	16	BK7
Blackthorn Ct EH4	23	AR9
Blackwood Cres EH9	43	BG14
Blaeberry Gdns EH4	23	AR9
Blair St EH1	7	BF11
Blandfield EH7	27	BF8
Blantyre Ter EH10	42	BC15
Blawearie Rd, Tran. EH33	35	CM14
Bleachfield EH6	15	BF7
Blenheim Ct, Pen. EH26	66	BC35
Blenheim Pl EH7	7	BG10
Blinkbonny Av EH4	25	AZ10
Blinkbonny Cres EH4	25	AY10
Blinkbonny Gdns EH4	25	AZ10
Blinkbonny Gro W EH4	25	AZ10
Blinkbonny Gro EH4	25	AZ10
Blinkbonny Rd EH4	25	AZ10
Blinkbonny Rd, Currie EH14	49	AR23
Blinkbonny Ter EH4	25	AY10
Blink O'Forth, Pres. EH32	34	CG11
Boat Grn EH3	27	BE8
Boathouse Br, K'lis. EH29	21	AG10
BOGHALL	60	BC28
Bogpark Rd, Muss. EH21	31	BW13
Bog Rd, Pen. EH26	68	BA38
Bogsmill Rd EH14	41	AX18
Bogwood Ct (Mayf.), Dalk. EH22	57	BZ28
Bogwood Rd (Mayf.), Dalk. EH22	57	BZ28
BONALY	51	AW22
Bonaly Av EH13	51	AW22
Bonaly Brae EH13	51	AW22
Bonaly Cotts EH13	51	AW22
Bonaly Cres EH13	51	AX22
Bonaly Dr EH13	51	AW22
Bonaly Gdns EH13	51	AW22
Bonaly Gro EH13	51	AW22
Bonaly Prim Sch EH13	51	AW22
Bonaly Ri EH13	51	AX22
Bonaly Rd EH13	51	AW21
Bonaly Steading EH13 1	51	AW22
Bonaly Ter EH13	51	AW22
Bonaly Wester EH13	51	AW22
Bonar Pl EH6	15	BF6
Bo'ness Rd, S Q'fry EH30	8	AB2
BONNINGTON	15	BF7
Bonnington Av EH6	15	BF6
Bonnington Business Cen EH6	15	BH7
Bonnington Gait EH6 1	15	BG7
Bonnington Gro EH6	15	BF6
Bonnington Ind Est EH6	15	BG7
Bonnington Prim Sch EH6	15	BG7
Bonnington Rd EH6	15	BG7
Bonnington Rd La EH6	15	BG7
Bonnington Ter EH6	15	BF6
Bonnybank Ct, Gore. EH23	70	BZ35
Bonnybank Rd, Gore. EH23	70	BZ35
Bonnyhaugh EH6	15	BF7
Bonnyhaugh La EH6	15	BF7
BONNYRIGG	56	BT28
Bonnyrigg Prim Sch EH19	64	BS29
Bonnyrigg Rd, Dalk. EH22	56	BU26
Boothacre Cotts EH6 2	16	BL7
Boothacre La EH6	16	BL7
Boroughloch EH8	7	BG13
Boroughloch Sq EH8	7	BG13
Boroughmuir High Sch EH10	42	BD14
Borthwick Pl EH12	26	BA12
Borthwick's Cl EH1 3	7	BF11
Borthwick Vw, Lnhd EH20	62	BJ28
Boswall Av EH5	14	BB6
Boswall Cres EH5	14	BB6
Boswall Dr EH5	14	BB5
Boswall Gdns EH5	14	BB6
Boswall Grn EH5	14	BC6
Boswall Gro EH5	14	BB6
Boswall Ln EH5	14	BB5
Boswall Ms EH5	14	BB5
Boswall Parkway EH5	14	BA5
Boswall Quad EH5	14	BB6
Boswall Rd EH5	14	BC5
Boswall Sq EH5	14	BB6
Boswall Ter EH5	14	BB6
Bothwell St EH7	27	BH9
Boundary Rd E (Ricc.), Currie EH14	49	AP19
Boundary Rd W (Ricc.), Currie EH14	49	AN19
Bowhill Ter EH3	14	BD7
Bowie's Cl EH6 1	16	BJ6
Bowling Grn, The EH6	15	BH6
Bowling Grn Rd, K'lis. EH29	20	AC9
Bowling La EH6 8	15	BH6
Bowmont Pl EH8	7	BG13
Boyd-Orr Dr, Pen. EH26	66	BB35
Boyd's Entry EH1 2	7	BG11
Boy's Brigade Wk EH3	7	BF13
Brae, The (Auch.), Pen. EH26	67	BE34
Braeburn Dr, Currie EH14	49	AR23
Braefoot Ter EH16	44	BJ18
Braehead Av EH4	23	AQ8
Braehead Bk EH4	23	AQ8
Braehead Cres EH4	23	AQ8
Braehead Dr EH4	23	AQ8
Braehead Gro EH4	23	AQ8
Braehead Ln EH4	23	AQ8
Braehead Pk EH4	23	AQ8
Braehead Rd EH4	23	AQ8
Braehead Row EH4 1	23	AQ8
Braehead Vw EH4	23	AQ8
Brae Pk EH4	23	AQ7
Brae Pk Rd EH4	23	AQ7
Braeside Rd, Gore. EH23	70	BZ35
Braeside Rd, Lnhd EH20	54	BM27
Braeside Rd N, Gore. EH23	70	BZ35
Braeside Rd S, Gore. EH23	70	BZ36
Braid Av EH10	42	BD18
Braidburn Cres EH10	42	BC18
Braidburn Spec Sch EH14	41	AZ19
Braidburn Ter EH10	42	BC18
Braid Cres EH10	42	BC18
Braid Fm Rd EH10	42	BC18
Braid Hills App EH10	42	BD19

Braid Hills Av EH10	42	BC18
Braid Hills Cres EH10	42	BC19
Braid Hills Dr EH10	43	BE18
Braid Hills Dr EH16	43	BF19
Braid Hills Golf Course EH10	42	BD19
Braid Hills Golf Driving Range EH16	53	BG20
Braid Hills Hotel EH10	42	BC19
Braid Hills Rd EH10	42	BC19
Braidlaw Pk, Pen. EH26	68	AY38
Braid Mt EH10	42	BC19
Braid Mt Crest EH10	42	BD19
Braid Mt Ri EH10	42	BD19
Braid Mt Vw EH10	42	BD19
Braid Rd EH10	42	BC18
BRAIDS, THE	42	BD19
Bramble Dr EH4	23	AR9
Bramdean Gro EH10	42	BD19
Bramdean Pl EH10	42	BD19
Bramdean Ri EH10	42	BD19
Bramdean Vw EH10	42	BD19
Brand Dr EH15	29	BR13
Brandfield St EH3	6	BC13
Brand Gdns EH15	30	BS12
Brandon St EH3	27	BE9
Brandon Ter EH3	27	BE9
Brass Rubbing Centre EH1 10	7	BG11
Breadalbane St EH6	15	BG6
Breadalbane Ter EH11 5	6	BD12
Bread St EH3	6	BD12
Bread St La EH3	6	BD12
Breck Ter, Pen. EH26	66	BC35
Brewery Cl, S Q'fry EH30	8	AD2
Brewery La EH6 2	15	BH6
Briarbank Ter EH11	42	BA15
Brickfield EH15 12	29	BQ10
Brickworks Rd, Tran. EH33	34	CK12
Bridge End EH16	44	BK16
Bridgend, Dalk. EH22 1	56	BV23
Bridgend Ct, Dalk. EH22	56	BV23
Bridge Pl EH3	26	BC9
Bridge Rd EH13	51	AW21
Bridge Rd, Bal. EH14	58	AL25
Bridge St EH15	29	BQ10
Bridge St, Muss. EH21	31	BY13
Bridge St, Newbr. EH28	36	AB13
Bridge St, Pen. EH26	69	BB39
Bridge St, Tran. EH33	35	CL13
Bridge St La EH15 6	29	BQ10
Briery Bauks EH8	7	BG12
Brighouse Pk Ct EH4	12	AS5
Brighouse Pk Cres EH4	12	AS5
Brighouse Pk Cross EH4	12	AS5
Brighouse Pk Dr EH4	12	AS6
Brighouse Pk Gait EH4	12	AS5
Brighouse Pk Gdns EH4	12	AS5
Brighouse Pk Rigg EH4	12	AS5
Brighton Pl EH15	29	BQ11
Brighton St EH1	7	BF12
Bright's Cres EH9	43	BH15
Bright Ter EH11 8	6	BC12
Bristo Pl EH1	7	BF12
Bristo Port EH1	7	BF12
Bristo Sq EH8	7	BF12
Britwell Cres EH7	28	BM10
Brixwold Bk, Bonny. EH19	64	BT29
Brixwold Dr, Bonny. EH19	64	BT29
Brixwold Neuk, Bonny. EH19	64	BT29
Brixwold Pk, Bonny. EH19	64	BT29
Brixwold Ri, Bonny. EH19	64	BT29
Brixwold Vw, Bonny. EH19	64	BT29
Broadhurst Rd (Easth.), Dalk. EH22	57	BY28
Broadway Pk EH12	39	AR15
Broad Wynd EH6 7	16	BJ6
Brockwood Av, Pen. EH26	68	AY37
Brookfield Ter (Bils.), Ros. EH25	61	BG29
Broombank Ter EH12	40	AT15
Broomburn Gro EH12	40	AU14
Broomfield Cres EH12	40	AU15
Broomfield Ter EH12	40	AU14
Broomhall Av EH12	40	AT14
Broomhall Bk EH12	40	AT14
Broomhall Cres EH12	40	AT14
Broomhall Dr EH12	40	AS14
Broomhall Gdns EH12	40	AT14
Broomhall Ln EH12	40	AT14
Broomhall Pk EH12	40	AT14
Broomhall Pl EH12	40	AT14
Broomhall Rd EH12	40	AS14
Broomhall Ter EH12	40	AS14
Broomhill Av, Pen. EH26	68	BA39
Broomhill Dr, Dalk. EH22	56	BU25
Broomhill Pk, Dalk. EH22	56	BU26
Broomhill Rd, Pen. EH26	68	BA39
BROOMHOUSE	40	AU16
Broomhouse Av EH11	40	AT16
Broomhouse Bk EH11	40	AU16
Broomhouse Cotts EH11	40	AU16
Broomhouse Cotts E EH11	40	AU16
Broomhouse Cotts W EH11	40	AT16
Broomhouse Ct EH11	40	AU16
Broomhouse Cres EH11	40	AU16
Broomhouse Dr EH11	40	AT15
Broomhouse Gdns EH11	40	AU15
Broomhouse Gdns E EH11	40	AU15
Broomhouse Gdns W EH11	40	AT15
Broomhouse Gro EH11	40	AU16
Broomhouse Ln EH11	40	AU16
Broomhouse Mkt EH11	40	AU16
Broomhouse Medway EH11	40	AU15
Broomhouse Pk EH11	40	AT16
Broomhouse Path EH11	40	AT16
Broomhouse Pl N EH11	40	AT16
Broomhouse Pl S EH11	40	AU16
Broomhouse Prim Sch EH11	40	AU16
Broomhouse Rd EH11	40	AT16
Broomhouse Rd EH12	40	AT15
Broomhouse Row EH11	40	AV15
Broomhouse Sq EH11	40	AU16
Broomhouse St N EH11	40	AT16
Broomhouse St S EH11	40	AU17
Broomhouse Ter EH11	40	AU15
Broomhouse Wk EH11	40	AU16
Broomhouse Way EH11	40	AU16
Broomhouse Wynd EH11	40	AU16
BROOMIEKNOWE	55	BQ27
Broomieknowe, Lass. EH18	55	BQ27
Broomieknowe Gdns, Bonny. EH19	55	BR27
Broomieknowe Golf Course EH19	56	BS26
Broomieknowe Pk, Bonny. EH19	55	BR26
Broomlea Cres EH12	40	AT14
Broompark Rd EH12	40	AU14
Broomside Ter EH12	40	AU15
Broomview Ho EH11	40	AT17
Broomyknowe EH14	41	AX19
Brotherstones Way, Tran. EH33	35	CM14
Brougham Pl EH3	6	BE13
Brougham St EH3	6	BD13
BROUGHTON	27	BE8
Broughton High Sch EH4	26	BB9
Broughton Mkt EH3	27	BF9
Broughton Pl EH1	27	BF9
Broughton Pl La EH1	27	BF9
Broughton Prim Sch EH7	27	BF8
Broughton Rd EH7	27	BF8
Broughton St EH1	27	BF9
Broughton St La EH1	7	BF10
Brown's Cl EH8	7	BH11
Brown's Pl EH1 4	6	BE12
Brown St EH8	7	BG12
Brown St La EH8 8	7	BG12
Bruce Gdns, Dalk. EH22	57	BX25
Bruce St EH10	42	BC17
BRUNSTANE	30	BT13
Brunstane Bk EH15	30	BT13
Brunstane Cres EH15	30	BT13
Brunstane Dr EH15	30	BS13
Brunstane Gdns EH15	30	BS12
Brunstane Gdns, Pen. EH26	68	AZ37
Brunstane Gdns Ms EH15 1	30	BS12
Brunstane Mill Rd EH15	30	BU12
Brunstane Prim Sch EH15	30	BS13
Brunstane Rd EH15	30	BS12
Brunstane Rd N EH15	30	BS11
Brunstane Rd S EH15	30	BS13
Brunstane Sta EH15	30	BS13
Brunswick Pl EH7	27	BG9
Brunswick Rd EH7	27	BG9
Brunswick St EH7	27	BG9
Brunswick St La EH7	27	BG9
Brunswick Ter EH7 1	27	BH9
Brunton Ct, Muss. EH21	31	BY13
Brunton Gdns EH7 2	27	BH9
Brunton Pl EH7	27	BH9
Brunton's Cl, Dalk. EH22	57	BW24
Brunton Ter EH7	27	BH9
Brunton Theatre EH21	31	BY13
BRUNTSFIELD	42	BD14
Bruntsfield Av EH10	42	BD14
Bruntsfield Cres EH10	42	BD14
Bruntsfield Gdns EH10	42	BD15
Bruntsfield Links Golf Course EH4	12	AS6
Bruntsfield Pl EH10	42	BC15
Bruntsfield Prim Sch EH10	42	BC14
Bruntsfield Ter EH10	42	BD14
Bryans Av (Newt.), Dalk. EH22	65	BX29
Bryans Rd (Newt.), Dalk. EH22	65	BW29
Bryce Av EH7	17	BP9
Bryce Cres, Currie EH14	49	AQ22
Bryce Gdns, Currie EH14	49	AQ22
Bryce Gro EH7	17	BP9
Bryce Pl, Currie EH14	49	AQ22
Bryce Rd, Currie EH14	49	AQ22
Bryson Rd EH11	42	BB14
Buccleuch Pl EH8	7	BF13
Buccleuch St EH8	7	BG13
Buccleuch St, Dalk. EH22	57	BW24
Buccleuch Ter EH8	7	BG13
Buchanan St EH6	27	BH8
Buckie Rd (Mayf.), Dalk. EH22	71	CA29
Buckingham Ter EH4	26	BB10
Buckstane Pk EH10	52	BC20
Buckstone Av EH10	52	BD21
Buckstone Bk EH10	52	BD20
Buckstone Circle EH10	53	BE21
Buckstone Cl EH10	53	BE21
Buckstone Cres EH10	52	BD21
Buckstone Crook EH10	53	BE22
Buckstone Dell EH10	52	BD20
Buckstone Dr EH10	52	BD20
Buckstone Gdns EH10	52	BD21
Buckstone Gate EH10	53	BE21
Buckstone Grn EH10	53	BE21
Buckstone Gro EH10	52	BD20
Buckstone Hill EH10	53	BE21
Buckstone Howe EH10	53	BE21
Buckstone Lea EH10	53	BE21
Buckstone Ln EH10	52	BD21
Buckstone Ln E EH10	53	BE21
Buckstone Neuk EH10	53	BE20
Buckstone Pl EH10	52	BD21
Buckstone Prim Sch EH10	53	BE21
Buckstone Ri EH10	52	BD21
Buckstone Rd EH10	52	BD21
Buckstone Row EH10	53	BE21
Buckstone Shaw EH10	53	BE22
Buckstone Ter EH10	52	BD21
Buckstone Vw EH10	52	BD20
Buckstone Way EH10	52	BD20
Buckstone Wd EH10	52	BD21
Buckstone Wynd EH10	53	BE21
BUGHTLIN	23	AR10
Bughtlin Dr EH12	23	AQ10
Bughtlin Gdns EH12	23	AQ11
Bughtlin Grn EH12	23	AQ10

Name	Page	Grid
Bughtlin Ln *EH12*	23	AQ11
Bughtlin Mkt *EH12*	23	AR11
Bughtlin Pk *EH12*	23	AR10
Bughtlin Pl *EH12*	23	AQ10
Buie Brae, K'lis. *EH29*	20	AB9
Buie Haugh, K'lis. *EH29*	20	AB9
Buie Rigg, K'lis. *EH29*	20	AB9
Builyeon Rd, S Q'fry *EH30*	8	AA3
Bull's Cl *EH8* **5**	7	BH11
BURDIEHOUSE	54	BJ24
Burdiehouse Av *EH17*	54	BK23
Burdiehouse Cres *EH17*	54	BK23
Burdiehouse Crossway *EH17* **2**	54	BK23
Burdiehouse Dr *EH17*	54	BK24
Burdiehouse Ln *EH17*	54	BK23
Burdiehouse Medway *EH17*	54	BK23
Burdiehouse Pl *EH17*	54	BK23
Burdiehouse Prim Sch *EH17*	54	BK23
Burdiehouse Rd *EH17*	54	BJ22
Burdiehouse Sq *EH17*	54	BJ24
Burdiehouse St *EH17*	54	BK23
Burdiehouse Ter *EH17*	54	BK23
Burgess Rd, S Q'fry *EH30*	8	AD2
Burgess St *EH6*	16	BJ6
Burgess Ter *EH9*	28	BJ15
Burghlee Cres, Lnhd *EH20*	62	BK28
Burghlee Ter, Lnhd *EH20*	62	BL28
Burghtoft *EH17*	55	BN22
Burlington St *EH6*	15	BH6
Burnbank, Lnhd *EH20*	54	BJ27
Burnbank Cres, Lnhd *EH20*	54	BJ26
Burnbank Gro, Lnhd *EH20*	54	BJ26
Burnbank Ter (Bils.), Ros. *EH25*	61	BG29
Burnbrae *EH12*	23	AQ11
Burnbrae Av *EH12*	23	AQ11
Burnbrae Av, Bonny. *EH19*	64	BS30
Burnbrae Dr *EH12*	23	AQ11
Burnbrae Gro *EH12*	23	AQ11
Burnbrae Ln, Bonny. *EH19*	64	BS30
Burnbrae Pk *EH12*	23	AQ11
Burnbrae Pl *EH12*	23	AQ11
Burnbrae Rd, Bonny. *EH19*	64	BS30
Burnbrae Ter, Bonny. *EH19*	64	BS30
Burndene Dr (Strait.), Lnhd *EH20*	61	BH26
Burndene Pk (Strait.), Lnhd *EH20*	61	BH26
Burnhead Cres *EH16*	44	BJ20
Burnhead Gro *EH16*	44	BK21
Burnhead Ln *EH16*	44	BK21
Burnhead Path E *EH16*	44	BK21
Burnhead Path W *EH16*	44	BJ21
Burnside *EH12*	23	AQ11
Burnside, Pres. *EH32* **1**	18	CG10
Burnside Av (Easth.), Dalk. *EH22*	57	BZ28
Burnside Cres (Easth.), Dalk. *EH22*	57	BZ28
Burnside Pk, Bal. *EH14*	58	AL26
Burnside Rd *EH12*	22	AJ11
Burnside Rd, Gore. *EH23*	70	BY34
Burns St *EH6*	16	BJ7
BUSH	60	BD31
Bush Ho Cotts (Milt.Br), Pen. *EH26*	60	BD31
Bush Ln, Pen. *EH26*	67	BE32
Bush St, Muss. *EH21*	31	BX12
Bush Ter, Muss. *EH21* **1**	31	BX13
Bus Sta *EH1*	7	BF10
Butlerfield, Dalk. *EH22*	64	BV30
Butlerfield Ind Est, Bonny. *EH19*	65	BW31
Butterfly & Insect World *EH18*	56	BS23

C

Name	Page	Grid
Cables Wynd *EH6*	15	BH6
Cables Wynd Ho *EH6*	15	BH6
Caddell's Row *EH4*	11	AR6
Cadell Pl (Cock.), Pres. *EH32*	19	CL7
Cadell Sq, Tran. *EH33* **3**	35	CM13
Cadiz St *EH6*	16	BJ6
Cadogan Rd *EH16*	44	BJ20
Cadzow Pl *EH7*	28	BJ10
Caerketton Av (Bils.), Ros. *EH25*	61	BG29
Caerketton Cotts *EH13*	42	BA19
Caerlaverock Ct *EH12* **3**	23	AR12
Caesar Rd, Tran. *EH33*	35	CL13
Caesar Way, Tran. *EH33* **1**	35	CL13
Caird's Row, Muss. *EH21*	31	BX12
Cairnbank Gdns, Pen. *EH26*	68	BA39
Cairnbank Rd, Pen. *EH26*	68	BA39
Cairn Hotel *EH7*	27	BG9
Cairnmuir Rd *EH12*	24	AU11
Cairns Dr, Bal. *EH14*	58	AK27
Cairns Gdns, Bal. *EH14*	58	AK27
Cairntows Cl *EH16*	28	BM15
Caithness Pl *EH5*	14	BD6
Caiyside *EH10*	52	BC23
Caiystane Av *EH10*	52	BC22
Caiystane Cres *EH10*	52	BC21
Caiystane Dr *EH10*	52	BB22
Caiystane Gdns *EH10*	52	BB21
Caiystane Hill *EH10*	52	BC21
Caiystane Ter *EH10*	52	BB22
Caiystane Vw *EH10*	52	BC22
Cakemuir Gdns *EH16*	29	BP15
Cakemuir Gro *EH16*	29	BP15
Calder Ct *EH11*	40	AS18
Calder Cres *EH11*	39	AR18
Calder Dr *EH11*	40	AS18
Calder Gdns *EH11*	40	AS18
Calder Gro *EH11*	39	AR18
Calder Junct *EH14*	39	AR18
Calder Pk *EH11*	40	AS18
Calder Pl *EH11*	40	AS18
Calder Rd *EH11*	40	AV16
Calder Rd (Ratho), Newbr. *EH28*	48	AJ19
Calder Rd Gdns *EH11*	41	AW16
Calder Vw *EH11*	39	AR18
Caledonian Cres *EH11*	6	BC13
Caledonian Hilton Hotel *EH1*	6	BD11
Caledonian Pl *EH11*	26	BB13
Caledonian Rd *EH11*	6	BC12
CALTON	7	BG10
Calton Hill *EH1*	7	BG10
Calton Hill *EH7*	7	BG10
Calton Rd *EH8*	7	BG11
Calton Sq *EH7*	7	BG10
Cambridge Av *EH6*	27	BG8
Cambridge Gdns *EH6*	27	BG8
Cambridge St *EH1*	6	BD12
Cambridge St La *EH1* **3**	6	BD12
Cambusnethan St *EH7*	28	BK10
Cameo Cinema *EH3*	6	BD13
Camera Obscura & World of Illusions *EH1* **4**	6	BE11
Cameron Br *EH16*	44	BK16
Cameron Cres *EH16*	44	BK16
Cameron Cres, Bonny. *EH19*	63	BP30
Cameron Ho Av *EH16*	28	BK15
Cameron March *EH16*	44	BJ16
Cameron Pk *EH16*	44	BK16
Cameron Smail Rd (Ricc.), Currie *EH14*	49	AN20
Cameron Ter *EH16*	44	BK16
Cameron Toll *EH16*	44	BJ16
Cameron Toll Gdns *EH16*	44	BK16
Cameron Toll Lade *EH16*	44	BK16
Cameron Toll Shopping Centre *EH16*	44	BJ16
Cameron Way, Pres. *EH32*	18	CJ9
CAMMO	23	AP9
Cammo Bk *EH4*	23	AQ9
Cammo Brae *EH4*	23	AQ9
Cammo Cres *EH4*	23	AQ9
Cammo Gdns *EH4*	23	AQ9
Cammo Gro *EH4*	23	AP9
Cammo Hill *EH4*	23	AP9
Cammo Parkway *EH4*	23	AQ9
Cammo Pl *EH4*	23	AQ9
Cammo Rd *EH4*	23	AP9
Cammo Rd *EH12*	23	AN9
Cammo Wk *EH4*	23	AP10
Campbell Av *EH12*	25	AY12
Campbell Pk Cres *EH13*	50	AV21
Campbell Pk Dr *EH13*	50	AV21
Campbell Rd *EH12*	25	AY11
Campbell's Cl *EH8*	7	BH11
Campie Gdns, Muss. *EH21*	31	BX13
Campie Ho, Muss. *EH21*	31	BX13
Campie La, Muss. *EH21*	31	BX13
Campie Prim Sch *EH21*	31	BX13
Campie Rd, Muss. *EH21*	31	BX13
Camp Rd (Mayf.), Dalk. *EH22*	71	CA28
Campview (Dand.), Dalk. *EH22*	45	BR20
Campview Av (Dand.), Dalk. *EH22*	45	BR20
Campview Cres (Dand.), Dalk. *EH22*	45	BR20
Campview Gdns (Dand.), Dalk. *EH22*	45	BR20
Campview Gro (Dand.), Dalk. *EH22*	46	BS20
Campview Rd, Bonny. *EH19*	63	BR28
Campview Ter (Dand.), Dalk. *EH22*	45	BR20
Camp Wd Vw (Mayf.), Dalk. *EH22*	71	CA30
Camus Av *EH10*	52	BC21
Camus Pk *EH10*	52	BC21
Canaan La *EH9*	43	BE16
Canaan La *EH10*	43	BE16
Candlemaker Row *EH1*	7	BF12
Candlemaker's Cres *EH17*	45	BP20
Candlemaker's Pk *EH17*	45	BP21
Canmore St, S Q'fry *EH30*	8	AD3
Canning St *EH3*	6	BC11
Canning St La *EH3*	6	BC12
Cannon Wynd *EH6*	15	BG5
Canon Ct *EH3* **3**	27	BE8
CANONGATE	7	BG11
Canongate *EH8*	7	BG11
Canon La *EH3*	27	BE9
CANONMILLS	26	BD8
Canonmills *EH3*	27	BE8
Canonmills Br *EH3* **2**	27	BE8
Canon St *EH3*	27	BE9
Capelaw Rd *EH13*	51	AW21
Caplaw Way, Pen. *EH26*	68	AX38
Caponhall Ct, Tran. *EH33*	35	CL14
Caponhall Dr, Tran. *EH33*	34	CK14
Caponhall Rd, Tran. *EH33*	35	CL14
Captain's Dr *EH16*	44	BK21
Captain's Ln *EH16*	44	BK21
Captain's Rd *EH17*	54	BK22
Captain's Row *EH16*	54	BK22
Carberry Cl (Inv.), Muss. *EH21*	32	CA16
Carberry Gro (Inv.), Muss. *EH21*	31	BZ16
Carberry Pl *EH12*	26	BA12
Carberry Rd (Inv.), Muss. *EH21*	31	BZ15
Carfrae Gdns *EH4*	25	AW9
Carfrae Gro *EH4*	25	AW9
Carfrae Pk *EH4*	25	AW9
Carfrae Rd *EH4*	25	AW9
Cargil Ct *EH5*	14	BC6
Cargilfield Sch *EH4*	23	AR7
Cargilfield Vw *EH4*	23	AR7
Cargil Ter *EH5*	14	BD6
Carlaverock Av, Tran. *EH33*	35	CM14
Carlaverock Cl, Tran. *EH33*	35	CN15
Carlaverock Ct, Tran. *EH33*	35	CN14
Carlaverock Cres, Tran. *EH33*	35	CM14
Carlaverock Dr, Tran. *EH33*	35	CM14
Carlaverock Gro, Tran. *EH33*	35	CM14
Carlaverock Ter, Tran. *EH33*	35	CN15
Carlaverock Vw, Tran. *EH33*	35	CM15
Carlaverock Wk, Tran. *EH33*	35	CM14
Carlops Av, Pen. *EH26*	68	BA37

82

Carlops Cres, Pen. *EH26* 68 BA37
Carlops Rd, Pen. *EH26* 68 AZ38
Carlowrie Av (Dalm.),
S Q'fry *EH30* 9 AG4
Carlowrie Cres (Dalm.),
S Q'fry *EH30* 9 AG4
Carlowrie Pl, Gore. *EH23* 70 BZ34
Carlton Hotel, The *EH1* 7 BF11
Carlton St *EH4* 6 BC10
Carlton Ter *EH7* 7 BH10
Carlton Ter Brae *EH7* 7 BH10
Carlton Ter La *EH7* 7 BH10
Carlton Ter Ms *EH7* 7 BH10
Carlton Wynd *EH8* 7 BG11
Carlyle Pl *EH7* 28 BJ10
Carlyle Pl, Muss. *EH21* 31 BY13
Carmel Av, K'lis. *EH29* 20 AC9
Carmelite Rd, S Q'fry *EH30* 8 AD3
Carmel Rd, K'lis. *EH29* 20 AC10
Carnbee Av *EH16* 44 BL21
Carnbee Cres *EH16* 44 BL21
Carnbee Dell *EH16* **1** 44 BL21
Carnbee End *EH16* 44 BL20
Carnbee Pk *EH16* 44 BL21
Carnegie Ct *EH8* 7 BG12
Carnegie St *EH8* 7 BG12
Carnethie St, Rose. *EH24* 63 BN33
Carnethy Av *EH13* 51 AW21
Carnethy Av, Pen. *EH26* 68 BA37
Carnethy Ct, Pen. *EH26* 69 BB38
Caroline Gdns *EH12* 24 AU12
Caroline Pk Av *EH5* 13 AZ4
Caroline Pk Gro *EH5* 13 AZ5
Caroline Pl *EH12* 24 AU12
Caroline Ter *EH12* 24 AT11
Carpet La *EH6* 16 BJ6
Carrick Cres (Easth.),
Dalk. *EH22* 57 BY27
CARRICK KNOWE 40 AV14
Carrick Knowe Av *EH12* 24 AV13
Carrick Knowe Dr *EH12* 40 AU14
Carrick Knowe Gdns *EH12* 40 AV14
Carrick Knowe Golf
Course *EH12* 41 AW14
Carrick Knowe Gro *EH12* 40 AV14
Carrick Knowe Hill *EH12* 40 AV14
Carrick Knowe Ln *EH12* 40 AV14
Carrick Knowe Parkway *EH12* 40 AU14
Carrick Knowe Pl *EH12* 40 AV14
Carrick Knowe Prim Sch *EH12* 40 AV14
Carrick Knowe Rd *EH12* 40 AU15
Carrick Knowe Ter *EH12* 40 AV14
Carrington Rd *EH4* 26 BA9
Carrington Rd, Bonny. *EH19* 64 BT31
Carron Pl *EH6* 16 BK6
Carrubber's Cl *EH1* **5** 7 BF11
Casselbank St *EH6* 15 BH7
Cassel's La *EH6* 15 BH7
Cast, The, Lass. *EH18* 62 BM29
Castle Av *EH12* 40 AT14
Castle Av, Gore. *EH23* 70 BY35
Castle Av (Port S.), Pres. *EH32* 19 CN7
Castlebrae Av *EH16* 44 BM16
Castlebrae Comm High
Sch *EH16* 45 BN16
Castlebrae Glebe *EH16* 28 BM15
Castlebrae Gro *EH16* 44 BM16
Castlebrae Pl *EH16* 28 BM15
Castlebrae Rigg *EH16* 28 BM15
Castlebrae Wynd *EH16* 44 BM16
Castle Gogar Rigg *EH12* 38 AL13
Castlehill *EH1* 6 BE11
Castlelaw Ct, Pen. *EH26* 69 BB37
Castlelaw Cres (Bils.),
Ros. *EH25* 61 BG30
Castlelaw Rd *EH13* 51 AW21
Castlepark Gait *EH16* 28 BM15
Castlepark Glade *EH16* 44 BM16
Castlepark Grn *EH16* 44 BM16
Castle Pl, Gore. *EH23* 70 BY35
Castle Rd (Port S.), Pres. *EH32* 19 CN7

Castle Rd, Tran. *EH33* 34 CK15
Castle St *EH2* 6 BD11
Castle Ter *EH1* 6 BD12
Castle Ter *EH3* 6 BE12
Castle Ter (Port S.), Pres. *EH32* 19 CN7
Castle Vw, Gore. *EH23* 70 BY36
Castle Vw (Port S.), Pres. *EH32* 19 CN7
Castleview Av *EH16* 44 BM16
Castleview Dr *EH16* 44 BM16
Castleview Gro *EH16* 44 BM16
Castleview Ho *EH16* 44 BM18
Castleview Prim Sch *EH16* 45 BN16
Castleview Ter *EH16* 28 BM15
Castle Wk (Port S.), Pres. *EH32* 19 CN7
Castle Wynd N *EH1* **11** 6 BE12
Castle Wynd S *EH1* **6** 6 BE12
Catalyst Trade Pk *EH11* 39 AR17
Cathcart Pl *EH11* 26 BB13
Cathedral La *EH1* 7 BD10
Catherine Pl *EH3* 27 BE8
Catherines Ct, Bonny. *EH19* 64 BS29
Catriona Ter, Pen. *EH26* 66 BD34
Causeway, The *EH15* 28 BL13
Causewayside *EH9* 43 BG14
Cavalry Pk Dr *EH15* 28 BM13
Cedar Dr (Port S.), Pres. *EH32* 19 CL8
Cedar Rd, Lnhd *EH20* 61 BH28
Cedars, The *EH16* 51 AX20
Cemetery Rd, Dalk. *EH22* 56 BV25
Chalmers Bldgs *EH3* **2** 6 BD13
Chalmers Cl *EH1* **4** 7 BG11
Chalmers Cres *EH9* 43 BF14
Chalmers Hosp *EH3* 6 BE12
Chalmers St *EH3* 6 BE12
Chamberlain Rd *EH10* 42 BD15
Chambers St *EH1* 7 BF12
Champigny Ct, Muss. *EH21* 32 CA14
Chancelot Cres *EH6* 15 BE6
Chancelot Gro *EH5* 15 BE6
Chancelot Ter *EH6* 15 BE6
Chapel Ct *EH16* 29 BN15
Chapel La *EH6* **2** 16 BJ6
Chapel Ln, Ros. *EH25* 62 BJ32
Chapel St *EH8* 7 BG12
Chapel Wynd *EH1* **7** 6 BE12
Chariot Dr, Newbr. *EH28* 36 AC14
Charlesfield *EH8* **1** 7 BF12
Charles St *EH8* 7 BF12
Charles St, Pen. *EH26* 68 BA36
Charles St La *EH8* 7 BF12
Charlotte La *EH2* 6 BD11
Charlotte Sq *EH2* 6 BD11
Charlton Gro, Ros. *EH25* 67 BH32
Charterhall Gro *EH9* 43 BF16
Charterhall Rd *EH9* 43 BF17
Chatterrig *EH13* 52 BB20
Cherry La (Mayf.), Dalk. *EH22* 71 CA29
Cherry Rd, Bonny. *EH19* 63 BR29
Cherry Tree Av, Bal. *EH14* 49 AN24
Cherry Tree Cres, Bal. *EH14* 48 AM24
Cherry Tree Cres, Currie *EH14* 48 AM24
Cherry Tree Gdns, Bal. *EH14* 48 AM24
Cherry Tree Gro, Bal. *EH14* 48 AM24
Cherry Tree Ln, Bal. *EH14* 49 AN24
Cherry Tree Pk, Bal. *EH14* 48 AM24
Cherry Tree Pl, Currie *EH14* 49 AN24
Cherry Tree Vw, Bal. *EH14* 49 AN24
Chessels Ct *EH8* 7 BG11
Chesser Av *EH14* 41 AX15
Chesser Cotts *EH11* **1** 41 AY15
Chesser Ct *EH14* 41 AX15
Chesser Cres *EH14* 41 AX16
Chesser Gdns *EH14* 41 AX15
Chesser Gro *EH14* 41 AX16
Chesser Ln *EH14* 41 AX16
Chester Ct, Bonny. *EH19* 63 BR29
Chester Dr (Mayf.), Dalk. *EH22* 65 BZ30
Chester Gro, Bonny. *EH19* 63 BR29
Chester Sq, Dalk. *EH22* 65 BZ30
Chester St *EH3* 6 BC11
Chesters Vw, Bonny. *EH19* 63 BR29

Chester Vw (Mayf.),
Dalk. *EH22* 65 BZ30
Chestnut Ct, Muss. *EH21* 31 BZ13
Chestnut Gro, Bonny. *EH19* 63 BR29
Chestnut Gro (Port S.),
Pres. *EH32* 19 CM8
Chestnut St *EH5* 14 BA4
Cheyne St *EH4* 26 BC9
Chisholm Ter, Pen. *EH26* 69 BB36
Christian Cres *EH15* 29 BR12
Christian Gro *EH15* 29 BR12
Christian Path *EH15* 29 BQ12
Christiemiller Av *EH7* 17 BN9
Christiemiller Gro *EH7* 29 BN10
Christiemiller Pl *EH7* 17 BN9
Chuckie Pend *EH3* 6 BD12
CHURCH HILL 42 BD15
Church Hill *EH10* 42 BD15
Church Hill Dr *EH10* 42 BD15
Church Hill Pl *EH10* 42 BD15
Church Hill Theatre *EH10* 42 BD15
Church Rd, Lass. *EH18* 55 BP26
Church St, Lnhd *EH20* 62 BL28
Church St, Tran. *EH33* 35 CL12
Church Vw, Dalk. *EH22* 56 BV25
Cineworld Cinema
(FountainPark) *EH11* 6 BC13
Circle, The (Dand.), Dalk. *EH22* 45 BR19
Circus Gdns *EH3* 6 BD10
Circus La *EH3* 26 BD9
Circus Pl *EH3* 6 BD10
Citadel Ct *EH6* 15 BH5
Citadel Pl *EH6* 15 BH5
Citadel St *EH6* **2** 15 BH5
City Art Centre *EH1* 7 BF11
City of Edinburgh Bypass,
The *EH10* 52 BA22
City of Edinburgh Bypass,
The *EH12* 39 AP15
City of Edinburgh Bypass,
The *EH13* 50 AU21
City of Edinburgh Bypass,
The *EH14* 39 AR18
City of Edinburgh Bypass,
The *EH17* 53 BH24
City of Edinburgh Bypass,
The, Dalk. *EH22* 46 BV21
City of Edinburgh Bypass,
The, Lass. *EH18* 55 BQ23
City of Edinburgh Bypass,
The, Muss. *EH21* 46 BV21
Civic Sq, Tran. *EH33* **1** 35 CM13
Clackmae Gro *EH16* 43 BH19
Clackmae Rd *EH16* 43 BH19
Clanranald Av, Pres. *EH32* 18 CJ9
Clan Tartan Centre *EH6* 15 BG6
Clapper La *EH16* 44 BJ17
Clarebank Cres *EH6* 16 BK7
Claremont Bk *EH7* 27 BF9
Claremont Ct *EH7* 27 BF8
Claremont Cres *EH7* 27 BF8
Claremont Gdns *EH6* 16 BK7
Claremont Gro *EH7* 27 BF8
Claremont Pk *EH6* 16 BK7
Claremont Rd *EH6* 16 BK7
Clarence St *EH3* 26 BD9
Clarendon Cres *EH4* 6 BC10
Clarendon Hotel *EH2* 6 BD11
Clarinda Gdns, Dalk. *EH22* 57 BZ24
Clarinda Ter *EH16* 44 BJ19
Clark Av *EH5* 15 BE6
Clark Pl *EH5* 14 BD6
Clark Rd *EH5* 14 BD6
Claverhouse Dr *EH16* 44 BJ19
Clayhills Gro, Bal. *EH14* 58 AK26
Clayhills Pk, Bal. *EH14* 58 AK26
Clayknowes Av, Muss. *EH21* 31 BW14
Clayknowes Ct, Muss. *EH21* 31 BW15
Clayknowes Dr, Muss. *EH21* 30 BV14
Clayknowes Pl, Muss. *EH21* 30 BV14
Clayknowes Rd, Muss. *EH21* 31 BW14

Clayknowes Way, Muss. *EH21*	31	BW14
Claylands Rd, Newbr. *EH28*	36	AB16
Clearburn Cres *EH16*	28	BK15
Clearburn Gdns *EH16*	28	BK15
Clearburn Rd *EH16*	28	BK15
Clearburn Rd, Gore. *EH23*	70	BX33
Cleekim Dr *EH15*	29	BR15
Cleekim Rd *EH15*	29	BR15
CLEIKIMIN	29	BR14
Cleikiminfield *EH15*	29	BR15
Cleikiminrig *EH15*	29	BR15
Cleric's Hill, K'lis. *EH29*	20	AC10
Clerk Rd, Pen. *EH26*	68	AZ38
Clerk St *EH8*	7	BG13
Clerk St, Lnhd *EH20*	54	BL27
CLERMISTON	24	AS9
Clermiston Av *EH4*	24	AT9
Clermiston Cres *EH4*	24	AT9
Clermiston Dr *EH4*	24	AT9
Clermiston Gdns *EH4*	24	AT10
Clermiston Grn *EH4*	24	AT9
Clermiston Gro *EH4*	24	AT10
Clermiston Hill *EH4*	24	AT9
Clermiston Ln *EH4*	24	AT9
Clermiston Medway *EH4*	24	AT9
Clermiston Pk *EH4*	24	AT9
Clermiston Pl *EH4*	24	AT10
Clermiston Prim Sch *EH4*	24	AS9
Clermiston Rd *EH12*	24	AU13
Clermiston Rd N *EH4*	24	AU9
Clermiston Ter *EH12* **1**	24	AU12
Clermiston Vw *EH4*	24	AU10
Clerwood Bk *EH12*	24	AT11
Clerwood Gdns *EH12*	24	AT11
Clerwood Gro *EH12*	24	AU11
Clerwood Ln *EH12*	24	AT11
Clerwood Pk *EH12*	24	AT11
Clerwood Pl *EH12*	24	AU11
Clerwood Row *EH12*	24	AT11
Clerwood Ter *EH12*	24	AU11
Clerwood Vw *EH12*	24	AU11
Clerwood Way *EH12*	24	AT11
Cliftonhall Rd, K'new. *EH27*	36	AC18
Cliftonhall Rd, Newbr. *EH28*	36	AB15
Clifton Rd, Newbr. *EH28*	36	AA16
Clifton Sq *EH15*	29	BQ11
Clifton Ter *EH12*	6	BC12
Clifton Trd Est, Newbr. *EH28*	36	AB15
Clinton Rd *EH9*	42	BD15
Clockmill La *EH8*	28	BK10
Clovenstone Dr *EH14*	50	AU20
Clovenstone Gdns *EH14*	40	AU18
Clovenstone Pk *EH14*	50	AU20
Clovenstone Prim Sch *EH14*	50	AU20
Clovenstone Rd *EH14*	40	AU18
Cloverfoot *EH16*	45	BQ17
Clufflat, S Q'fry *EH30*	8	AB1
Clufflat Brae, S Q'fry *EH30*	8	AB1
Cluny Av *EH10*	42	BD17
Cluny Dr *EH10*	42	BD17
Cluny Gdns *EH10*	42	BD17
Cluny Pl *EH10*	43	BE17
Cluny Ter *EH10*	42	BD17
Coalgate Av, Tran. *EH33*	35	CN12
Coalgate Rd, Tran. *EH33*	35	CM12
Coalhill *EH6*	15	BH6
Coal Neuk, Tran. *EH33*	35	CL13
Coal Neuk Cor, Tran. *EH33* **7**	35	CL13
Coal Neuk Ct, Tran. *EH33*	35	CL13
COATES	26	BA11
Coates Cres *EH3*	6	BC12
Coates Gdns *EH12*	26	BB12
Coates Pl *EH3*	6	BC12
Coatfield La *EH6*	16	BJ6
Cobbinshaw Ho *EH11*	39	AR18
Cobden Cres *EH9*	43	BH15
Cobden Rd *EH9*	43	BH15
Cobden Ter *EH11* **7**	6	BC12
Coburg St *EH6*	15	BH6
Cochrane Pl *EH6* **1**	16	BJ7
Cochran Pl *EH7*	27	BF9

Cochran Ter *EH7*	27	BF9
Cochrina Pl, Rose. *EH24*	62	BM33
Cockburn Cres, Bal. *EH14*	58	AL28
Cockburnhill Rd, Bal. *EH14*	58	AJ28
Cockburn St *EH1*	7	BF11
COCKENZIE	19	CM8
Cockenzie Prim Sch *EH32*	19	CL8
Cockmylane *EH10*	52	BB21
Cockpen Av, Bonny. *EH19*	63	BQ30
Cockpen Cres, Bonny. *EH19*	63	BQ30
Cockpen Dr, Bonny. *EH19*	63	BQ30
Cockpen Pl, Bonny. *EH19* **1**	63	BQ30
Cockpen Rd, Bonny. *EH19*	64	BS29
Cockpen Rd Rbt, Bonny. *EH19*	64	BT30
Cockpen Ter, Bonny. *EH19*	63	BQ30
Cockpen Vw, Bonny. *EH19*	63	BQ30
Coffin La *EH11*	26	BB13
Coillesdene Av *EH15*	30	BS12
Coillesdene Cres *EH15*	30	BT12
Coillesdene Dr *EH15*	30	BT12
Coillesdene Gdns *EH15*	30	BT12
Coillesdene Gro *EH15*	30	BT12
Coillesdene Ln *EH15*	30	BU12
Coillesdene Ter *EH15*	30	BT12
Coinyie Ho Cl *EH1* **1**	7	BG11
COLINTON	51	AW21
Colinton Gro *EH14*	41	AZ17
Colinton Gro W *EH14*	41	AZ17
Colinton Mains Cres *EH13*	51	AZ21
Colinton Mains Dr *EH13*	41	AZ19
Colinton Mains Gdns *EH13*	41	AZ19
Colinton Mains Grn *EH13*	51	AZ20
Colinton Mains Gro *EH13*	52	BA20
Colinton Mains Ln *EH13*	51	AZ20
Colinton Mains Pl *EH13*	52	BA20
Colinton Mains Rd *EH13*	51	AZ20
Colinton Mains Ter *EH13*	52	BA20
Colinton Prim Sch *EH13*	51	AZ20
Colinton Rd *EH10*	42	BB16
Colinton Rd *EH13*	41	AY19
Colinton Rd *EH14*	42	BA16
College Wynd *EH1* **2**	7	BF12
Colliery Cres (Newt.), Dalk. *EH22*	65	BW31
Colliery Vw (Newt.), Dalk. *EH22*	65	BX31
Collins Pl *EH3*	26	BD9
Colmestone Gate *EH10*	52	BC21
Colonsay Cl *EH5*	13	AX5
Coltbridge Av *EH12*	25	AZ12
Coltbridge Gdns *EH12*	26	BA12
Coltbridge Millside *EH12*	26	BA12
Coltbridge Ter *EH12*	25	AZ12
Coltbridge Vale *EH12*	26	BA12
Columba Av *EH4*	25	AX9
Columba Rd *EH4*	25	AX9
Colville Pl *EH3*	26	BD9
COMELY BANK	26	BB9
Comely Bk *EH4*	26	BB9
Comely Bk Av *EH4*	26	BC9
Comely Bk Gro *EH4*	26	BB10
Comely Bk Pl *EH4*	26	BC9
Comely Bk Pl Ms *EH4* **2**	26	BC9
Comely Bk Rd *EH4*	26	BC9
Comely Bk Row *EH4*	26	BC9
Comely Bk St *EH4*	26	BB9
Comely Bk Ter *EH4*	26	BB9
Comely Grn Cres *EH7*	28	BJ10
Comely Grn Pl *EH7*	28	BJ10
COMISTON	52	BC21
Comiston Dr *EH10*	42	BB18
Comiston Gdns *EH10*	42	BC17
Comiston Gro *EH10*	52	BC20
Comiston Pl *EH10*	42	BC17
Comiston Ri *EH10*	52	BC20
Comiston Rd *EH10*	42	BC18
Comiston Springs Av *EH10*	52	BC20
Comiston Ter *EH10*	42	BC17
Comiston Vw *EH10*	52	BC20
Commercial St *EH6*	15	BH5
Commercial Wf *EH6* **1**	16	BJ5

Conference Sq *EH3*	6	BD12
Conifer Rd (Mayf.), Dalk. *EH22*	71	CA28
Connaught Pl *EH6*	15	BF6
Considine Gdns *EH8*	28	BL10
Considine Ter *EH8*	28	BL10
Constitution St *EH6*	15	BH7
Convening Ct *EH4* **1**	6	BC11
Cook Cres (Mayf.), Dalk. *EH22*	65	BZ30
Cookies Wynd, Pres. *EH32* **2**	18	CG10
Cooper's Cl *EH8* **3**	7	BH11
Cope La (Port S.), Pres. *EH32*	19	CM7
Corbie Dr, Dalk. *EH22*	57	BZ24
Corbiehill Av *EH4*	25	AW8
Corbiehill Cres *EH4*	24	AV8
Corbiehill Gdns *EH4*	25	AW8
Corbiehill Gro *EH4*	25	AW8
Corbiehill Pk *EH4*	24	AV8
Corbiehill Pl *EH4*	24	AV8
Corbiehill Rd *EH4*	24	AV8
Corbiehill Ter *EH4*	24	AV8
Corbieshot *EH15*	29	BR14
Corbiewynd *EH15*	29	BR14
CORNBANK	68	AZ38
Cornbank St. James' Prim Sch *EH26*	68	AZ38
Cornhill Ter *EH6*	16	BK7
Cornwallis Pl *EH3*	27	BE9
Cornwall St *EH1*	6	BD12
Coronation Pl (Mayf.), Dalk. *EH22*	57	BZ28
Coronation Pl, Tran. *EH33*	35	CL13
Coronation Wk *EH3*	6	BE13
Corrennie Dr *EH10*	42	BD17
Corrennie Gdns *EH10*	42	BD18
Corrie Ct (Newt.), Dalk. *EH22*	65	BX31
Corslet Cres, Currie *EH14*	49	AR22
Corslet Pl, Currie *EH14*	49	AQ22
Corslet Rd, Currie *EH14*	49	AQ22
CORSTORPHINE	24	AT12
Corstorphine Bk Av *EH12*	24	AS12
Corstorphine Bk Dr *EH12*	24	AS12
Corstorphine Bk Ter *EH12*	24	AS12
Corstorphine High St *EH12*	24	AT13
Corstorphine Hill Av *EH12*	24	AU12
Corstorphine Hill Cres *EH12*	24	AU12
Corstorphine Hill Gdns *EH12*	24	AU12
Corstorphine Hill Rd *EH12*	24	AU12
Corstorphine Hosp *EH12*	24	AV13
Corstorphine Ho Av *EH12*	24	AU13
Corstorphine Ho Ter *EH12*	24	AU13
Corstorphine Pk Gdns *EH12*	24	AU13
Corstorphine Prim Sch *EH12*	24	AT13
Corstorphine Rd *EH12*	25	AY12
Cortleferry Dr, Dalk. *EH22*	56	BU26
Cortleferry Gro, Dalk. *EH22*	56	BU26
Cortleferry Pk, Dalk. *EH22*	56	BU26
Cortleferry Ter, Dalk. *EH22*	56	BU26
Corunna Pl *EH6*	15	BH6
Corunna Ter, Pen. *EH26*	66	BC35
Costkea Way, Lnhd *EH20*	54	BJ27
Cotlaws, K'lis. *EH29*	20	AB10
Cottage Grn *EH4*	23	AR7
Cottage Homes *EH13*	51	AX21
Cottage La, Muss. *EH21*	32	CA14
Cottage Pk *EH4*	25	AW10
County Hotel *EH22*	57	BW24
County Rd, Pres. *EH32*	18	CG10
County Sq, Pres. *EH32*	18	CG10
Couper Fld *EH6*	15	BH5
Couper St *EH6*	15	BH5
Cousland Rd, Dalk. *EH22*	57	BZ23
Covenanter Ct, Pen. *EH26*	68	AZ38
Covenanters La, S Q'fry *EH30*	8	AD2
Cowan Rd *EH11*	42	BA15
Cowan's Cl *EH16*	7	BG13
Cowan Ter, Pen. *EH26*	69	BB36
Cowden Cres, Dalk. *EH22*	57	BZ24
Cowden Gro, Dalk. *EH22*	57	BZ24
Cowden La, Dalk. *EH22*	57	BZ24
Cowden Pk, Dalk. *EH22*	57	BY24
Cowden Ter, Dalk. *EH22*	57	BZ24

Cowden Vw, Dalk. *EH22*	57	BZ24
Cowgate *EH1*	7	BF12
Cowgatehead *EH1*	7	BF12
Cowpits Ford Rd, Muss. *EH21*	31	BY16
Cowpits Rd (White.), Muss. *EH21*	47	BZ18
Coxfield *EH11*	41	AY15
Coxfield La *EH11* **2**	41	AY15
Craigcrook Av *EH4*	25	AW9
Craigcrook Gdns *EH4*	25	AX10
Craigcrook Gro *EH4*	25	AW10
Craigcrook Pk *EH4*	25	AW10
Craigcrook Pl *EH4* **1**	25	AY9
Craigcrook Rd *EH4*	25	AX10
Craigcrook Sq *EH4*	25	AW9
Craigcrook Ter *EH4*	25	AX9
Craigend Pk *EH16*	44	BL18
CRAIGENTINNY	16	BM8
Craigentinny Av *EH7*	29	BN10
Craigentinny Av N *EH7*	16	BM7
Craigentinny Cres *EH7*	29	BN10
Craigentinny Golf Course *EH7*	16	BM8
Craigentinny Gro *EH7*	29	BN10
Craigentinny Pl *EH7*	29	BN10
Craigentinny Prim Sch *EH7*	16	BM9
Craigentinny Rd *EH7*	16	BM9
Craighall Av *EH6*	15	BE5
Craighall Bk *EH6*	15	BE5
Craighall Cres *EH6*	15	BE5
Craighall Gdns *EH6*	15	BE6
Craighall Rd *EH6*	15	BE5
Craighall Ter *EH6*	15	BE6
Craighall Ter, Muss. *EH21*	32	CB13
Craighill Gdns *EH10*	42	BB18
Craighouse Av *EH10*	42	BB17
Craighouse Gdns *EH10*	42	BB17
Craighouse Pk *EH10*	42	BB17
Craighouse Rd *EH10*	42	BB17
Craighouse Ter *EH10*	42	BB17
Craigiebield Cres, Pen. *EH26*	68	BA39
Craigievar Sq *EH12*	23	AR11
Craigievar Wynd *EH12*	23	AQ12
Craiglea Dr *EH10*	42	BB18
Craiglea Pl *EH10*	42	BB17
CRAIGLEITH	25	AZ9
Craigleith Av N *EH4*	25	AY11
Craigleith Av S *EH4*	25	AY11
Craigleith Bk *EH4*	25	AY10
Craigleith Cres *EH4*	25	AY10
Craigleith Dr *EH4*	25	AY10
Craigleith Gdns *EH4*	25	AY10
Craigleith Gro *EH4*	25	AY10
Craigleith Hill *EH4*	25	AZ10
Craigleith Hill Av *EH4*	25	AY9
Craigleith Hill Cres *EH4*	25	AZ9
Craigleith Hill Gdns *EH4*	25	AZ9
Craigleith Hill Grn *EH4*	25	AZ9
Craigleith Hill Gro *EH4*	25	AZ9
Craigleith Hill Ln *EH4*	25	AZ9
Craigleith Hill Pk *EH4*	25	AZ9
Craigleith Hill Row *EH4*	25	AZ9
Craigleith Retail Park *EH4*	25	AZ9
Craigleith Ri *EH4*	25	AY11
Craigleith Rd *EH4*	25	AZ10
Craigleith Vw *EH4*	25	AY11
CRAIGLOCKHART	41	AZ17
Craiglockhart Av *EH14*	41	AY17
Craiglockhart Bk *EH14*	41	AY18
Craiglockhart Cres *EH14*	41	AY18
Craiglockhart Dell Rd *EH14*	41	AY17
Craiglockhart Dr N *EH14*	41	AY17
Craiglockhart Dr S *EH14*	41	AY19
Craiglockhart Gdns *EH14*	41	AY17
Craiglockhart Gro *EH14*	41	AY19
Craiglockhart Ln *EH14*	41	AY18
Craiglockhart Pk *EH14*	41	AY18
Craiglockhart Pl *EH14*	41	AZ17
Craiglockhart Prim Sch *EH11*	42	BA15
Craiglockhart Quad *EH14*	41	AY18
Craiglockhart Rd *EH14*	41	AY19
Craiglockhart Rd N *EH14*	41	AZ17
Craiglockhart Ter *EH14*	42	BA17
Craiglockhart Vw *EH14*	41	AZ17
CRAIGMILLAR	28	BM15
Craigmillar Castle *EH1*	44	BM17
Craigmillar Castle Av *EH16*	44	BM16
Craigmillar Castle Gdns *EH16*	28	BM15
Craigmillar Castle Ln *EH16*	28	BM15
Craigmillar Castle Rd *EH16*	44	BM17
Craigmillar Ct *EH16*	44	BL16
Craigmillar Pk *EH16*	43	BH16
Craigmillar Park Golf Course *EH9*	43	BG17
Craigmount App *EH12*	24	AS12
Craigmount Av *EH12*	24	AS12
Craigmount Av N *EH4*	23	AR10
Craigmount Av N *EH12*	24	AS10
Craigmount Bk *EH4*	23	AR10
Craigmount Bk W *EH4*	23	AR10
Craigmount Brae *EH12*	23	AR10
Craigmount Ct *EH4*	23	AR10
Craigmount Cres *EH12*	23	AR11
Craigmount Dr *EH12*	23	AR11
Craigmount Gdns *EH12*	23	AR12
Craigmount Gro *EH12*	23	AR11
Craigmount Gro N *EH12*	23	AR11
Craigmount High Sch *EH12*	23	AR12
Craigmount Hill *EH4*	23	AR10
Craigmount Ln *EH12*	23	AR11
Craigmount Pk *EH12*	23	AR12
Craigmount Pl *EH12*	23	AR11
Craigmount Ter *EH12*	23	AR12
Craigmount Vw *EH12*	23	AR11
Craigmount Way *EH12*	24	AS10
Craigmuir Pl *EH4*	13	AY6
Craigour Av *EH17*	45	BN19
Craigour Cres *EH17*	45	BN19
Craigour Dr *EH17*	44	BM18
Craigour Gdns *EH17*	45	BN19
Craigour Grn *EH17*	45	BM19
Craigour Gro *EH17*	45	BN19
Craigour Ln *EH17*	45	BN19
Craigour Pk Prim Sch *EH17*	45	BN20
Craigour Pl *EH17*	44	BM19
Craigour Ter *EH17*	45	BN19
Craigpark (Ratho), Newbr. *EH28*	37	AE17
Craigpark Cres (Ratho), Newbr. *EH28*	37	AE17
Craigroyston Comm Ed Cen *EH4*	13	AY7
Craigroyston Comm High Sch *EH4*	13	AX6
Craigroyston Gro *EH4*	13	AW7
Craigroyston Pl *EH4*	13	AW6
Craigroyston Prim Sch *EH4*	13	AX7
Craigs Av *EH12*	39	AR13
Craigs Bk *EH12*	23	AR12
Craigs Cres *EH12*	23	AR12
Craigs Dr *EH12*	23	AR12
Craigs Gdns *EH12*	23	AR12
Craigs Gro *EH12*	24	AS12
Craigs Ln *EH12*	24	AS12
Craigs Pk *EH12*	23	AR12
Craigs Rd *EH12*	23	AR12
Crame Ter, Dalk. *EH22*	56	BU25
CRAMOND	11	AQ5
Cramond Av *EH4*	11	AR5
Cramond Bk *EH4*	11	AR6
CRAMOND BRIDGE	23	AP8
Cramond Br Cotts *EH4*	23	AP7
Cramond Brig Toll *EH4*	23	AP7
Cramond Cres *EH4*	11	AR6
Cramond Gdns *EH4*	11	AR6
Cramond Glebe Gdns *EH4*	11	AR5
Cramond Glebe Rd *EH4*	11	AR5
Cramond Glebe Ter *EH4*	11	AR5
Cramond Grn *EH4*	11	AR5
Cramond Gro *EH4*	11	AR6
Cramond New Br *EH4*	23	AP8
Cramond Pk *EH4*	11	AR6
Cramond Pl *EH4*	12	AS6
Cramond Prim Sch *EH4*	11	AR6
Cramond Regis *EH4*	23	AR7
Cramond Rd N *EH4*	12	AS5
Cramond Rd S *EH4*	12	AT6
Cramond Ter *EH4*	11	AR6
Cramond Vale *EH4*	11	AQ6
Cramond Village *EH4*	11	AR5
Cranston St *EH8*	7	BG11
Cranston St, Pen. *EH26*	68	BA38
Crarae Av *EH4*	25	AZ11
Craufurdland *EH4*	23	AQ8
Crawford Br *EH7* **1**	16	BJ9
Crawfurd Rd *EH16*	43	BH16
Crawlees Cotts (Newt.), Dalk. *EH22*	65	BY29
Crawlees Cres (Mayf.), Dalk. *EH22*	71	CA29
Crescent, The *EH10*	42	BC17
Crescent, The (Gowks.), Gore. *EH23*	65	BY32
Crewe Bk *EH5*	14	BA6
Crewe Cres *EH5*	13	AZ6
Crewe Gro *EH5*	14	BA6
Crewe Ln *EH5*	13	AZ6
Crewe Path *EH5*	13	AZ6
Crewe Pl *EH5*	13	AZ6
Crewe Rd Gdns *EH5*	13	AZ6
Crewe Rd N *EH5*	13	AZ6
Crewe Rd S *EH4*	26	BA8
Crewe Rd W *EH5*	13	AZ6
Crewe Ter *EH5*	13	AZ6
Crewe Toll *EH4*	13	AZ7
Crichton's Cl *EH8* **4**	7	BH11
Crichton St *EH8*	7	BF12
Crighton Pl *EH7*	27	BH8
Croall Pl *EH7*	27	BG9
Crockett Gdns, Pen. *EH26*	68	AZ38
Croft-an-righ *EH8*	7	BH10
Croft St, Dalk. *EH22*	57	BW24
Croft St, Pen. *EH26*	68	BA39
Cromwell Pl *EH6*	15	BH5
Crookston Ct (Inv.), Muss. *EH21*	32	CA15
Crookston Rd (Inv.), Muss. *EH21*	31	BZ15
Cross Cotts, Pres. *EH32* **2**	18	CJ10
Cross Rd, Lnhd *EH20*	61	BH27
Crosswood Av, Bal. *EH14*	58	AK27
Crosswood Cres, Bal. *EH14*	58	AK27
Crown Ct, Tran. *EH33*	35	CM13
Crown Pl *EH6*	15	BH7
Crown St *EH6*	15	BH7
Cruachan Ct, Pen. *EH26*	69	BC37
Crusader Dr, Ros. *EH25*	67	BH32
Cuddies Ln *EH13* **1**	51	AW21
Cuddy La *EH10*	42	BC16
Cuguen Pl, Lass. *EH18*	55	BR26
CUIKEN	68	BA37
Cuiken Av, Pen. *EH26*	68	BA37
Cuiken Bk, Pen. *EH26*	68	AZ37
Cuiken Br, Pen. *EH26*	69	BB37
Cuikenburn, Pen. *EH26*	68	BA36
Cuiken Prim Sch *EH26*	68	AZ37
Cuiken Ter, Pen. *EH26*	68	AZ37
Cultins Rd *EH11*	39	AR16
Cumberland St *EH3*	27	BE9
Cumberland St N E La *EH3*	27	BE9
Cumberland St N W La *EH3*	27	BE9
Cumberland St S E La *EH3*	27	BE9
Cumberland St S W La *EH3*	27	BE9
Cumin Pl *EH9*	43	BG14
Cumlodden Av *EH12*	25	AY11
Cumnor Cres *EH16*	44	BJ18
Cunningham Pl *EH6* **1**	15	BH7
CURRIE	49	AN23
Currie Comm High Sch *EH14*	49	AP23
Curriehill Castle Dr, Bal. *EH14*	48	AM23
Curriehill Rd, Currie *EH14*	49	AP22
Curriehill Sta *EH14*	49	AP22
Currie Prim Sch *EH14*	49	AP22
Currievale Dr, Currie *EH14*	49	AN23

Name	Page	Grid
Currievale Pk, Currie *EH14*	49	AN23
Currievale Pk Gro, Currie *EH14*	49	AN23
CUTHILL	34	CG11

D

Name	Page	Grid
Daiches Braes *EH15*	30	BT13
Daisy Ter *EH11* **3**	42	BA15
Dakota Forth Bridge *EH30*	8	AD4
Dalgety Av *EH7*	16	BK9
Dalgety Rd *EH7*	16	BK9
Dalgety St *EH7*	28	BK10
Dalhousie Av, Bonny. *EH19*	63	BQ29
Dalhousie Av W, Bonny. *EH19*	63	BP29
Dalhousie Bk, Dalk. *EH22*	56	BV25
Dalhousie Castle Hotel *EH19*	64	BU31
Dalhousie Chesters Ct, Bonny. *EH19*	63	BQ31
Dalhousie Cres, Dalk. *EH22*	56	BV26
Dalhousie Dr, Bonny. *EH19*	63	BQ29
Dalhousie Gdns, Bonny. *EH19*	63	BQ29
Dalhousie Pl, Bonny. *EH19*	63	BP29
Dalhousie Rd, Dalk. *EH22*	56	BV25
Dalhousie Rd E, Bonny. *EH19*	63	BQ29
Dalhousie Rd W, Bonny. *EH19*	63	BQ29
Dalhousie Ter *EH10*	42	BC17
DALKEITH	57	BX25
Dalkeith Country Park Visitor Centre *EH22*	47	BX22
Dalkeith High Sch *EH22*	47	BZ22
Dalkeith Rd *EH16*	7	BH13
Dalkeith Rd Ms *EH16*	28	BJ15
Dalkeith Schs Comm Campus *EH22*	47	BZ22
Dalkeith St *EH15*	30	BS12
Dalkeith Western Bypass, Dalk. *EH22*	56	BT26
Dalkeith Western Bypass, Lass. *EH18*	56	BT24
Dalmahoy Cres, Bal. *EH14*	48	AK24
Dalmahoy Rd (Ratho), Newbr. *EH28*	37	AF17
DALMENY	9	AH4
Dalmeny House *EH30*	10	AM2
Dalmeny Prim Sch *EH30*	9	AG4
Dalmeny Rd *EH6*	15	BF6
Dalmeny Sta *EH30*	9	AF3
Dalmeny St *EH6*	27	BH8
DALRY	26	BA13
Dalry Gait *EH11*	26	BB12
Dalrymple Cres *EH9*	43	BG15
Dalrymple Cres, Muss. *EH21*	31	BW13
Dalrymple Ln, Muss. *EH21*	31	BY13
Dalry Pl *EH11*	6	BC12
Dalry Prim Sch *EH11*	26	BB13
Dalry Rd *EH11*	26	BB13
Dalton Ct (Mayf.), Dalk. *EH22*	71	CA30
Dalum Ct, Lnhd *EH20*	54	BJ27
Dalum Dr, Lnhd *EH20*	54	BJ27
Dalum Gro, Lnhd *EH20*	54	BJ27
Dalum Ln, Lnhd *EH20*	54	BJ27
Dalziel Pl *EH7* **1**	28	BJ10
Dambrae, Muss. *EH21* **1**	31	BZ13
Damhead Holdings *EH10*	61	BF26
Damside *EH4*	26	BB11
Dance Base *EH1*	6	BE12
DANDERHALL	46	BS20
Danderhall Cres (Dand.), Dalk. *EH22*	45	BR20
Danderhall Prim Sch *EH22*	45	BR19
Dania Ct *EH11*	40	AV15
Danube St *EH4*	6	BC10
D'Arcy Cres (Mayf.), Dalk. *EH22*	71	CB28
D'Arcy Rd (Mayf.), Dalk. *EH22*	71	CA29
D'Arcy Ter (Mayf.), Dalk. *EH22*	71	CA28
Darnaway St *EH3*	6	BD10
Darnell Rd *EH5*	14	BC6
David Scott Av (Mayf.), Dalk. *EH22*	71	CA28
Davidson Gdns *EH4*	25	AW8
Davidson Pk *EH4*	25	AZ8
Davidson Rd *EH4*	25	AZ8
DAVIDSONS MAINS	24	AU8
Davidson's Mains Prim Sch *EH4*	24	AV8
Davies Row *EH12*	24	AT13
Davie St *EH8*	7	BG12
Dean Bk La *EH3*	26	BD9
Deanbank Pl, Gore. *EH23*	70	BZ36
Dean Br *EH3*	6	BC10
Dean Br *EH4*	6	BC10
DEANBURN	68	BA36
Deanburn, Pen. *EH26*	68	BA36
Deanery Cl *EH7* **1**	28	BL10
Dean Gallery *EH4*	26	BB11
Deanhaugh St *EH4*	26	BD9
Dean Pk (Newt.), Dalk. *EH22*	65	BW30
Deanpark Av, Bal. *EH14*	58	AK26
Deanpark Bk, Bal. *EH14*	58	AL26
Deanpark Brae, Bal. *EH14*	58	AL26
Deanpark Ct, Bal. *EH14*	58	AK27
Deanpark Ct (Newt.), Dalk. *EH22* **1**	65	BW30
Dean Pk Cres *EH4*	6	BC10
Deanpark Cres, Bal. *EH14*	58	AL26
Deanpark Gdns, Bal. *EH14*	58	AL26
Deanpark Gro, Bal. *EH14*	58	AL26
Dean Pk Ms *EH4*	26	BC9
Deanpark Pl, Bal. *EH14*	58	AL26
Dean Pk Pl (Newt.), Dalk. *EH22*	65	BW30
Dean Pk Prim Sch *EH14*	58	AL27
Deanpark Sq, Bal. *EH14*	58	AL26
Dean Pk St *EH4*	26	BC9
Dean Path *EH4*	26	BB10
Dean Path Bldgs *EH4* **2**	6	BC11
Dean Pl, Pen. *EH26*	68	AZ37
Dean Rd, Pen. *EH26*	68	AZ37
Dean St *EH4*	26	BC9
Dean Ter *EH4*	6	BC10
DEAN VILLAGE	26	BB11
Dechmont Rd *EH12*	23	AQ12
Delhaig *EH11*	41	AY15
Dell Rd *EH13*	51	AX20
Delta Av, Muss. *EH21*	32	CC14
Delta Ct, Muss. *EH21*	32	CC13
Delta Cres, Muss. *EH21*	32	CC14
Delta Dr, Muss. *EH21*	32	CC13
Delta Gdns, Muss. *EH21*	32	CC14
Delta Pl (Inv.), Muss. *EH21*	31	BZ15
Delta Rd, Muss. *EH21*	32	CC14
Delta Vw, Muss. *EH21*	32	CC13
Denham Grn Av *EH5*	14	BD6
Denham Grn Pl *EH5*	14	BD6
Denham Grn Ter *EH5*	14	BD6
Denholm Av, Muss. *EH21*	30	BV15
Denholm Dr, Muss. *EH21*	31	BW15
Denholm Rd, Muss. *EH21*	30	BV14
Denholm Way, Muss. *EH21*	30	BV15
De Quincey Path, Lass. *EH18*	63	BN29
De Quincey Rd, Lass. *EH18*	63	BN29
Dequincey Wk, Tran. *EH33* **1**	35	CL14
Derby St *EH6*	15	BF5
Devon Pl *EH12*	26	BB12
Dewar Pl *EH3*	6	BC12
Dewar Pl La *EH3*	6	BC12
Dick Pl *EH9*	43	BF15
Dicksonfield *EH7*	27	BG9
Dickson Gro, Bonny. *EH19* **1**	64	BS29
Dickson's Cl *EH1* **5**	7	BG11
Dickson St *EH6*	27	BH8
Dick Ter, Pen. *EH26*	69	BB37
Dinmont Dr *EH16*	44	BK18
Distillery La *EH11*	26	BB12
Dobbie's Rd, Bonny. *EH19*	63	BQ28
Dobbie's Rd, Lass. *EH18*	63	BQ28
Dochart Dr *EH4*	24	AS10
Dock Pl *EH6*	15	BH5
Dock St *EH6*	15	BH5
Dolphin Av, Currie *EH14*	49	AP23
Dolphin Gdns E, Currie *EH14*	49	AP23
Dolphin Gdns W, Currie *EH14*	49	AP23
Dolphin Rd, Currie *EH14*	49	AN24
Dominion Cinema *EH10*	42	BD16
Doo'Cot Pl, Pres. *EH32* **1**	34	CJ11
Dorset Pl *EH11*	42	BC14
Double Dykes (Inv.), Muss. *EH21*	31	BZ15
Double Hedges Pk *EH16*	44	BJ18
Double Hedges Rd *EH16*	44	BJ18
Dougall Ct (Mayf.), Dalk. *EH22*	65	BZ30
Dougall Pl (Mayf.), Dalk. *EH22*	65	BZ30
Dougall Rd (Mayf.), Dalk. *EH22* **1**	65	BZ30
Douglas Cres *EH12*	26	BB11
Douglas Cres, Bonny. *EH19*	63	BR28
Douglas Gdns *EH4*	26	BB11
Douglas Gdns Ms *EH4* **3**	26	BB11
Douglas Ter *EH11* **1**	6	BC12
Doune Ter *EH3*	6	BD10
Dovecot Brae, Tran. *EH33*	35	CL12
Dovecot Gro *EH14*	41	AW18
Dovecot Ln *EH14*	41	AW18
Dovecot Pk *EH14*	41	AW19
Dovecot Rd *EH12*	40	AT14
Dowie's Mill Cotts *EH4*	23	AP7
Dowie's Mill La *EH4*	23	AP7
Downfield Pl *EH11*	26	BB13
Downie Gro *EH12*	24	AV13
Downie Pl, Muss. *EH21*	31	BY13
Downie Ter *EH12*	24	AV13
Downing Ct, Ros. *EH25*	62	BJ32
DREGHORN	51	AY22
Dreghorn Av *EH13*	52	BA22
Dreghorn Cotts *EH13*	51	AZ22
Dreghorn Dr *EH13*	52	BA22
Dreghorn Gdns *EH13*	52	BA21
Dreghorn Gro *EH13*	52	BA22
Dreghorn Junct *EH10*	51	AZ23
Dreghorn Junct *EH13*	51	AZ23
Dreghorn Link *EH13*	52	BA22
Dreghorn Ln *EH13*	51	AX21
Dreghorn Pk *EH13*	51	AZ21
Dreghorn Pl *EH13*	52	BA22
Drum Av *EH17*	45	BN21
DRUMBRAE	24	AS11
Drum Brae Av *EH12*	24	AS11
Drum Brae Cres *EH4*	24	AS10
Drum Brae Dr *EH4*	24	AT10
Drum Brae Gdns *EH12*	24	AS11
Drum Brae Gro *EH4*	24	AS10
Drum Brae Neuk *EH12*	24	AS11
Drum Brae N *EH4*	23	AR9
Drum Brae Pk *EH12*	24	AS11
Drum Brae Pk App *EH12*	24	AS11
Drum Brae Pl *EH12*	24	AS11
Drumbrae Prim Sch *EH4*	24	AS11
Drum Brae S *EH12*	24	AS10
Drum Brae Ter *EH4*	24	AS10
Drum Brae Wk *EH4*	24	AS10
Drum Cotts *EH17*	55	BP22
Drum Cres *EH17*	45	BP21
Drumdryan St *EH3*	6	BD13
Drummohr Av (Wall.), Muss. *EH21*	32	CC14
Drummohr Gdns (Wall.), Muss. *EH21*	33	CD14
Drummohr Ter, Muss. *EH21*	32	CC14
Drummond Comm High Sch *EH7*	27	BF9
Drummond Pl *EH3*	27	BE9
Drummond St *EH8*	7	BG12
Drummore Dr, Pres. *EH32*	34	CG11
Drum Pl *EH17*	45	BP21
Drumsheugh Gdns *EH3*	6	BC11
Drumsheugh Pl *EH3* **3**	6	BC11
Drum St *EH17*	45	BN21
Drum Ter *EH7*	16	BJ9
Drum Vw Av (Dand.), Dalk. *EH22*	45	BR20
Drum Wds *EH17*	45	BP20
Drybrough Cres *EH16*	28	BM15
Dryden Av, Lnhd *EH20*	62	BJ28

Dryden Cres, Lnhd *EH20*	62	BJ28
Dryden Gait *EH7*	27	BG8
Dryden Gdns *EH7*	27	BG8
Dryden Glen, Lnhd *EH20*	61	BH28
Dryden Gro, Ros. *EH25*	62	BJ31
Dryden Ln, Lnhd *EH20*	61	BH28
Dryden Pk, Lnhd *EH20*	61	BH28
Dryden Pl *EH9*	43	BH14
Dryden Pl, Lnhd *EH20*	61	BH28
Dryden Rd, Lnhd *EH20*	61	BH28
Dryden St *EH7*	27	BG8
Dryden Ter *EH7*	27	BG8
Dryden Ter, Lnhd *EH20*	62	BJ28
Dryden Vale, Lnhd *EH20*	61	BH28
Dryden Vw, Lnhd *EH20*	62	BJ28
DRYLAW	25	AX8
Drylaw Av *EH4*	25	AY9
Drylaw Cres *EH4*	25	AX9
Drylaw Gdns *EH4*	25	AX8
Drylaw Grn *EH4*	25	AX9
Drylaw Gro *EH4*	25	AX9
Drylaw Ho Gdns *EH4*	25	AX8
Drylaw Ho Paddock *EH4*	25	AX8
Duart Cres *EH4*	24	AS10
Dublin Meuse *EH3*	6	BE10
Dublin St *EH1*	27	BF9
Dublin St *EH3*	27	BF9
Dublin St La N *EH3*	27	BF9
Dublin St La S *EH1*	7	BF10
DUDDINGSTON	29	BN13
Duddingston Av *EH15*	29	BN13
Duddingston Cres *EH15*	29	BQ13
Duddingston Gdns N *EH15*	29	BP12
Duddingston Gdns S *EH15*	29	BP13
Duddingston Golf Course *EH15*	29	BN14
Duddingston Gro E *EH15*	29	BP12
Duddingston Gro W *EH15*	29	BP13
Duddingston Ln *EH15*	29	BN12
Duddingston Mains Cotts *EH15*	29	BR13
Duddingston Mills *EH8*	29	BN12
Duddingston Pk *EH15*	29	BQ12
Duddingston Pk S *EH15*	29	BQ13
Duddingston Prim Sch *EH15*	29	BN12
Duddingston Ri *EH15*	29	BP13
Duddingston Rd *EH15*	29	BN12
Duddingston Rd W *EH15*	28	BM13
Duddingston Rd W *EH16*	28	BM14
Duddingston Row *EH15*	29	BP13
Duddingston Sq E *EH15*	29	BP12
Duddingston Sq W *EH15*	29	BP12
Duddingston Vw *EH15*	29	BP13
Duddingston Yards *EH15* **1**	29	BQ14
Dudgeon Pl, K'lis. *EH29*	20	AD9
Dudley Av *EH6*	15	BF5
Dudley Av S *EH6*	15	BG6
Dudley Bk *EH6*	15	BF5
Dudley Cres *EH6*	15	BF5
Dudley Gdns *EH6*	15	BF5
Dudley Gro *EH6*	15	BF5
Dudley Ter *EH6*	15	BF5
Duff Rd *EH11*	26	BB13
Duff St *EH11*	26	BB13
Duff St La *EH11*	26	BB13
Duke Pl *EH6*	16	BJ7
Duke St *EH6*	16	BJ7
Duke St, Dalk. *EH22*	57	BW24
Duke St Glebe *EH6*	16	BJ7
Duke's Wk *EH8*	28	BK11
Dumbeg Pk *EH14*	40	AT19
DUMBIEDYKES	7	BG12
Dumbiedykes Rd *EH8*	7	BH12
Dumbryden Dr *EH14*	40	AU18
Dumbryden Gdns *EH14*	40	AU17
Dumbryden Gro *EH14*	40	AU18
Dumbryden Prim Sch *EH14*	40	AU18
Dumbryden Rd *EH14*	40	AU18
Dun-ard Gdn *EH9*	43	BF16
Dunbar St *EH3*	6	BD12
Duncan Gdns, Tran. *EH33*	35	CL12
Duncan Pl *EH6*	16	BJ7
Duncans Gait *EH14*	40	AV17
Duncan St *EH9*	43	BG15
Dundas Av, S Q'fry *EH30*	9	AE3
Dundas Cres, Dalk. *EH22*	56	BU26
Dundas Gdns, Gore. *EH23*	70	BX34
Dundas Gro, Dalk. *EH22*	56	BU25
Dundas Pk, Bonny. *EH19*	56	BS28
Dundas Parks Golf Course *EH30*	8	AC5
Dundas Pl, K'lis. *EH29*	20	AD9
Dundas Rd, Dalk. *EH22*	56	BU25
Dundas St *EH3*	27	BE9
Dundas St, Bonny. *EH19*	63	BR28
Dundee St *EH11*	26	BB13
Dundee Ter *EH11*	42	BB14
Dundonald St *EH3*	27	BE9
Dundrennan Cotts *EH16*	44	BL17
Dunedin St *EH7*	27	BF8
Dunlaw Wynd *EH16*	44	BK21
Dunlop's Ct *EH1* **12**	6	BE12
Dunlop Ter, Pen. *EH26*	69	BC38
Dunollie Ct *EH12* **2**	23	AR12
Dunrobin Pl *EH3*	26	BD9
Dunsmuir Ct *EH12*	24	AS13
Dunsyre Ho *EH11*	40	AS18
Dunvegan Ct *EH4*	23	AR7
Durar Dr *EH4*	24	AS11
DURHAM	29	BP12
Durham Av *EH15*	29	BP12
Durham Bk, Bonny. *EH19*	64	BS29
Durham Dr *EH15*	29	BQ13
Durham Gdns N *EH15*	29	BQ12
Durham Gdns S *EH15*	29	BQ13
Durham Gro *EH15*	29	BQ12
Durham Gro, Bonny. *EH19*	64	BS29
Durham Pl, Bonny. *EH19*	63	BR29
Durham Pl E *EH15*	29	BQ12
Durham Pl La *EH15*	29	BQ12
Durham Pl W *EH15*	29	BP13
Durham Rd *EH15*	29	BQ12
Durham Rd S *EH15*	29	BQ13
Durham Sq *EH15*	29	BP12
Durham Ter *EH15*	29	BP12
Durward Gro *EH16*	44	BK17
Dury Way, Muss. *EH21*	32	CC14
Dykes Rd, Pen. *EH26*	68	BA36

E

Earl Grey St *EH3*	6	BD12
Earl Haig Gdns *EH5*	14	BD6
Earl Haig Homes *EH11*	41	AW15
Earlston Pl *EH7*	28	BJ10
East Adam St *EH8*	7	BG12
East Barnton Av *EH4*	12	AU7
East Barnton Gdns *EH4*	24	AU8
East Brighton Cres *EH15*	29	BQ11
East Broughton Pl *EH1* **1**	27	BF9
East Caiystane Pl *EH10*	52	BC22
East Caiystane Rd *EH10*	52	BC21
East Camus Pl *EH10*	52	BC21
East Camus Rd *EH10*	52	BC21
East Castle Rd *EH10*	42	BC14
East Champanyie *EH9*	43	BG16
East Clapperfield *EH16*	44	BJ18
East Claremont St *EH7*	27	BF9
East Comiston *EH10*	52	BC21
East Ct *EH4* **2**	25	AY10
East Ct *EH16*	45	BN16
EAST CRAIGS	23	AR11
East Craigs Prim Sch *EH12*	23	AR11
East Craigs Rigg *EH12*	23	AQ12
East Craigs Wynd *EH12*	23	AQ12
East Cft (Ratho), Newbr. *EH28*	37	AG17
East Cromwell St *EH6*	15	BH5
East Crosscauseway *EH8*	7	BG13
East Auchendinny Br, Pen. *EH26*	67	BE35
Easter Belmont Rd *EH12*	25	AX12
Easter Currie Ct, Currie *EH14*	49	AQ23
Easter Currie Cres, Currie *EH14*	49	AQ22
Easter Currie Pl, Currie *EH14*	49	AQ22
Easter Currie Ter, Currie *EH14*	49	AQ23
Easter Dalmeny, S Q'fry *EH30*	10	AJ3
Easter Dalry Dr *EH11*	26	BB13
Easter Dalry Pl *EH11* **1**	26	BB12
Easter Dalry Rigg *EH11* **3**	26	BB13
Easter Dalry Rd *EH11*	26	BB12
Easter Dalry Wynd *EH11*	26	BB12
Easter Drylaw Av *EH4*	25	AY8
Easter Drylaw Bk *EH4*	13	AY7
Easter Drylaw Dr *EH4*	25	AY8
Easter Drylaw Gdns *EH4*	25	AY8
Easter Drylaw Gro *EH4*	25	AY8
Easter Drylaw Ln *EH4*	13	AY7
Easter Drylaw Pl *EH4*	25	AY8
Easter Drylaw Vw *EH4*	13	AY7
Easter Drylaw Way *EH4*	25	AY8
Easter Haugh *EH13*	52	BA20
Easter Hermitage *EH6*	16	BK8
EASTER HOWGATE	60	BC30
Easter Pk Dr *EH4*	12	AU7
Easter Pk Ho *EH4* **5**	12	AU7
Easter Rd *EH6*	16	BJ8
Easter Rd *EH7*	27	BH9
Easter Road Stadium (Hibernian FC) *EH7*	16	BJ9
Easter Steil *EH10*	42	BB18
Easter Warriston *EH7*	15	BE7
East Fm of Gilmerton *EH17*	45	BN21
East Fettes Av *EH4*	26	BB8
Eastfield *EH15*	30	BV12
EASTFIELD, Penicuik	69	BB36
EASTFIELD, Portobello	30	BU12
Eastfield Dr, Pen. *EH26*	69	BB37
Eastfield Fm Rd, Pen. *EH26*	69	BB36
Eastfield Gdns *EH15*	30	BU12
Eastfield Ind Est, Pen. *EH26*	69	BB37
Eastfield Ln, Tran. *EH33*	35	CM12
Eastfield Pk Rd, Pen. *EH26*	69	BB37
Eastfield Pl *EH15*	30	BV12
Eastfield Prim Sch *EH26*	69	BB37
Eastfield Rd, Newbr. *EH28*	22	AJ12
East Fountainbridge *EH3*	6	BD12
East Hannahfield, Bal. *EH14*	58	AJ25
East Hermitage Pl *EH6*	16	BJ7
EASTHOUSES	57	BX27
Easthouses Ct, Dalk. *EH22*	57	BY27
Easthouses Ind Est (Easth.), Dalk. *EH22*	57	BZ27
Easthouses Pl (Easth.), Dalk. *EH22* **1**	57	BY26
Easthouses Rd (Easth.), Dalk. *EH22*	57	BY26
Easthouses Way (Easth.), Dalk. *EH22*	57	BY26
East Kilngate Pl *EH17*	54	BM22
East Kilngate Rigg *EH17*	54	BM22
East Kilngate Wynd *EH17*	54	BM22
East Lillypot *EH5*	14	BD6
East Ln, Pres. *EH32*	18	CH9
East London St *EH7*	27	BF9
East Lorimer Pl (Cock.), Pres. *EH32* **3**	19	CL7
EAST MAINS OF INGLISTON	37	AH13
East Mkt St *EH8*	7	BF11
East Mayfield *EH9*	43	BH15
East Montgomery Pl *EH7*	27	BH9
East Newington Pl *EH9*	43	BG14
East Norton Pl *EH7*	7	BH10
East Parkside *EH16*	7	BH13
EAST PILTON	14	BA6
East Pilton Fm Av *EH5*	14	BA6
East Pilton Fm Cres *EH5*	14	BB6
East Pilton Fm Rigg *EH5*	14	BA6
East Pilton Fm Wynd *EH5*	14	BB6
East Preston St *EH8*	43	BG14
East Preston St La *EH8* **3**	43	BG14
East Queensway, Pen. *EH26*	69	BB36
East Restalrig Ter *EH7*	16	BK7
East Savile Rd *EH16*	43	BH16

Name	Page	Grid
East Sciennes St *EH9*	43	BG14
East Scotland St La *EH3*	27	BF9
East Sea Side, Pres. *EH32* **2**	18	CH9
East Silvermills La *EH3*	26	BD9
East Suffolk Pk *EH16*	44	BJ16
East Suffolk Rd *EH16*	44	BJ16
East Telferton *EH7*	29	BP10
East Ter, S Q'fry *EH30* **4**	9	AE2
East Trinity Rd *EH5*	14	BD6
East Way, The *EH8*	29	BN11
East Werberside *EH4*	14	BA7
East Werberside Pl *EH4*	14	BA7
Echline, S Q'fry *EH30* **2**	8	AB3
Echline Av, S Q'fry *EH30*	8	AB2
Echline Dr, S Q'fry *EH30*	8	AB3
Echline Gdns, S Q'fry *EH30*	8	AB2
Echline Grn, S Q'fry *EH30*	8	AB2
Echline Gro, S Q'fry *EH30*	8	AC2
Echline Pk, S Q'fry *EH30*	8	AB3
Echline Pl, S Q'fry *EH30*	8	AB3
Echline Prim Sch *EH30*	8	AC2
Echline Rigg, S Q'fry *EH30*	8	AC2
Echline Steadings, S Q'fry *EH30* **1**	8	AB3
Echline Ter, S Q'fry *EH30*	8	AC3
Echline Vw, S Q'fry *EH30*	8	AC3
Edenhall Bk, Muss. *EH21*	32	CA14
Edenhall Cres, Muss. *EH21*	32	CA14
Edenhall Hosp *EH21*	32	CA15
Edenhall Rd, Muss. *EH21*	32	CA14
Eden La *EH10*	42	BD16
Eden Ter *EH10* **1**	42	BD16
Edgefield Ind Est, Lnhd *EH20*	54	BL26
Edgefield Pl, Lnhd *EH20*	54	BL27
Edgefield Rd, Lnhd *EH20*	54	BL27
Edina Pl *EH7*	27	BH9
Edina St *EH7*	27	BH9
Edinburgh Acad *EH3*	26	BD9
Edinburgh Acad Jun Sch *EH3*	14	BC7
Edinburgh Airport *EH12*	22	AJ11
Edinburgh Canal Centre *EH28*	37	AF17
Edinburgh Capital Hotel *EH12*	24	AU10
Edinburgh Castle *EH1*	6	BE12
Edinburgh Coll of Art *EH3*	6	BE12
Edinburgh Coll of Art (Inverleith) *EH3*	14	BD7
Edinburgh Dock *EH6*	16	BK5
Edinburgh Dungeon *EH1*	7	BF11
Edinburgh International Climbing Arena, Ratho *EH28*	36	AD17
Edinburgh International Conference Centre *EH3*	6	BD12
Edinburgh Marriott Hotel *EH12*	39	AQ13
Edinburgh Pk *EH12*	39	AP14
Edinburgh Pk Business Cen *EH12*	39	AP15
Edinburgh Pk Sta *EH12*	39	AQ16
Edinburgh Quay *EH3*	6	BD13
Edinburgh Rd, Dalk. *EH22*	57	BW24
Edinburgh Rd, Muss. *EH21*	30	BV12
Edinburgh Rd, Newbr. *EH28*	36	AB13
Edinburgh Rd, Pen. *EH26*	69	BB36
Edinburgh Rd (Cock.), Pres. *EH32*	18	CK8
Edinburgh Rd, S Q'fry *EH30*	9	AE2
Edinburgh Rd, Tran. *EH33*	34	CK13
Edinburgh Sch of Shiatsu *EH10*	42	BD14
Edinburgh Technopole, Pen. *EH26*	66	BD32
Edinburgh Tutorial Coll *EH3*	6	BC11
Edinburgh Zoo *EH12*	24	AV12
EDMONSTONE	45	BP18
Edmonstone Av (Dand.), Dalk. *EH22*	45	BR19
Edmonstone Dr (Dand.), Dalk. *EH22*	45	BR20
Edmonstone Rd (Dand.), Dalk. *EH22*	45	BQ19
Edmonstones Cl *EH1* **5**	7	BF12
Edmonstone Ter (Dand.), Dalk. *EH22*	45	BR19
Eglinton Cres *EH12*	26	BB12
Eglinton St *EH12* **3**	26	BA12
Egypt Ms *EH10*	43	BE16
Eighth St (Newt.), Dalk. *EH22*	65	BX30
Eildon St *EH3*	27	BE8
Eildon Ter *EH3*	26	BD8
Elbe St *EH6*	16	BJ6
Elcho Pl (Port S.), Pres. *EH32* **2**	19	CL7
Elcho Ter *EH15*	30	BS11
Elder Ct, Tran. *EH33*	35	CL13
Elder St *EH1*	7	BF10
Elder St, Tran. *EH33*	35	CL12
Elder St E *EH1* **5**	7	BF10
ELDINDEAN	56	BS27
Eldindean Pl, Bonny. *EH19*	55	BR27
Eldindean Rd, Bonny. *EH19*	55	BR27
Eldindean Ter, Bonny. *EH19*	55	BR27
Eldin Ind Est, Lnhd *EH20*	54	BL25
Electra Pl *EH15* **2**	29	BQ10
Elgin Pl *EH12*	26	BB12
Elgin St *EH7*	27	BH9
Elgin St N *EH7*	27	BH9
Elgin Ter *EH7*	27	BH9
Elizafield *EH6*	15	BG7
Ellangowan Ter *EH16*	44	BL18
Ellen's Glen Ln *EH17*	44	BL20
Ellen's Glen Rd *EH17*	44	BL20
Ellersly Rd *EH12*	25	AX12
Elliot Gdns *EH14*	41	AY19
Elliot Pk *EH14*	41	AY19
Elliot Pl *EH14*	41	AY19
Elliot Rd *EH14*	41	AY19
Elliot St *EH7*	27	BH9
Elmfield Ct, Dalk. *EH22*	57	BW24
Elmfield Pk, Dalk. *EH22*	57	BW24
Elmfield Rd, Dalk. *EH22*	57	BW24
Elm Pl *EH6* **2**	16	BK7
Elm Pl (Mayf.), Dalk. *EH22*	65	BZ29
Elm Row *EH7*	27	BG9
Elm Row, Lass. *EH18*	55	BQ26
Elmwood Ter *EH6*	16	BK7
Elphinstone Ct, Tran. *EH33* **2**	35	CL13
Elphinstone Rd, Tran. *EH33*	34	CK15
Elphinstone Wk, Tran. *EH33* **6**	35	CL14
Eltringham Gdns *EH14*	41	AY15
Eltringham Gro *EH14*	41	AY15
Eltringham Ter *EH14*	41	AY15
Emily Ct, Gore. *EH23*	70	BY34
Emily Pl, Gore. *EH23*	70	BY34
Engine Rd, Gore. *EH23*	70	BX34
Engine Rd, Lnhd *EH20*	54	BL27
Esdaile Bk *EH9*	43	BF15
Esdaile Gdns *EH9*	43	BF15
Esdaile Pk *EH9* **1**	43	BF15
ESKBANK	56	BV25
Eskbank Ct, Dalk. *EH22* **2**	56	BU25
Eskbank Rd, Bonny. *EH19*	56	BS27
Eskbank Rd, Dalk. *EH22*	56	BV25
Eskbank Rd Junct, Dalk. *EH22*	56	BT27
Eskbank Ter, Dalk. *EH22*	56	BV25
Eskbank Toll, Dalk. *EH22*	56	BV25
Esk Br, Pen. *EH26*	69	BD38
Eskdaill Ct, Dalk. *EH22* **4**	57	BW24
Eskdaill St, Dalk. *EH22*	57	BW24
Eskdale Ct, Bonny. *EH19*	63	BQ28
Eskdale Dr, Bonny. *EH19*	63	BQ28
Eskdale Ms, Muss. *EH21*	31	BY13
Eskdale Ter, Bonny. *EH19*	63	BQ28
Eskfield Gro, Dalk. *EH22*	56	BT25
Esk Glades, Dalk. *EH22*	57	BX23
ESKGROVE	55	BP27
Eskgrove Dr (Bils.), Ros. *EH25*	61	BG29
Eskhill, Pen. *EH26*	69	BB38
Eskmill Ind Est, Pen. *EH26*	69	BC38
Eskmill Rd, Pen. *EH26*	69	BC38
Eskmills *EH21*	31	BX14
Eskmills Pk, Muss. *EH21*	31	BX14
Eskmill Vil, Muss. *EH21*	31	BX15
Esk Pl, Dalk. *EH22*	56	BV24
Eskside Ct, Dalk. *EH22*	56	BV23
Eskside E, Muss. *EH21*	31	BY13
Eskside W, Muss. *EH21*	31	BX13
Eskvale Ct, Pen. *EH26*	69	BC38
Eskvale Cres, Pen. *EH26*	69	BC38
Eskvale Dr, Pen. *EH26*	69	BC37
Eskvale Vw, Pen. *EH26*	69	BC37
Eskview Av, Muss. *EH21*	31	BX14
Eskview Cres, Muss. *EH21*	31	BX14
Eskview Gro, Dalk. *EH22*	56	BV24
Eskview Gro, Muss. *EH21*	31	BX14
Eskview Rd (Mayf.), Dalk. *EH22*	65	BZ29
Eskview Rd, Muss. *EH21*	31	BX14
Eskview Ter, Muss. *EH21*	31	BX14
Eskview Vil, Dalk. *EH22*	56	BU25
Esplanade *EH1*	6	BE12
Esplanade *EH4*	12	AS4
Esplanade Ter *EH15*	30	BT11
Essendean Pl *EH4*	24	AT10
Essendean Ter *EH4*	24	AT10
Essex Brae *EH4*	23	AQ7
Essex Pk *EH4*	23	AQ7
Essex Rd *EH4*	23	AQ7
Esslemont Rd *EH16*	43	BH17
Ethel Ter *EH10*	42	BC17
Eton Ter *EH4*	6	BC10
Ettrickdale Pl *EH3*	26	BD8
Ettrick Gro *EH10*	42	BC14
Ettrick Ln *EH10*	42	BB15
Ettrick Rd *EH10*	42	BB15
Evans Gdns, Bonny. *EH19*	56	BT27
Eva Pl *EH9*	43	BG17
Evelyn Ter (Auch.), Pen. *EH26*	67	BE34
Ewerland *EH4*	23	AQ7
Ewing St, Pen. *EH26*	69	BB36
Express by Holiday Inn - Royal Mile *EH1*	7	BG11
Eyre Cres *EH3*	27	BE9
Eyre Pl *EH3*	27	BE9
Eyre Pl La *EH3*	27	BE9
Eyre Ter *EH3*	27	BE9

F

Name	Page	Grid
Fair-a-Far *EH4*	11	AR6
Fair-a-Far Cotts *EH4*	11	AR6
Fair-a-Far Shot *EH4*	11	AR6
Fairbrae *EH11*	40	AV16
Fairford Gdns *EH16*	44	BK18
Fairhaven Vil, Dalk. *EH22* **1**	56	BU26
Fairmile Av *EH10*	52	BD21
FAIRMILEHEAD	52	BD22
Fairview Rd, Newbr. *EH28*	21	AH12
Fairways (Monk.), Muss. *EH21*	31	BX16
Faith Mission Bible Coll *EH17*	45	BN21
Fala Ct *EH16*	44	BK21
Falcon Av *EH10*	42	BD16
Falcon Ct *EH10*	42	BD16
Falcon Gdns *EH10*	42	BD15
Falcon La *EH10*	42	BD16
Falcon Rd *EH10*	42	BD16
Falcon Rd W *EH10*	42	BD16
Falkland Gdns *EH12*	24	AU10
Farm Av, Lass. *EH18*	63	BP29
Farquhar Ter, S Q'fry *EH30*	8	AC2
Farrer Gro *EH7*	29	BN10
Farrer Ter *EH7*	29	BN10
Fa'side Av, Tran. *EH33* **1**	35	CM14
Fa'side Av Ct (Wall.), Muss. *EH21*	33	CD15
Fa'side Av N (Wall.), Muss. *EH21*	33	CD15
Fa'side Av S (Wall.), Muss. *EH21*	33	CD15
Fa'side Bldgs (Wall.), Muss. *EH21*	33	CD15
Fa'side Cres (Wall.), Muss. *EH21*	33	CD15
Fa'side Cres, Tran. *EH33* **2**	35	CM14
Fa'side Dr (Wall.), Muss. *EH21*	33	CD15

Fa'side Gdns (Wall.),		
Muss. *EH21*	33	CD15
Fa'side Rd, Tran. *EH33*	35	CM14
Fa'side Ter (Wall.), Muss. *EH21*	33	CD15
Fa'side Vw, Tran. *EH33*	34	CK15
Fauldburn *EH12*	23	AR10
Fauldburn Pk *EH12*	23	AR10
Featherhall Av *EH12*	24	AT13
Featherhall Cres *EH12* **1**	24	AS13
Featherhall Cres N *EH12*	24	AS13
Featherhall Cres S *EH12*	24	AS13
Featherhall Gro *EH12*	24	AT13
Featherhall Pl *EH12*	24	AT13
Featherhall Rd *EH12*	24	AT13
Featherhall Ter *EH12*	24	AT13
Ferguson Ct, Muss. *EH21*	31	BY16
Ferguson Dr, Muss. *EH21*	31	BX16
Ferguson Gdns, Muss. *EH21*	31	BY16
Ferguson Grn, Muss. *EH21*	31	BX16
Ferguson Vw, Muss. *EH21*	31	BX16
Ferguson Way (Newt.),		
Dalk. *EH22*	65	BX31
FERNIEHILL	45	BP20
Ferniehill Av *EH17*	45	BN21
Ferniehill Dr *EH17*	45	BN21
Ferniehill Gdns *EH17*	45	BP20
Ferniehill Gro *EH17* **1**	45	BP20
Ferniehill Pl *EH17*	45	BN21
Ferniehill Rd *EH17*	45	BP20
Ferniehill Sq *EH17*	45	BN21
Ferniehill St *EH17*	45	BN20
Ferniehill Ter *EH17*	45	BN21
Ferniehill Way *EH17*	45	BP20
Fernielaw Av *EH13*	51	AW22
Fernieside Av *EH17*	45	BN20
Fernieside Cres *EH17*	45	BN20
Fernieside Dr *EH17*	45	BN20
Fernieside Gdns *EH17*	45	BN20
Fernieside Gro *EH17*	45	BP20
Fernieside Pl *EH17*	45	BN20
Ferryburn, S Q'fry *EH30*	9	AE3
Ferrymuir Grn, S Q'fry *EH30*	9	AE3
Ferryfield *EH5*	14	BB7
Ferry Gait Cres *EH4*	13	AW7
Ferry Gait Dr *EH4*	13	AW7
Ferry Gait Gdns *EH4*	13	AW7
Ferry Gait Pl *EH4*	13	AW7
Ferry Gait Wk *EH4*	13	AW7
Ferryhill Prim Sch *EH4*	25	AY8
Ferrylee *EH6*	15	BG5
Ferrymuir, S Q'fry *EH30*	8	AD3
Ferrymuir Gait, S Q'fry *EH30*	8	AD3
Ferrymuir La, S Q'fry *EH30*	8	AD3
Ferrymuir Rd, S Q'fry *EH30*	8	AD3
Ferry Rd *EH4*	13	AY7
Ferry Rd *EH5*	14	BD6
Ferry Rd *EH6*	15	BF6
Ferry Rd Av *EH4*	13	AZ7
Ferry Rd Dr *EH4*	13	AZ6
Ferry Rd Gdns *EH4*	13	AY7
Ferry Rd Gro *EH4*	13	AY7
Ferry Rd Pl *EH4*	13	AY7
Festival Sq *EH3* **1**	6	BD12
Festival Theatre *EH8*	7	BG12
Fetteresk Cotts, Pen. *EH26*	68	BA39
Fettes Av *EH4*	26	BB9
Fettes Coll *EH4*	26	BB8
Fettes Ri *EH4*	14	BB7
Fettes Row *EH3*	27	BE9
Fidra Ct *EH4*	13	AW6
Fifth St (Newt.), Dalk. *EH22*	65	BW30
Figgate Bk *EH15*	29	BR10
Figgate La *EH15*	29	BR10
Figgate St *EH15*	29	BQ10
Fillyside Av *EH7*	17	BN9
Fillyside Rd *EH7*	17	BN8
Fillyside Ter *EH7*	17	BN8
Filmhouse Cinema *EH3*	6	BD12
Findhorn Pl *EH9*	43	BG14
Findlay Av *EH7*	16	BL8
Findlay Cotts *EH7*	16	BL8
Findlay Gdns *EH7*	16	BL8
Findlay Gro *EH7*	16	BL8
Findlay Medway *EH7*	16	BL8
Fingal Pl *EH9*	43	BF14
Fingzies Pl *EH6* **3**	16	BK7
Finlaggan Ct *EH12* **2**	23	AQ11
Finlay Pl (Mayf.), Dalk. *EH22*	71	CB29
FIRRHILL	42	BA19
Firrhill Cres *EH13*	41	AZ19
Firrhill Dr *EH13*	52	BA20
Firrhill High Sch *EH14*	41	AZ19
Firrhill Ln *EH13*	52	BA20
Firrhill Neuk *EH13*	52	BB20
Firrhill Pk *EH13*	52	BB20
First Gait (Ricc.), Currie *EH14*	49	AN19
First St (Newt.), Dalk. *EH22*	65	BX31
Firth Br, Ros. *EH25*	67	BF35
Firth Cres (Auch.), Pen. *EH26*	67	BF34
Firth Rd (Auch.), Pen. *EH26*	67	BF34
Fir Vw, Lnhd *EH20* **1**	61	BH28
Fishergate Rd (Port S.),		
Pres. *EH32*	19	CN8
FISHERROW	31	BY12
Fisherrow Ind Est, Muss. *EH21*	31	BW13
Fishers Rd (Port S.), Pres. *EH32*	19	CM7
Fishers Wynd, Muss. *EH21*	31	BX13
Fishmarket Sq *EH6* **2**	15	BF4
Fishwives' Causeway *EH7*	29	BN10
Fishwives' Causeway *EH15*	29	BQ10
Flasssches Yd *EH12*	40	AS15
Fleets Gro, Tran. *EH33*	35	CM15
Fleets Ind Est, Tran. *EH33*	35	CL16
Fleets Rd, Tran. *EH33*	35	CL14
Fleets Vw, Tran. *EH33*	35	CM15
Fleshmarket Cl *EH1* **13**	7	BF11
Fletcher Gro, Pen. *EH26*	66	BB35
Flora Stevenson Prim Sch *EH4*	26	BB9
Flotterstone Br, Pen. *EH26*	66	BA33
Forbes Rd *EH10*	42	BD15
Forbes St *EH8*	7	BG13
Ford's Rd *EH11*	41	AX15
Forester's Vw, Tran. *EH33*	35	CM13
Forkenford *EH16*	28	BM14
Forres St *EH3*	6	BD10
Forrester Pk Av *EH12*	40	AT15
Forrester Pk Dr *EH12*	40	AT15
Forrester Pk Gdns *EH12*	40	AT15
Forrester Pk Grn *EH12*	40	AU15
Forrester Pk Gro *EH12*	40	AT15
Forrester Pk Ln *EH12*	40	AT15
Forrester Rd *EH12*	24	AT12
Forrest Hill *EH1*	7	BF12
Forrest Rd *EH1*	7	BF12
Forteviot Ho *EH17*	44	BM19
Forth Ct (Port S.), Pres. *EH32*	19	CN7
Forth Gdns (Port S.),		
Pres. *EH32*	19	CN7
Forth Gro (Port S.), Pres. *EH32*	19	CN7
Forth Ind Est *EH5*	14	BA4
Forth Ho *EH6*	15	BG5
Forth Pk (Dalm.), S Q'fry *EH30*	9	AG3
Forth Pl, S Q'fry *EH30*	8	AB2
Forth Ter (Dalm.), S Q'fry *EH30*	9	AF3
Forth St *EH1*	7	BF10
Forth Vw Av (Wall.),		
Muss. *EH21*	32	CC14
Forthview Ct, Tran. *EH33*	35	CM12
Forth Vw Cres, Currie *EH14*	49	AP22
Forth Vw Cres (Dand.),		
Dalk. *EH22*	45	BR19
Forthview Cres (Wall.),		
Muss. *EH21*	32	CC14
Forthview Dr (Wall.),		
Muss. *EH21* **1**	33	CD14
Forth Vw Ln, Dalk. *EH22*	57	BZ25
Forth Vw Pl, Dalk. *EH22*	57	BZ25
Forthview Prim Sch *EH4*	13	AZ7
Forthview Rd *EH4*	25	AY9
Forthview Rd, Currie *EH14*	49	AP23
Forthview Ter *EH4*	25	AX9
Forthview Ter (Wall.),		
Muss. *EH21*	33	CD14
Forthview Wk, Tran. *EH33*	35	CM12
Forth Wynd (Port S.),		
Pres. *EH32*	19	CN7
Fort Kinnaird Shopping		
Centre *EH15*	30	BS15
Fort Prim Sch *EH6*	15	BG5
Foulis Cres, Jun. Grn *EH14*	50	AT21
Foundry La, Lnhd *EH20*	54	BM26
Fountainbridge *EH3*	6	BD13
Fountainhall Rd *EH9*	43	BG16
FountainPark *EH11*	6	BC13
Fountain Pl, Lnhd *EH20*	54	BK27
Fourth Gait (Ricc.), Currie *EH14*	49	AN20
Fourth St (Newt.), Dalk. *EH22*	65	BW30
Fowler Cres, Lnhd *EH20* **1**	54	BM27
Fowlers Ct, Pres. *EH32* **3**	18	CH9
Fowler Sq, Lnhd *EH20* **2**	54	BM27
Fowler St, Tran. *EH33*	35	CL12
Fowler Ter *EH11*	26	BB13
Fox Covert Av *EH12*	24	AU10
Fox Covert Gro *EH12*	24	AU10
Fox Covert Prim Sch *EH12*	24	AU11
Fox Spring Cres *EH10*	52	BB20
Fox Spring Ri *EH10*	52	BC20
Fox St *EH6*	16	BK6
Fraser Av *EH5*	14	BC6
Fraser Cres *EH5*	14	BC6
Fraser Gdns *EH5*	14	BC6
Fraser Gro *EH5*	14	BC6
Fraser La, Pen. *EH26*	66	BD33
Frederick St *EH2*	6	BE10
Freelands Rd (Ratho),		
Newbr. *EH28*	38	AJ15
Freeway, The (Ricc.),		
Currie *EH14*	49	AN20
Friarton Gdns, Pen. *EH26*	68	AY38
Frogston Av *EH10*	52	BD22
Frogston Brae *EH17*	53	BG23
Frogston Gdns *EH10*	52	BD22
Frogston Gro *EH10*	53	BE22
Frogston Rd E *EH17*	53	BG23
Frogston Rd W *EH10*	52	BD22
Frogston Ter *EH10*	53	BE22
Fruitmarket Gallery *EH1*	7	BF11
Furcheons Pk *EH8*	29	BN11

G

Gabriel's Rd *EH2* **6**	7	BF10
Gabriel's Rd *EH3* **6**	26	BD9
Galachlawshot *EH10*	53	BE21
Galachlawside *EH10*	53	BE22
Galadale (Newt.), Dalk. *EH22*	65	BW29
Galadale Cres (Newt.),		
Dalk. *EH22*	65	BW29
Galadale Dr (Newt.),		
Dalk. *EH22*	65	BW29
Gallolee, The *EH13*	51	AZ21
Galt Av, Muss. *EH21*	32	CC14
Galt Cres, Muss. *EH21*	32	CC14
Galt Dr, Muss. *EH21*	32	CC14
Galt Rd, Muss. *EH21*	32	CC14
Galt Ter, Muss. *EH21*	32	CC14
Gamekeeper's Ln *EH4*	11	AR6
Gamekeeper's Pk *EH4*	11	AR6
Gamekeeper's Rd *EH4*	11	AR6
Gardener's Cl (Cock.),		
Pres. *EH32*	19	CL7
Gardener's Wk, Pen. *EH26*	68	AY37
Garden Ter *EH4*	12	AT7
Gardiner Cres, Pres. *EH32*	18	CK10
Gardiner Gro *EH4*	25	AX9
Gardiner Pl (Newt.), Dalk. *EH22*	65	BW29
Gardiner Rd *EH4*	25	AX9
Gardiner Rd, Pres. *EH32*	18	CJ10
Gardiners Pl, Tran. *EH33* **2**	35	CL12
Gardiner Ter *EH4*	25	AX10
Gardiner Ter, Pres. *EH32*	34	CJ11

Gardner's Cres EH3 — 6 BC12
Garscube Ter EH12 — 52 AZ11
Garvald Ct EH16 — 44 BK21
Gateside Rd, K'lis. EH29 — 20 AC10
Gateway Theatre EH7 — 27 BG9
Gavin's Lee, Tran. EH33 — 35 CL15
Gayfield Pl EH7 — 27 BG9
Gayfield Pl La EH1 — 27 BG9
Gayfield Sq EH1 — 27 BG9
Gayfield St EH1 — 27 BG9
Gayfield St La EH1 — 27 BF9
Gaynor Av, Lnhd EH20 — 54 BK27
Gentle's Entry EH8 — 7 BH11
George Av, Lnhd EH20 **1** — 54 BK27
George Cres, Lnhd EH20 — 54 BK27
George Dr, Lnhd EH20 — 54 BK27
George IV Br EH1 — 7 BF11
George Greve Way, Tran. EH33 — 35 CM15
George Heriot's Sch EH3 — 6 BE12
George Hotel EH2 — 6 BE10
George Pl EH6 — 7 BF13
George Sq EH8 — 7 BF13
George Sq La EH8 — 7 BF13
George St EH2 — 6 BE12
George Ter, Lnhd EH20 — 54 BK27
George Wk, Tran. EH33 — 35 CL13
George Watson's Coll EH10 — 42 BB16
Georgian House (NTS) EH2 — 6 BD11
Gibbs Entry EH8 — 7 BG12
Gibraltar Ct, Dalk. EH22 — 57 BX24
Gibraltar Gdns, Dalk. EH22 — 57 BW24
Gibraltar Rd, Dalk. EH22 — 57 BW24
Gibraltar Ter, Dalk. EH22 — 57 BX24
Gibson Dr, Dalk. EH22 — 57 BY24
Gibson St EH7 — 15 BG7
Gibson Ter EH11 — 6 BC13
Gifford Pk EH8 — 7 BG13
Gilberstoun EH15 — 30 BS13
Gilberstoun Brig EH15 — 30 BT14
Gilberstoun Ln EH15 — 30 BT14
Gilberstoun Pl EH15 — 30 BT14
Gilberstoun Wynd EH15 — 30 BT14
Giles St EH6 — 15 BH6
Gillespie Cres EH10 — 6 BD13
Gillespie Rd, K'lis. EH29 — 50 AV21
Gillespie St EH3 — 6 BD13
Gillsland Pk EH10 — 42 BB15
Gillsland Rd EH10 — 42 BB15
GILMERTON — 45 BP21
Gilmerton Dykes Av EH17 — 45 BM21
Gilmerton Dykes Cres EH17 — 44 BM21
Gilmerton Dykes Dr EH17 — 44 BM21
Gilmerton Dykes Gdns EH17 — 44 BM21
Gilmerton Dykes Gro EH17 — 44 BL21
Gilmerton Dykes Ln EH17 — 54 BL22
Gilmerton Dykes Pl EH17 — 44 BM21
Gilmerton Dykes Rd EH17 — 54 BM22
Gilmerton Dykes St EH17 — 44 BM21
Gilmerton Dykes Ter EH17 — 44 BM22
Gilmerton Dykes Vw EH17 — 54 BM22
Gilmerton Junct., Lass. EH18 — 55 BR23
Gilmerton Ms EH17 — 55 BN22
Gilmerton Prm Sch EH17 — 44 BM21
Gilmerton Pl EH17 — 44 BL19
Gilmerton Rd EH16 — 44 BJ17
Gilmerton Rd EH17 — 44 BL17
Gilmerton Rd (Gilm.) EH17 — 55 BP22
Gilmerton Rd, Dalk. EH22 — 56 BU24
Gilmerton Rd, Lass. EH18 — 56 BS23
Gilmerton Rd Rbt., Lass. EH18 — 56 BS23
Gilmerton Sta Rd EH23 — 55 BN24
Gilmore Pk EH3 — 42 BC14
Gilmore Pl EH3 — 6 BC13
Gilmour's Entry EH8 **7** — 7 BG12
Gilmour St EH8 — 7 BG12
Gladstone Pl EH6 — 16 BK7
Gladstone's Gait, Bonny. EH19 **56** — BT28

Gladstone's Land (NTS) EH1 **5** — 7 BF11
Gladstone Ter EH9 — 43 BG14
Glanville Pl EH3 **5** — 26 BD9
Glasgow Rd EH12 — 37 AG13
Glasgow Rd, Newbr. EH28 — 68 BA37
Glaskhill Ter, Pen. EH26 — 68 BA37
Glasshouse Experience EH3 — 7 BG10
Glasshouse Hotel, The EH1 — 11 AR5
Glebe, The, Q'fry EH30 — 6 AG4
Glebe, The, K'lis. EH29 — 20 AC10
Glebe, The (Dalm.), — 27 BF9
Glebe Gdns EH12 — 24 AU13
Glebe Gro EH12 — 24 AT13
Glebe Pl, Lass. EH18 — 55 BP26
Glebe Rd EH12 — 24 AT13
Glebe St, Dalk. EH22 — 57 BW24
Glebe Ter EH12 — 24 AU13
Glencairn Cres EH12 — 26 BB11
Glenallan Dr EH16 — 44 BK17
Glenallan Ln EH16 — 44 BK17
GLENCORSE —
Glencorse Golf Course EH26 — 67 BE34
Glencorse Mains Steading, — 66 BB33
Glencorse Pk, Pen. EH26 — 66 BD34
Glencross Gdns, Pen. EH26 — 66 BD34
Glendevon Av EH12 — 25 AX13
Glendevon Gdns EH12 — 25 AX13
Glendevon Gro EH12 — 25 AX13
Glendevon Pk EH12 — 25 AX14
Glendevon Pl EH12 — 25 AX13
Glendevon Ter EH12 — 25 AX13
Glendinning Cres EH16 — 20 AB9
Glendinning Dr, K'lis. EH29 — 20 AB9
Glendinning Pl, K'lis. EH29 — 20 AB9
Glendinning Rd, K'lis. EH29 — 20 AB9
Glendinning Way, K'lis. EH29 — 20 AB9
Gleneagles Cres, Dalk. EH22 — 56 BZ26
Glenfinlas St EH3 — 6 BD11
Glengarry Ter, Pres. EH32 — 18 CJ9
Glengyle Ter EH3 — 6 BD13
Glenisla Gdns EH9 — 43 BF16
Glenisla Gdns La EH9 **1** — 43 BF16
Glenlea Cotts EH11 — 41 AV15
Glenlee Av EH8 — 28 BL11
Glenlee Gdns EH8 — 28 BL11
Glenlockhart Bk EH14 — 42 AZ18
Glenlockhart Rd EH10 — 42 BA18
Glenlockhart Valley EH14 — 42 AZ17
Glenlockhart Rd EH14 — 42 AZ18
Glenogle Ct EH3 — 26 BD9
Glenogle Ho EH3 **7** — 26 BD9
Glenogle Rd EH3 — 26 BD8
Glenogle Ter EH3 — 26 BD8
Glenorchy Pl EH1 **4** — 7 BG10
Glenorchy Ter EH9 — 43 BH15
Glenure Ln EH4 — 24 AT10
Glenvarloch Cres EH16 — 44 BJ18
Glenview Cres, Gore. EH23 — 70 BY35
Glenview Ct, Gore. EH23 — 70 BY34
Glenview, Gore. EH23 — 70 BY34
Glen Vw Rd, Gore. EH23 — 70 BY34
Glen Vw Wk, Gore. EH23 — 70 BZ36
Gloucester La EH3 — 6 BD10
Gloucester Pl EH3 — 6 BD10
Gloucester Sq EH3 — 6 BD10
Gloucester St EH3 — 6 BD10
Golf Av EH7 — 17 BP9

Gogarbank EH12 — 39 AN17
Gogar Br Rd EH12 — 22 AJ12
Gogarburn Golf Course EH12 — 38 AL14
Gogarburn Bk EH12 — 39 AR14
Gogarloch Muir EH12 — 39 AR14
Gogarloch Syke EH12 — 39 AO14
Gogarloch Haugh EH12 — 37 AO13
Gogar Mains Fm Rd EH12 — 11 AR5
Gogar Rbt EH12 — 20 AC10
Gogar Sta Rd EH12 — 39 AN13
Gogar Sta Rd EH14 — 39 AO17
Gogarstone Rd EH12 — 38 AK14
GOLDENACRE —
Goldenacre Ter EH3 — 14 BD7
Goldie Ter, Lnhd EH20 — 55 BR27
Golf Course Rd, Bonny. EH19 — 55 BR27
Golf Dr (Port S.), Pres. EH32 — 19 CM7
Goodtrees Gdns EH17 — 44 BM19
Goodtrees Ter EH17 — 44 BM19
GOOSE GREEN —
Goose Grn Av, Muss. EH21 — 31 BZ12
Goose Grn Cres, Muss. EH21 — 31 BY12
Goose Grn Ct, Muss. EH21 — 31 BZ12
Goose Grn Pl, Muss. EH21 — 31 BZ12
Goose Grn Rd, Muss. EH21 — 31 BZ12
Gordon Av, Bonny. EH19 — 63 BP29
Gordon Rd EH12 — 24 AU11
Gordon Rd EH12 — 24 AU12
Gordon St EH6 — 16 BJ7
Gordon St (East.), Dalk. EH22 — 28 BY28
Gordon Ter EH16 — 44 BJ17
Gore Av, Gore. EH23 — 70 BZ35
Gorebridge Prm Sch EH23 — 70 BX36
GOREBRIDGE —
Gorgie Cotts EH11 — 41 AV15
Gorgie Mills (Special) Sch EH11 — 41 AT14
Gorgie Pk Cl EH14 — 41 AX15
Gorgie Pk Rd EH14 — 41 AX15
Gorgie Rd EH11 — 41 AZ14
Gorton Ln, Rose. EH24 — 69 BM33
Gorton Pl, Rose. EH24 — 69 BM33
Gorton Rd, Rose. EH24 — 69 BM33
Gosford Pl EH6 — 15 BF6
Gosford Rd (Port S.), Pres. EH32 — 19 CL7
Gote La, S.Q'fry EH30 — 8 AD2
Gowanhill Rd, Currie EH14 — 48 AK22
Gowkley Moss Rbt., Ros. EH25 — 62 BF32
GOWKSHILL — 69 BL11
Gracefield Ct, Muss. EH21 — 31 BX13
GRACEMOUNT — 44 BK21
Gracemount Av EH16 — 44 BK21
Gracemount Dr EH16 — 54 BK21
Gracemount High Sch EH16 — 54 BL22
Gracemount Ho Dr EH16 — 44 BK21
Gracemount Pl EH16 — 44 BK21
Gracemount Rd EH16 — 54 BJ22
Gracemount Sq EH16 — 44 BK20
Graham's Rd (Milt.Br) — 43 BH15
GRAHAM —
Graham St EH6 — 15 BG6
Granby Rd EH16 — 43 BH16
Grandfield EH6 — 15 BE6
Grandville EH6 — 15 BE5
GRANGE —
Grange Ct, Gore. EH23 — 70 BY34
Grange Cres E, Pres. EH32 — 18 CH10
Grange Cres W, Pres. EH32 — 18 CH10
Grange Gro, Pres. EH32 — 18 CH10
Grange Ln Gdns EH9 — 43 BF15
Grange Rd EH9 — 43 BF14
Grange Rd, Pres. EH32 — 18 CH10

Name	Page	Grid
Grange Ter EH9	43	BF16
Grannies Pk Ind Est, Dalk. EH22	57	BW23
Grannus Ms (Inv.), Muss. 1	31	BZ14
Grant Av EH13	51	AW21
GRANTON	14	BA4
Granton Cres EH5	14	BB5
Granton Gdns EH5	14	BB5
Granton Gro EH5	14	BB5
Granton Harbour EH5	14	BB3
Granton Mains Av EH4	13	AY5
Granton Mains Bk EH4 1	13	AY5
Granton Mains Brae EH4	13	AY5
Granton Mains Ct EH4	13	AZ5
Granton Mains E EH4	13	AZ5
Granton Mains Gait EH4	13	AY5
Granton Mains Vale EH4	13	AY5
Granton Mains Wynd EH4	13	AY5
Granton Medway EH5	14	BA5
Granton Mill Cres EH4	13	AY5
Granton Mill Dr EH4	13	AY5
Granton Mill March EH4	13	AX6
Granton Mill Pk EH4	13	AX6
Granton Mill Pl EH4	13	AX5
Granton Mill Rd EH4	13	AX5
Granton Mill Wynd EH4 1	13	AX6
Granton Pk Av EH5	14	BA4
Granton Pier EH5	14	BB4
Granton Pl EH5	14	BB5
Granton Prim Sch EH5	14	BB5
Granton Rd EH5	14	BB5
Granton Sq EH5	14	BB4
Granton Ter EH5	14	BB5
Granton Vw EH5	14	BB4
Grant Rd, Pres. EH32	18	CJ9
Grantully Pl EH9	43	BH15
Granville Ter EH10	42	BC14
Grassmarket EH1	6	BE12
Grays Ct EH8 6	7	BG12
Grayskowe EH14 1	41	AX17
Gray's Ln EH10	42	BA15
Great Cannon Bk EH15 3	29	BQ10
Great Carleton Pl EH16	45	BQ16
Great Carleton Sq EH16 1	45	BQ16
Great Junct St EH6	15	BH6
Great King St EH3	6	BE10
Great Michael Cl EH6 4	15	BF4
Great Michael Ri EH6	15	BF5
Great Michael Sq EH4 1	15	BF4
Great Stuart St EH3	6	BC11
Green, The EH4	12	AV7
Green, The, Bal. EH14	58	AM27
Green, The, Lnhd EH20 1	54	BL26
Greenacre EH14	50	AU20
GREENBANK	42	BB19
Greenbank Av EH10	42	BC18
Greenbank Cres EH10	42	BB19
Greenbank Dr EH10	42	BB18
Greenbank Gdns EH10	42	BB19
Greenbank Gro EH10	42	BB19
Greenbank La EH10	42	BB18
Greenbank Ln EH10	42	BB19
Greenbank Pk EH10	42	BB19
Greenbank Pl EH10	42	BC18
Greenbank Ri EH10	52	BB20
Greenbank Rd EH10	42	BB19
Greenbank Row EH10	42	BB19
Greenbank Ter EH10	42	BC18
Greendale Pk EH4	13	AW7
GREENDYKES	45	BP16
Greendykes Av EH16	45	BP16
Greendykes Dr EH16	45	BP16
Greendykes Gdns EH16	45	BP16
Greendykes Ho EH16	45	BP16
Greendykes Ln EH16	45	BP16
Greendykes Rd EH16	45	BN16
Greendykes Ter EH16	45	BP16
GREENEND	44	BL19
Greenend Dr EH17	44	BL20
Greenend Gdns EH17	44	BL19
Greenend Gro EH17	44	BL19
Greenfield Cres, Bal. EH14	58	AL27
Greenfield Pk (Monk.), Muss. EH21	31	BX16
Greenfield Rd, Bal. EH14	58	AL27
Greenhall Cres, Gore. EH23 1	70	BX34
Greenhall Rd, Gore. EH23	70	BY34
Greenhill Ct EH9	42	BD14
Greenhill Gdns EH10	42	BD14
Greenhill Pk EH10	42	BD15
Greenhill Pk, Pen. EH26	68	AZ38
Greenhill Pl EH10	42	BD15
Greenhill Ter EH10	42	BD14
Green La, Lass.	55	BP27
Greenlaw Gro (Milt.Br), Pen. EH26	66	BC34
Greenlaw Hedge EH13	52	BA20
GREENLAW MAINS	66	BC35
Greenlaw Rig EH13	52	BA20
Greenmantle Ln EH16	44	BK18
Greenpark EH17	44	BL19
Greenside End EH1 6	7	BG10
Greenside La EH1 5	7	BG10
Greenside Pl, Rose. EH24	62	BM33
Greenside Row EH1	7	BG10
Green St EH7	27	BF9
Greenway, The EH14	40	AU18
Greyfriars Bobby EH1	7	BF12
Greyfriars Pl EH1	7	BF12
Grey Sch Cor, Pres. EH32	18	CH10
Grierson Av EH5	14	BC5
Grierson Cres EH5	14	BC5
Grierson Gdns EH5	14	BC5
Grierson Rd EH5	14	BB5
Grierson Sq EH5	14	BC5
Grierson Vil EH5	14	BC5
Grieve Ct, Pen. EH26	69	BB36
Grigor Av EH4	25	AZ8
Grigor Dr EH4	25	AZ8
Grigor Gdns EH4	25	AZ8
Grigor Ter EH4	25	AZ8
Grindlay St EH3	6	BD12
Grindlay St Ct EH3	6	BD12
Groathill Av EH4	25	AY9
Groathill Gdns E EH4	25	AY9
Groathill Gdns W EH4	25	AY9
Groathill Ln EH4	25	AY8
Groathill Rd N EH4	25	AY8
Groathill Rd S EH4	25	AY9
Grosvenor Cres EH12	26	BB12
Grosvenor Gdns EH12	26	BB12
Grosvenor St EH12	6	BC12
Grotto Br, S Q'fry EH30	23	AN8
Grove, The, Muss. EH21	32	CA14
Grove End, Lass. EH18	55	BR27
Grove Pl, Jun. Grn EH14	50	AT21
Grove St EH3	6	BC12
Grove St, Muss. EH21	31	BZ14
Grove Ter EH3 4	6	BC12
Grundie's Well Rd EH17	45	BN21
Guardianswood EH12	25	AY12
Guardwell Cres EH17	44	BL20
Guardwell Glen EH17	44	BM20
Gullan's Cl EH8	7	BG11
Gunnet Ct EH4	13	AW6
Guthrie St EH1	7	BF12
GYLE, THE	39	AR13
Gyle Av EH12 1	39	AP14
Gylemuir Prim Sch EH12	40	AS14
Gylemuir Rd EH12	24	AS13
Gyle Pk Gdns EH12	39	AQ13
Gyle Service La EH12	39	AQ14
Gyle Shopping Centre EH12	39	AQ14

H

Name	Page	Grid
HM Prison Edinburgh EH11	41	AW16
Haddington Pl EH7	27	BG9
Haddington Rd, Muss. EH21	32	CC13
Haddington Rd, Tran. EH33	35	CN13
Haddon's Ct EH8	7	BG12
HAILES	51	AW20
Hailes App EH13	51	AW20
Hailes Av EH13	41	AW19
Hailes Bk EH13	51	AW20
Hailes Cres EH13	51	AW20
Hailes Gdns EH13	50	AV20
Hailes Gro EH13	51	AW20
Hailesland Gdns EH14	40	AU18
Hailesland Gro EH14	40	AU18
Hailesland Pk EH14	40	AU18
Hailesland Pl EH14	40	AU18
Hailesland Prim Sch EH14	40	AU19
Hailesland Rd EH14	40	AU18
Hailes Pk EH13	50	AV20
Hailes St EH3	6	BD13
Hailes Ter EH13	51	AW20
Hainburn Pk EH10	52	BB22
Hallcroft Cl (Ratho), Newbr. EH28	37	AE17
Hallcroft Cres (Ratho), Newbr. EH28	37	AE17
Hallcroft Gdns (Ratho), Newbr. EH28	37	AE17
Hallcroft Grn (Ratho), Newbr. EH28	37	AE17
Hallcroft Neuk (Ratho), Newbr. EH28	37	AE17
Hallcroft Pk (Ratho), Newbr. EH28	37	AE17
Hallcroft Ri (Ratho), Newbr. EH28	37	AE17
Hallhead Rd EH16	43	BH17
Hall Ter EH12	24	AT13
Hallyards Rd, K'lis. EH29	20	AD11
Hallyards Rd, Newbr. EH28	37	AF13
Halmyre St EH6	27	BH8
Hamburgh Pl EH6 1	15	BG5
Hamilton Cres (Newt.), Dalk. EH22	65	BX29
Hamilton Dr EH15	29	BP12
Hamilton Dr W EH15	29	BP12
Hamilton Gdns EH15	29	BP12
Hamilton Gro EH15	29	BP12
Hamilton Pk EH15	29	BP11
Hamilton Pl EH3	26	BD9
Hamilton's Cl, S Q'fry EH30 1	9	AE2
Hamilton's Folly Ms EH8 5	7	BG13
Hamilton Ter EH15	29	BQ11
Hamilton Wynd EH6	15	BG5
Hammermen's Entry EH8	7	BG11
Hampton Pl EH12 4	26	BA12
Hampton Ter EH12	26	BA12
Hanover St EH2	6	BE10
Harbour La, S Q'fry EH30 5	8	AD2
Harbour Pl EH15 13	29	BQ10
Harbour Rd EH15	29	BQ10
Harbour Rd, Muss. EH21	31	BW13
Harbour Vw, Muss. EH21	31	BX13
Hardengreen Business Pk, Dalk. EH22	56	BU26
Hardengreen Ind Est, Dalk. EH22	56	BU26
Hardengreen Junct, Dalk. EH22	56	BU28
Hardengreen La, Dalk. EH22	56	BU27
Harden Pl EH11	42	BB14
Hardwell Cl EH8	7	BG13
Harelaw, Dalk. EH22	46	BT19
Harelaw Rd EH13	51	AW21
Hares Cl (Cock.), Pres. EH32	19	CL7
Harewood Cres EH16	29	BN15
Harewood Dr EH16	29	BN15
Harewood Rd EH16	28	BN15
Harkenburn Gdns, Pen. EH26	68	AY37
Harkness Cres, Tran. EH33	35	CL13
Harlaw Bk, Bal. EH14	58	AL26
Harlaw Gait, Bal. EH14	58	AM26
Harlaw Gro, Pen. EH26	68	AZ38
Harlaw Hill, Pres. EH32	18	CH9
Harlawhill Gdns, Pres. EH32	18	CH10

Harlaw March, Bal. *EH14*	58	AM27
Harlaw Rd, Bal. *EH14*	59	AR25
Harmeny Sch *EH14*	58	AM27
Harmony Ct, Bonny. *EH19*	56	BT28
Harmony Cres, Bonny. *EH19*	56	BT28
Harmony St, Bonny. *EH19*	56	BT28
Harmony Wk, Bonny. *EH19*	56	BT28
Harnes Ct, Lnhd *EH20* **2**	62	BL28
Harperrig Way *EH13*	52	BB20
Harper's Brae, Pen. *EH26*	69	BD37
Harrismith Pl *EH7*	16	BJ9
Harrison Gdns *EH11*	42	BA15
Harrison La *EH11*	42	BB14
Harrison Pl *EH11*	42	BA15
Harrison Rd *EH11*	42	BA14
Hartington Gdns *EH10*	42	BC14
Hartington Pl *EH10*	42	BC14
Hart St *EH1*	27	BF9
Hart St La *EH1*	27	BF9
Harvest Dr, Newbr. *EH28*	36	AD14
Harvesters Pl *EH14*	40	AU19
Harvesters Sq *EH14*	40	AU19
Harvesters Way *EH14*	40	AT19
Harvest Rd, Newbr. *EH28*	36	AD14
Harvest Wynd (Ratho Sta), Newbr. *EH28*	37	AE14
Harvieston Vil, Gore. *EH23* **1**	70	BZ36
Hatton Pl *EH9*	43	BF14
Haugh Pk *EH14*	41	AW17
Haugh St *EH4*	26	BD9
Hawes Brae, S Q'fry *EH30*	9	AF2
Hawes Pier, S Q'fry *EH30*	9	AF1
Hawkhead Cres *EH16*	44	BJ19
Hawkhead Gro *EH16*	44	BJ19
Hawkhill *EH7*	16	BK8
Hawkhill Av *EH7*	16	BJ8
Hawkhill Cl *EH7*	16	BJ8
Hawkhill Ct *EH7*	16	BK8
Hawkins Ter, Pen. *EH26*	66	BD34
Hawthornbank (Cock.), Pres. *EH32* **1**	18	CK7
Hawthorn Bk, S Q'fry *EH30*	8	AD2
Hawthornbank La *EH4*	6	BC11
Hawthornbank Pl *EH6*	15	BF5
Hawthornbank Ter *EH6* **2**	15	BG5
Hawthorn Bldgs *EH4* **2**	26	BB11
Hawthorn Cres (Mayf.), Dalk. *EH22*	57	BZ27
Hawthornden Av, Bonny. *EH19*	63	BQ29
Hawthornden Gdns, Bonny. *EH19*	63	BQ28
Hawthornden Pl *EH7*	27	BG8
Hawthornden Prim Sch *EH19*	63	BP29
Hawthorn Gdns, Lnhd *EH20*	54	BK26
Hawthorn Pl *EH17*	45	BN21
Hawthorn Rd, Pres. *EH32*	18	CK10
Hawthorn Ter, Pres. *EH4* **5**	6	BC11
Hawthorn Ter (Cock.), Pres. *EH32*	18	CK8
Hawthornvale *EH6*	15	BF5
Hay Av *EH16*	29	BP15
Hay Dr *EH16*	29	BQ15
Hayfield *EH12*	23	AQ11
Hay Gdns *EH16*	29	BP14
Haymarket *EH12*	6	BC12
Haymarket Sta *EH12*	26	BB12
Haymarket Ter *EH12*	26	BB12
Haymarket Yards *EH12*	26	BB12
Hay Pl *EH16*	29	BP15
Hay Rd *EH16*	29	BP15
Hay Ter *EH16*	29	BP15
Hazelbank Ter *EH11*	42	BA15
Hazeldean Ter *EH16*	44	BK18
Hazel Dr, Bonny. *EH19*	63	BR29
Hazel La, Lnhd *EH20*	61	BG28
Hazelwood Gro *EH16*	44	BL17
Headrigg Row *EH16*	44	BK18
Hedge Row, Lnhd *EH20*	61	BG28
Hedges, The, Tran. *EH33*	35	CL14
Henderland Rd *EH12*	25	AZ12
Henderson Gdns *EH6* **4**	15	BH6
Henderson Gdns, Tran. *EH33*	35	CM13
Henderson Pl *EH3*	27	BE9
Henderson Pl La *EH3*	26	BD9
Henderson Row *EH3*	26	BD9
Henderson St *EH6*	15	BH6
Henderson Ter *EH11*	42	BB14
Henry Ross Pl, S Q'fry *EH30*	8	AD2
Hepburn Dr, Dalk. *EH22*	57	BY25
Hercus Ln, Muss. *EH21*	31	BX13
Herd Ter, Lnhd *EH20*	62	BJ28
Heriot Br *EH1*	6	BE12
Heriot Cross *EH1* **1**	6	BE12
Heriot Hill Ter *EH7*	27	BE8
Heriot Pl *EH3*	6	BE12
Heriot Row *EH3*	6	BD10
Heriot-Watt Uni (Edinburgh Campus) *EH14*	49	AP20
Hermand Cres *EH11*	42	BA15
Hermand St *EH11*	41	AZ15
Hermand Ter *EH11*	41	AZ15
HERMISTON	39	AP18
Hermiston Ct *EH11*	40	AT17
Hermiston Gait Retail Park *EH11*	39	AQ17
Hermiston Ho Rd *EH12*	38	AM17
Hermiston Ho Rd, Currie *EH14*	39	AN18
Hermiston Junct *EH12*	39	AQ16
Hermitage Dr *EH10*	42	BD18
Hermitage Gdns *EH10*	42	BD18
Hermitage Golf Course *EH10*	43	BE18
Hermitage Pk *EH6*	16	BK8
Hermitage Pk Gro *EH6*	16	BK8
Hermitage Pk Lea *EH6*	16	BK8
Hermitage Pk Prim Sch *EH6*	16	BK8
Hermitage Pk S *EH6*	16	BK8
Hermitage Pl *EH6*	16	BJ7
Hermitage Ter *EH10*	42	BD17
Hermits Cft *EH8*	7	BH13
Heron Pl *EH5*	14	BB4
Hesperus Crossway *EH5*	14	BB4
Heugh, The, Tran. *EH33*	35	CL12
Higginson Ln (Mayf.), Dalk. *EH22*	71	CA30
High Buckstone *EH10*	53	BE21
Highlea Circle, Bal. *EH14*	58	AK28
Highlea Gro, Bal. *EH14*	58	AK27
High Pk Ri, Pen. *EH26*	69	BB39
High Riggs *EH3*	6	BE12
High Sch Yards *EH1*	7	BG12
High St *EH1*	7	BF11
High St, Bonny. *EH19*	55	BR29
High St, Dalk. *EH22*	57	BW24
High St, K'lis. *EH29*	20	AD10
High St, Lass. *EH18*	55	BQ26
High St, Lnhd *EH20*	54	BL27
High St, Muss. *EH21*	31	BY13
High St, Pen. *EH26*	69	BB39
High St, Pres. *EH32*	18	CG10
High St (Cock.), Pres. *EH32*	19	CL7
High St, S Q'fry *EH30*	8	AD2
High St, Tran. *EH33*	35	CM13
Highway, The *EH8*	29	BN11
Hillcoat Ln *EH15* **4**	29	BQ10
Hillcoat Pl *EH15* **5**	29	BQ10
Hill Ct, S Q'fry *EH30* **2**	8	AD2
HILLEND	52	BD25
Hillend *EH10*	53	BE25
Hillend Pl *EH8* **10**	28	BL10
Hillhead, Bonny. *EH19*	55	BR27
Hillhead Ct, Bonny. *EH19*	55	BR27
Hillhouse Rd *EH4*	24	AV8
Hillpark Av *EH4*	24	AV8
Hillpark Brae *EH4*	24	AV10
Hillpark Ct *EH4*	24	AV8
Hillpark Cres *EH4*	24	AV9
Hillpark Dr *EH4*	24	AV8
Hillpark Gdns *EH4*	24	AV9
Hillpark Grn *EH4*	24	AV9
Hillpark Gro *EH4*	24	AV9
Hillpark Ln *EH4*	25	AW9
Hillpark Ri *EH4*	24	AV9
Hillpark Rd *EH4*	24	AV9
Hillpark Ter *EH4*	24	AV9
Hillpark Way *EH4*	25	AW9
Hillpark Wd *EH4*	25	AW9
Hill Pl *EH8*	7	BG12
Hill Pl (Mayf.), Dalk. *EH22*	71	CA30
HILLSIDE	27	BH9
Hillside Cres *EH7*	27	BG9
Hillside Cres N, Gore. *EH23*	70	BZ35
Hillside Cres S, Gore. *EH23*	70	BZ35
Hillside Rd (Craig.), S Q'fry *EH30*	22	AM7
Hillside St *EH7*	27	BH9
Hillside Ter (Craig.), S Q'fry *EH30*	10	AM6
Hill Sq *EH8*	7	BG12
Hill St *EH2*	6	BD10
Hill St La N *EH2*	6	BD10
Hill St La S *EH2*	6	BE11
Hilltown Ter (Wool.), Dalk. *EH22*	46	BS18
Hillview *EH4*	25	AX9
Hillview Cotts (Ratho), Newbr. *EH28*	37	AF17
Hillview Cres *EH12*	24	AT12
Hillview Dr *EH12*	24	AS12
Hillview Gdns, Lnhd *EH20*	61	BH28
Hillview Rd *EH12*	24	AS12
Hillview Ter *EH12*	24	AS12
Hillwood Av (Ratho Sta), Newbr. *EH28*	37	AE14
Hillwood Cres (Ratho Sta), Newbr. *EH28*	37	AE14
Hillwood Gdns (Ratho Sta), Newbr. *EH28*	37	AE13
Hillwood Pl, S Q'fry *EH30* **4**	8	AD2
Hillwood Prim Sch *EH28*	37	AE14
Hillwood Ri (Ratho Sta), Newbr. *EH28*	37	AE14
Hillwood Rd (Ratho Sta), Newbr. *EH28*	37	AE14
Hillwood Ter (Ratho Sta), Newbr. *EH28*	37	AE14
Hilton Edinburgh Airport Hotel *EH28*	22	AJ12
Hilton Edinburgh Grosvenor *EH12*	6	BC12
Hogarth Av, Gore. *EH23*	70	BX33
Hoggan Way, Lnhd *EH20*	62	BL28
Holiday Inn Edinburgh *EH12*	24	AV13
Holiday Inn Edinburgh North *EH4*	25	AY10
Holiday Inn Express Edinburgh *EH1*	7	BG10
Holiday Inn Express Edinburgh - Waterfront *EH1*	15	BG5
Hollybank (Mayf.), Dalk. *EH22*	71	CA28
Hollybank Ter *EH11*	42	BA15
Holly Ter, Bonny. *EH19*	63	BR29
Holly Wk, Lnhd *EH20*	61	BG28
Holy Cross RC Prim Sch *EH6*	15	BE6
Holyrood Business Pk *EH16*	28	BM15
Holyrood Ct *EH8*	7	BH11
Holyrood Pk *EH8*	28	BJ11
Holyrood Park *EH8*	7	BH11
Holyrood Pk *EH8*	28	BJ11
Holyrood Pk Rd *EH16*	43	BH14
Holy Rood RC High Sch *EH15*	28	BM13
Holyrood Rd *EH8*	7	BG11
Home St *EH3*	6	BD13
HOPEFIELD	63	BR29
Hopefield Pk, Bonny. *EH19*	63	BQ29
Hopefield Pl, Bonny. *EH19*	63	BQ29
Hopefield Prim Sch *EH19*	63	BQ29
Hopefield Ter *EH6*	15	BG5
Hopefield Ter, Bonny. *EH19*	63	BQ29
Hope La *EH15*	29	BR12
Hope La N *EH15*	29	BR11
Hope Pk Cres *EH8*	7	BG13
Hope Pk Sq *EH8* **1**	7	BG13

Name	Page	Grid
Hope Pk Ter *EH8*	7	BG13
Hope Pl, Muss. *EH21*	32	CB13
Hope Pl, Tran. *EH33* **3**	35	CL12
Hope St *EH2*	6	BD11
Hope St, S Q'fry *EH30*	8	AD3
Hope St La *EH2*	6	BD11
Hope Ter *EH9*	43	BE15
Hopetoun Cres *EH7*	27	BG9
Hopetoun Rd, S Q'fry *EH30*	8	AD2
Hopetoun St *EH7*	27	BG9
Horne Ter *EH11*	6	BC13
Horsburgh Bk, Bal. *EH14*	48	AL24
Horsburgh Gdns, Bal. *EH14*	48	AL24
Horsburgh Gro, Bal. *EH14*	48	AL24
Horse Wynd *EH8*	7	BH11
Hoseason Gdns *EH4*	24	AT10
Hosie Rigg *EH15*	29	BR14
House o'Hill Av *EH4*	25	AW8
House o'Hill Brae *EH4*	25	AW8
House o'Hill Cres *EH4*	25	AW8
House o'Hill Gdns *EH4*	25	AX8
House o'Hill Grn *EH4*	25	AW8
House o'Hill Gro *EH4*	25	AW8
House o'Hill Pl *EH4*	25	AW8
House o'Hill Rd *EH4*	25	AW8
House o'Hill Row *EH4*	25	AX8
House o'Hill Ter *EH4*	25	AX9
Howard Pl *EH3*	27	BE8
Howard St *EH3*	27	BE8
Howden Hall Ct *EH16*	53	BH21
Howden Hall Cres *EH16*	53	BH22
Howden Hall Dr *EH16*	53	BH21
Howden Hall Gdns *EH16*	44	BJ21
Howden Hall Ln *EH16*	53	BH21
Howden Hall Pk *EH16*	53	BH21
Howden Hall Rd *EH16*	54	BJ22
Howden Hall Way *EH16*	54	BJ22
Howden St *EH8*	7	BG12
Howe Dean *EH16*	43	BG19
Howe Pk *EH10*	52	BB22
Howe St *EH3*	6	BE10
Hub, The *EH1*	6	BE12
Hughes Cres (Mayf.), Dalk. *EH22*	71	CB29
Hugh Miller Pl *EH3*	26	BD9
Hugh Russell Pl, S Q'fry *EH30*	8	AD3
Huly Hill Rd, Newbr. *EH28*	36	AC14
Humbie Rd, K'lis. *EH29*	20	AC9
Hungerage Sq, Tran. *EH33*	35	CM14
Hunt Cl, Dalk. *EH22*	57	BW23
Hunter Av, Lnhd *EH20*	54	BM27
Hunter Ct, Lnhd *EH20*	54	BM27
Hunterfield Ct, Gore. *EH23*	70	BY35
Hunterfield Pk, Gore. *EH23*	70	BY34
Hunterfield Rd, Gore. *EH23*	70	BY34
Hunterfield Ter, Gore. *EH23*	70	BX33
Hunter's Cl *EH1* **13**	6	BE12
Hunter's Hill, Pen. *EH26*	68	AZ37
Hunter Sq *EH1*	7	BF11
Hunter Sq, Gore. *EH23*	70	BZ35
Hunter Ter, Bonny. *EH19*	63	BR28
Hunter Ter, Lnhd *EH20*	54	BM27
Huntingdon Pl *EH7*	27	BG9
Huntly St *EH3*	27	BE8
Hursted Av (Easth.), Dalk. *EH22*	57	BZ28
Hursted Cl, Dalk. *EH22*	57	BZ28
Hutchison Av *EH14*	41	AY16
Hutchison Cotts *EH14*	41	AY16
Hutchison Crossway *EH14*	41	AY15
Hutchison Gdns *EH14*	41	AY16
Hutchison Gro *EH14*	41	AZ16
Hutchison Ho *EH14*	41	AY15
Hutchison Ln *EH14*	41	AY16
Hutchison Medway *EH14*	41	AZ15
Hutchison Pk *EH14*	41	AY15
Hutchison Pl *EH14*	41	AY16
Hutchison Rd *EH14*	41	AY15
Hutchison Ter *EH14*	41	AY16
Hutchison Vw *EH14*	41	AY15
Hutton Cl *EH8*	7	BH11
Hutton Rd *EH8*	7	BH11
Hyvot Av *EH17*	44	BM21
Hyvot Bk Av *EH17*	45	BN21
Hyvot Ct *EH17*	54	BM22
Hyvot Gdns *EH17*	44	BM21
Hyvot Grn *EH17*	54	BM22
Hyvot Gro *EH17*	44	BM21
Hyvot Ln *EH17*	44	BM21
Hyvot Mill Dr *EH17*	44	BM21
Hyvot Pk *EH17*	44	BM21
HYVOTS BANK	44	BL20
Hyvot Ter *EH17*	44	BM21
Hyvot Vw *EH17*	54	BM22

I

Name	Page	Grid
Ibis Edinburgh Centre Hotel *EH1*	7	BF11
Imperial Dock *EH6*	16	BJ4
Imrie Pl, Pen. *EH26*	69	BB38
INCH	44	BJ18
Inchcolm Ct *EH4*	13	AY6
Inchcolm Ter, S Q'fry *EH30*	8	AD3
Inchgarvie Ct *EH4*	13	AY7
Inchgarvie Pk, S Q'fry *EH30*	8	AC2
Inchkeith Av, S Q'fry *EH30*	9	AE3
Inchkeith Ct *EH7*	27	BG8
Inchkeith Gro, Tran. *EH33*	35	CM12
Inchmickery Ct *EH4*	13	AW6
Inchview, Pres. *EH32*	18	CG10
Inchview Cres (Wall.), Muss. *EH21*	33	CE14
Inchview N, Pres. *EH32*	18	CG10
Inchview Rd (Wall.), Muss. *EH21*	33	CD14
Inchview Ter *EH7*	29	BP10
India Bldgs *EH1* **3**	7	BF12
India Pl *EH3*	6	BD10
India St *EH3*	6	BD10
Industrial Rd *EH6*	16	BJ7
Industry Home *EH6* **1**	15	BG6
Industry La *EH6*	15	BG6
Infirmary St *EH1*	7	BG12
Inglewood Pl *EH16*	44	BK19
Inglis Av (Port S.), Pres. *EH32*	19	CL7
Inglis Ct *EH1* **2**	6	BE12
Inglis Grn Gait *EH14*	41	AX17
Inglis Grn Rigg *EH14*	41	AX17
Inglis Grn Rd *EH14*	41	AX17
INGLISTON	21	AG12
Ingliston Rd (Inglis.), Newbr. *EH28*	37	AH13
Inkerman Ct, Pen. *EH26*	66	BC35
International Language Acad *EH3*	6	BC11
Inveralmond Dr *EH4*	11	AQ6
Inveralmond Gdns *EH4*	11	AQ6
Inveralmond Gro *EH4*	11	AQ6
Inveravon Rd, Lnhd *EH20*	54	BK26
Inveravon Ter, Muss. *EH21*	31	BY14
INVERESK	31	BZ15
Inveresk Brae, Muss. *EH21*	31	BZ14
Inveresk Est, The (Inv.), Muss. *EH21*	31	BZ15
Inveresk Gate (Inv.), Muss. *EH21*	31	BZ14
Inveresk Lodge Garden (NTS) *EH21*	31	BZ15
Inveresk Mills Ind Pk, Muss. *EH21*	31	BX14
Inveresk Rd, Muss. *EH21*	31	BY14
Inveresk Village, Muss. *EH21*	31	BZ14
INVERLEITH	14	BB7
Inverleith Av *EH3*	14	BD7
Inverleith Av S *EH3*	14	BD7
Inverleith Gdns *EH3*	14	BC7
Inverleith Gro *EH3*	26	BB8
Inverleith Pl *EH3*	14	BC7
Inverleith Pl La *EH3*	14	BD7
Inverleith Row *EH3*	14	BD7
Inverleith Ter *EH3*	26	BD8
Inverleith Ter La *EH3*	26	BD8
Iona St *EH6*	27	BH8
Iona St La *EH6*	27	BH8
Ironmills Rd, Dalk. *EH22*	56	BV24
Ivanhoe Cres *EH16*	44	BK18
Ivy Ter *EH11*	42	BA14

J

Name	Page	Grid
Jackson's Entry *EH8* **7**	7	BH11
Jackson St, Pen. *EH26*	68	BA38
Jacobite Way, Pres. *EH32*	18	CK10
Jacobs Way, Gore. *EH23*	70	BY35
Jamaica Ms *EH3*	6	BD10
Jamaica St *EH3*	6	BD10
Jamaica St N La *EH3*	6	BD10
Jamaica St S La *EH3*	6	BD10
Jamaica St W *EH3* **2**	6	BD10
James' Ct *EH1* **4**	7	BF11
James Craig Wk *EH1*	7	BF10
James Gillespie's High Sch *EH9*	43	BE14
James Gillespie's Prim Sch *EH9*	43	BE14
James Lean Av, Dalk. *EH22*	57	BX24
James Leary Way, Bonny. *EH19*	56	BS27
Jameson Pl *EH6*	27	BH8
James St *EH15*	30	BS11
James St, Muss. *EH21*	31	BZ13
James St La *EH15*	30	BS11
Janefield *EH17*	54	BJ23
Jane St *EH6*	15	BH7
Jane Ter *EH7* **2**	28	BJ10
Jarnac Ct, Dalk. *EH22* **5**	57	BW24
Jawbone Wk *EH3*	7	BF13
Jean Armour Av *EH16*	44	BJ18
Jean Armour Dr, Dalk. *EH22*	57	BZ25
Jeanette Stewart Dr, Dalk. *EH22*	64	BV31
Jeffrey Av *EH4*	25	AX10
Jeffrey St *EH1*	7	BF11
Jenks Ln (Newt.), Dalk. *EH22*	65	BW30
Jessfield Ter *EH6*	15	BF5
Jewel, The *EH15*	29	BR14
Jewel & Esk Coll (Edinburgh Campus) *EH15*	30	BT13
Jewel & Esk Coll (Midlothian Campus) *EH3*	56	BV26
Jim Bush Dr, Pres. *EH32*	34	CG11
JOCK'S LODGE	28	BL10
John Bernard Way, Gore. *EH23* **1**	70	BY37
John Cotton Business Cen *EH7*	16	BJ9
John Cres, Tran. *EH33*	35	CL13
John Hope Gateway *EH3*	26	BC8
John Humble St (Mayf.), Dalk. *EH22*	71	CA30
John Knox House *EH1* **12**	7	BG11
John Knox Pl, Pen. *EH26*	69	BB38
John Mason Ct, S Q'fry *EH30*	9	AE3
John Moat Pl, Pres. *EH32*	18	CH10
John Muir Way, Muss. *EH21*	31	BY12
Johnnie Cope's Rd, Pres. *EH32*	34	CJ11
Johnnie Cope's Rd, Tran. *EH33*	34	CJ12
Johnsburn Grn, Bal. *EH14*	58	AK26
Johnsburn Haugh, Bal. *EH14*	58	AK26
Johnsburn Pk, Bal. *EH14*	58	AK27
Johnsburn Rd, Bal. *EH14*	58	AK26
John's La *EH6*	16	BJ6
John's Pl *EH6*	16	BJ7
Johnston Pl, Pen. *EH26*	66	BB35
Johnston Ter *EH1*	6	BE12
Johnston Ter (Port S.), Pres. *EH32*	19	CM7
John St *EH15*	30	BS11
John St, Pen. *EH26*	69	BB38
John St La *EH15*	30	BS11
John St La, Pen. *EH26*	68	BA38
John St La E *EH15*	30	BS11
John St La W *EH15*	30	BS11

JOPPA 30 BT12
Joppa Gdns *EH15* 30 BS12
Joppa Gro *EH15* 30 BS12
Joppa Pans *EH15* 30 BU12
Joppa Pk *EH15* 30 BS11
Joppa Rd *EH15* 30 BS12
Joppa Sta Pl *EH15* 30 BS12
Joppa Ter *EH15* 30 BS12
Jordan La *EH10* 42 BD16
Jubilee Cres, Gore. *EH23* 70 BY34
Jubilee Rd *EH12* 22 AJ11
Junction Pl *EH6* 15 BH7
Juner Pl, Gore. *EH23* 70 BY34
Juniper Av, Jun. Grn *EH14* 50 AS21
Juniper Gdns, Jun. Grn *EH14* 50 AS21
JUNIPER GREEN 50 AS21
Juniper Grn Prim Sch *EH14* 50 AT21
Juniper Gro, Jun. Grn *EH14* 50 AS21
Juniper La, Jun. Grn *EH14* **1** 50 AT21
Juniperlee, Jun. Grn *EH14* 50 AT21
Juniper Pk Rd, Jun. Grn *EH14* 50 AT21
Juniper Pl, Jun. Grn *EH14* 50 AS22
Juniper Ter, Jun. Grn *EH14* 50 AS21
Jurys Inn Edinburgh Hotel *EH1* 7 BG11

K

Kaimes Ct *EH12* 24 AV13
Kaimes Rd *EH12* 24 AU12
Kaimes Sch *EH16* 44 BL21
Kaimes Vw (Dand.), Dalk. *EH22* 45 BR20
Katesmill Rd *EH14* 41 AX19
Kay Gdns (Cock.), Pres. *EH32* 19 CL7
Kedslie Pl *EH16* 53 BH20
Kedslie Rd *EH16* 53 BH20
Keir Hardie Dr (Mayf.), Dalk. *EH22* 71 CA30
Keir St *EH3* 6 BE12
Keith Cres *EH4* 25 AX10
Keith Row *EH4* 25 AY10
Keith Ter *EH4* 25 AX10
Kekewich Av *EH7* 17 BP9
Kemp Pl *EH3* 26 BD9
Kemp's End, Tran. *EH33* 35 CL15
Kempston Pl, S Q'fry *EH30* 9 AE3
Kenilworth Dr *EH16* 44 BJ19
Kenmure Av *EH8* 28 BL11
Kennedy Cres, Tran. *EH33* 35 CM12
Kennington Av, Lnhd *EH20* 62 BK28
Kennington Ter, Lnhd *EH20* 54 BK27
Kentigern Mall, Pen. *EH26* 69 BB38
Keppock Cres, Pres. *EH32* 18 CK9
Kerr Av, Dalk. *EH22* 56 BU25
Kerr-McNeill Service Rd, Tran. *EH33* **3** 35 CL14
Kerr Rd, Tran. *EH33* 35 CL13
Kerr St *EH3* 26 BD9
Kerr's Wynd, Muss. *EH21* 31 BZ13
Kerr Way, Tran. *EH33* **5** 35 CL14
Kevock Pk, Lass. *EH18* 55 BQ27
Kevock Rd, Lass. *EH18* 55 BP27
Kew Ter *EH12* 26 BA12
Kilchurn Ct *EH12* **3** 23 AQ12
Kilgraston Ct *EH9* 43 BE15
Kilgraston Rd *EH9* 43 BF15
Kilmaurs Rd *EH16* 28 BJ15
Kilmaurs Ter *EH16* 28 BJ15
Kilncroftside *EH14* 41 AX17
Kilngate Brae *EH17* 54 BM22
Kilwinning Pl, Muss. *EH21* 31 BY13
Kilwinning St, Muss. *EH21* 31 BZ13
Kilwinning Ter, Muss. *EH21* 31 BZ13
Kimmerghame Dr *EH4* 26 BA8
Kimmerghame Ln *EH4* 14 BA7
Kimmerghame Path *EH4* 14 BA7
Kimmerghame Pl *EH4* 26 BA8
Kimmerghame Row *EH4* 14 BA7
Kimmerghame Ter *EH4* 14 BA7
Kimmerghame Vw *EH4* 26 BA8
Kincaid's Ct *EH1* 7 BF12
Kinellan Gdns *EH12* 25 AY12
Kinellan Rd *EH12* 25 AY11
King Edwards Way, K'lis. *EH29* 20 AC10
King George V Pk, Bonny. *EH19* 63 BQ28
Kinghorn Pl *EH6* 15 BF6
King Malcolm Cl *EH10* 53 BF22
Kings Acre Golf Course *EH18* 55 BQ24
King's Br *EH3* 6 BE12
King's Bldgs *EH9* 43 BH17
Kingsburgh Cres *EH5* 14 BA4
Kingsburgh Rd *EH12* 25 AY12
King's Cramond *EH4* 11 AR6
Kings Haugh *EH16* 28 BL15
KINGSKNOWE 40 AV18
Kingsknowe Av *EH14* 41 AW18
Kingsknowe Ct *EH14* 40 AV18
Kingsknowe Cres *EH14* 41 AW18
Kingsknowe Dr *EH14* 41 AW18
Kingsknowe Gdns *EH14* 41 AW19
Kingsknowe Golf Course *EH14* 40 AV19
Kingsknowe Gro *EH14* 41 AW19
Kingsknowe Pk *EH14* 41 AW19
Kingsknowe Pl *EH14* 40 AV18
Kingsknowe Rd N *EH14* 41 AW17
Kingsknowe Rd S *EH14* 41 AW18
Kingsknowe Sta *EH14* 41 AW18
Kingsknowe Ter *EH14* 41 AW18
Kingslaw Ct, Tran. *EH33* 35 CM14
King's Meadow *EH16* 28 BK15
King's Pk Prim Sch *EH22* 57 BW25
King's Pl *EH15* 17 BQ9
King's Rd *EH15* 29 BQ10
King's Rd, Tran. *EH33* 35 CL14
King's Stables La *EH1* 6 BE12
King's Stables Rd *EH1* 6 BE12
King's Ter *EH15* 29 BP10
Kings Theatre *EH3* 6 BD13
Kingston Av *EH16* 44 BL18
King St *EH6* 15 BH6
King St, Muss. *EH21* 31 BZ14
Kinleith Ind Est, Currie *EH14* 49 AR23
Kinnear Ri *EH3* 14 BB7
Kinnear Rd *EH3* 14 BB7
Kippielaw Dr (Easth.), Dalk. *EH22* 57 BY25
Kippielaw Gdns (Easth.), Dalk. *EH22* 57 BY26
Kippielaw Medway (Easth.), Dalk. *EH22* 57 BY26
Kippielaw Pk (Mayf.), Dalk. *EH22* 57 BZ27
Kippielaw Rd (Easth.), Dalk. *EH22* 57 BY26
Kippielaw Steading, Dalk. *EH22* 57 BY26
Kippielaw Wk (Easth.), Dalk. *EH22* 57 BY25
Kirk Brae *EH16* 44 BJ18
Kirk Cramond *EH4* 12 AS5
Kirkgate *EH6* 16 BJ6
Kirkgate *EH16* 44 BJ20
Kirkgate, Currie *EH14* 49 AQ23
KIRKHILL 69 BC38
Kirkhill Ct, Gore. *EH23* 70 BY36
Kirkhill Dr *EH16* 28 BJ15
Kirkhill Gdns *EH16* 28 BJ14
Kirkhill Gdns, Pen. *EH26* 69 BB38
Kirkhill Rd *EH16* 28 BJ14
Kirkhill Rd, Pen. *EH26* 69 BB38
Kirkhill Ter *EH16* 28 BJ14
Kirkhill Ter, Gore. *EH23* 65 BW34
Kirkhill Way, Pen. *EH26* 69 BB38
Kirklands *EH12* 40 AT15
Kirklands, Pen. *EH26* 68 BA38
Kirklands Pk Cres, K'lis. *EH29* 20 AB9
Kirklands Pk Gdns, K'lis. *EH29* 20 AB9
Kirklands Pk Gro, K'lis. *EH29* 20 AB9
Kirklands Pk Rigg, K'lis. *EH29* 20 AC9
Kirklands Pk St, K'lis. *EH29* 20 AB9
KIRKLISTON 20 AD10
Kirkliston Prim Sch *EH29* 20 AC9
Kirkliston Rd, Newbr. *EH28* 20 AB12
Kirkliston Rd, S Q'fry *EH30* 8 AD3
Kirk Ln *EH12* 24 AU13
Kirk Pk *EH16* 44 BJ19
Kirk St *EH6* 15 BH7
Kirk St, Pres. *EH32* 18 CH10
Kirkstyle Gdns, K'lis. *EH29* 20 AD10
Kirkton Bk, Pen. *EH26* 68 AZ38
Kirk Vw, Pen. *EH26* 69 BB39
Kirkwood Pl *EH7* **3** 28 BJ10
Kirk Wynd, Pres. *EH32* 18 CH9
Kisimul Ct *EH12* **1** 23 AR12
Kittle Yards *EH9* 43 BG14
Klondyke St (Newcr.), Muss. *EH21* 30 BU15
Klondyke Way (Newcr.), Muss. *EH21* 30 BT15
Knightslaw Pl, Pen. *EH26* 68 AZ38
Knowetop Pl, Ros. *EH25* 67 BH32
Komarom Pl, Dalk. *EH22* 57 BZ24
Kyle Pl *EH7* 7 BH10

L

Laburnum Arch Ct, Pres. *EH32* 18 CH10
Laburnum Av (Port S.), Pres. *EH32* 19 CM7
Laburnum Pl (Mayf.), Dalk. *EH22* 71 CA29
Lade, The, Bal. *EH14* 58 AM27
Ladehead *EH6* 15 BF7
Ladiemeadow *EH12* 40 AU14
Lady Brae, Gore. *EH23* 70 BZ36
Lady Brae Pl, Gore. *EH23* 70 CA35
Ladycroft, Bal. *EH14* 58 AL26
Lady Emily Way, Gore. *EH23* 70 BY35
Lady Lawson St *EH3* 6 BE12
Lady Menzies Pl *EH7* 28 BJ10
Lady Nairne Cres *EH8* 28 BM12
Lady Nairne Gro *EH8* 28 BM12
Lady Nairne Ln *EH8* 28 BM12
Lady Nairne Pl *EH8* 28 BM12
Lady Rd *EH16* 44 BJ16
Lady Rd Pl (Newt.), Dalk. *EH22* **1** 65 BX29
Ladysmith Rd *EH9* 43 BF17
Lady Stair's Cl *EH1* **6** 7 BF11
Lady Victoria Business Cen (Newt.), Dalk. *EH22* 65 BW32
Ladywell, Muss. *EH21* 31 BY13
Ladywell Av *EH12* 24 AT13
Ladywell Ct *EH12* 24 AT13
Ladywell Gdns *EH12* 24 AT13
Ladywell Ho *EH12* 24 AS13
Ladywell Rd *EH12* 24 AS13
Ladywell Way, Muss. *EH21* 31 BY13
LADYWOOD 69 BC37
Lady Wynd *EH1* 6 BE12
Laichfield *EH14* 41 AX16
Laichpark Ln *EH14* **1** 41 AX16
Laichpark Pl *EH14* 41 AX16
Laichpark Rd *EH14* 41 AX16
Laidlaw Gdns, Tran. *EH33* 35 CL15
Laing Ter *EH15* 30 BS11
Laing Ter, Pen. *EH26* 69 BB36
Laird Ter, Bonny. *EH19* 64 BS29
Lamb's Cl *EH8* **2** 7 BG13
Lamb's Ct *EH6* **1** 15 BE4
Lamb's Pend, Pen. *EH26* 69 BB39
Lammermoor Gdns, Tran. *EH33* 34 CK13
Lammermoor Ter *EH16* 44 BL18
Lammermoor Ter, Tran. *EH33* 34 CK13
Lammerview, Tran. *EH33* 35 CL14
Lampacre Rd *EH12* 40 AU14
Lanark Rd *EH13* 50 AV20
Lanark Rd *EH14* 41 AW19
Lanark Rd, Jun. Grn *EH14* 50 AT22
Lanark Rd W, Bal. *EH14* 58 AJ25
Lanark Rd W, Currie *EH14* 49 AQ23

Langlaw Rd, Dalk. *EH22*	57	BZ27
Lang Linn Path *EH10*	43	BE18
Lang Ln *EH17*	54	BK25
Lang Ln, Lnhd *EH20*	54	BK25
Lang Rigg, S Q'fry *EH30*	8	AC2
Langton Rd *EH9*	43	BG16
Lansbury Ct, Dalk. *EH22*	57	BW24
Lansdowne Cres *EH12*	26	BB12
Lapicide Pl *EH6*	15	BG6
Larbourfield *EH11*	40	AT18
Larch Cres (Mayf.), Dalk. *EH22*	71	CB29
Larchfield, Bal. *EH14*	58	AL25
Larchfield Neuk, Bal. *EH14*	58	AL25
Largo Pl *EH6*	15	BG6
Larkfield Dr, Dalk. *EH22*	56	BT26
Larkfield Rd, Dalk. *EH22*	56	BU25
Laserquest *EH11*	26	BB12
LASSWADE	55	BQ26
Lasswade Bk *EH17*	54	BL22
Lasswade Gro *EH17*	54	BL22
Lasswade High Sch Cen *EH19*	63	BQ28
Lasswade Junct *EH15*	55	BN24
Lasswade Prim Sch *EH19*	56	BS27
Lasswade Rd *EH16*	44	BK20
Lasswade Rd *EH17*	44	BL21
Lasswade Rd, Dalk. *EH22*	56	BT25
Lasswade Rd, Lass. *EH18*	55	BP26
Lasswade Rd, Lnhd *EH20*	54	BM27
Latch Pk *EH13*	51	AZ20
Lauderdale St *EH9*	43	BE14
Lauder Ln *EH9*	43	BG15
Lauder Rd *EH9*	43	BF14
Lauder Rd, Dalk. *EH22*	57	BX25
Laurel Bk, Dalk. *EH22*	57	BY25
Laurelbank Pl (Mayf.), Dalk. *EH22* **1**	71	CA29
Laurelbank Rd (Mayf.), Dalk. *EH22*	71	CA29
Laurel Ter *EH11* **1**	42	BA14
Laurie St *EH6*	16	BJ7
Lauriston Castle *EH4*	12	AU6
Lauriston Fm Rd *EH4*	12	AU7
Lauriston Gdns *EH3*	6	BE12
Lauriston Pk *EH3*	6	BE13
Lauriston Pl *EH3*	6	BD13
Lauriston St *EH3*	6	BE12
Lauriston Ter *EH3*	6	BE12
Laverockbank Av *EH5*	15	BE5
Laverockbank Cres *EH5*	15	BE5
Laverockbank Gdns *EH5*	15	BE5
Laverockbank Gro *EH5*	15	BE5
Laverockbank Rd *EH5*	15	BE5
Laverockbank Ter *EH5*	15	BE5
Laverockdale Cres *EH13*	51	AX21
Laverockdale Ln *EH13*	51	AX22
Laverockdale Pk *EH13*	51	AX22
Laverock Dr, Pen. *EH26*	68	AZ36
Lawers Sq, Pen. *EH26*	69	BC36
Lawfield Prim Sch *EH22*	57	BZ28
Lawfield Rd (Mayf.), Dalk. *EH22*	57	BZ28
Lawhead Pl, Pen. *EH26*	68	AY38
Lawnmarket *EH1*	7	BF11
Law Pl *EH15* **10**	29	BQ10
Lawrie Dr, Pen. *EH26*	68	BA36
Lawrie Ter, Lnhd *EH20*	62	BK28
Lawson Cres, S Q'fry *EH30*	9	AE3
Lawson Way, Tran. *EH33*	35	CL14
Leadervale Rd *EH16*	43	BH19
Leadervale Ter *EH16*	43	BH19
Leamington La *EH10*	6	BD13
Leamington Pl *EH10*	6	BD13
Leamington Rd *EH3*	6	BC13
Leamington Ter *EH10*	6	BD13
Learmonth Av *EH4*	26	BB9
Learmonth Ct *EH4*	26	BB10
Learmonth Cres *EH4*	26	BB10
Learmonth Gdns *EH4*	26	BB10
Learmonth Gdns La *EH4*	26	BB10
Learmonth Gdns Ms *EH4*	6	BC10
Learmonth Gro *EH4*	26	BB9
Learmonth Hotel *EH4*	26	BB10
Learmonth Pk *EH4*	26	BB9
Learmonth Pl *EH4*	26	BB9
Learmonth Ter *EH4*	26	BB10
Learmonth Ter La *EH4*	26	BB10
Learmonth Vw *EH4* **1**	6	BC10
Ledi Ter, Pen. *EH26*	69	BC36
Lee Cres *EH15*	29	BQ11
Leighton Cres (Easth.), Dalk. *EH22*	57	BY28
LEITH	16	BJ6
Leith Acad *EH6*	16	BJ8
Leith Docks *EH6*	15	BH4
Leith Links *EH6*	16	BJ7
Leith Prim Sch *EH6*	16	BJ7
Leith St *EH1*	7	BF10
Leith Wk *EH6*	27	BH8
Leith Wk *EH7*	27	BG9
Leith Wk Prim Sch *EH7*	27	BG9
Lennel Av *EH12*	25	AY11
Lennie Cotts *EH12*	22	AM11
Lennox Row *EH5*	14	BD5
Lennox St *EH4*	6	BC10
Lennox St La *EH4*	6	BC10
Lennymuir *EH12*	22	AK10
Leopold Pl *EH7*	27	BG9
Leslie Pl *EH4*	26	BC9
Leven Cl *EH3* **1**	6	BD13
LEVENHALL	32	CC13
Leven St *EH3*	6	BD13
Leven Ter *EH3*	6	BE13
Lewis Ter *EH11* **12**	6	BC12
Lewisvale Av, Muss. *EH21*	32	CA14
Lewisvale Ct, Muss. *EH21*	32	CA14
Leyden Pk, Bonny. *EH19*	55	BR27
Leyden Pl, Bonny. *EH19* **1**	63	BR28
LIBERTON	44	BJ19
Liberton Brae *EH16*	44	BJ19
Liberton Dr *EH16*	43	BH19
Liberton Gdns *EH16*	44	BJ21
Liberton Golf Course *EH16*	44	BL18
Liberton High Sch *EH17*	44	BL19
Liberton Hosp *EH16*	44	BK20
Liberton Pl *EH16*	44	BJ20
Liberton Prim Sch *EH16*	44	BK17
Liberton Rd *EH16*	44	BJ18
Liberton Twr La *EH16*	43	BG19
Liddesdale Pl *EH3*	26	BD8
Lidgate Shot (Ratho), Newbr. *EH28*	37	AF17
Lilac Av (Mayf.), Dalk. *EH22*	71	CB29
Lilyhill Ter *EH8*	28	BL10
Lily Ter *EH11* **1**	42	BA15
Limefield *EH17*	55	BN22
Lime Gro (Mayf.), Dalk. *EH22*	71	CA29
Lime Pl, Bonny. *EH19*	63	BR29
Limes, The *EH10*	42	BC15
Lindean Pl *EH6*	16	BK7
Linden Pl, Lnhd *EH20* **3**	54	BM27
Lindores Dr, Tran. *EH33*	35	CM13
Lindsay Pl *EH6*	15	BG5
Lindsay Rd *EH6*	15	BF4
Lindsay St *EH6*	15	BG5
Lingerwood Cotts (Newt.), Dalk. *EH22* **1**	65	BX31
Lingerwood Rd (Newt.), Dalk. *EH22*	65	BW31
Lingerwood Wk (Newt.), Dalk. *EH22*	65	BX31
Linkfield Ct, Muss. *EH21* **1**	32	CA13
Linkfield Rd, Muss. *EH21*	31	BZ13
Links Av, Muss. *EH21*	31	BX12
Links Ct (Port S.), Pres. *EH32*	19	CM7
Links Gdns *EH6*	16	BK6
Links Gdns La *EH6*	16	BK6
Links La *EH6* **3**	16	BJ6
Links Pl *EH6*	16	BJ6
Links Pl (Port S.), Pres. *EH32*	19	CN7
Links Rd (Port S.), Pres. *EH32*	19	CN7
Links St, Muss. *EH21*	31	BY13
Links Vw, Muss. *EH21*	31	BX12
Links Vw (Port S.), Pres. *EH32*	19	CN7
Linksview Ho *EH6*	15	BH6
Links Wk (Port S.), Pres. *EH32*	19	CN7
Linn Mill, S Q'fry *EH30*	8	AA2
Linty La, Pen. *EH26*	68	AZ37
Lismore Av *EH8*	28	BL10
Lismore Cres *EH8*	28	BL10
Lismore Prim Sch *EH15*	29	BP14
Liston Dr, K'lis. *EH29*	20	AC9
Liston Pl, K'lis. *EH29*	20	AC9
Liston Rd, K'lis. *EH29*	20	AC10
Little Acre, Dalk. *EH22*	57	BZ27
Little France Cres *EH16*	44	BM18
Little France Dr *EH16*	45	BN18
Little France Ho *EH17*	44	BM19
Little France Mills *EH16*	44	BM18
Littlejohn Av *EH10*	42	BB19
Littlejohn Rd *EH10*	42	BA19
Littlejohn Wynd *EH10*	42	BB19
Little King St *EH1*	7	BF10
Little Rd *EH16*	44	BJ20
Littlewood, Bonny. *EH19*	63	BR30
Livesey Ter, Pen. *EH26*	66	BC35
Livingstone Pl *EH9*	43	BF14
Lixmount Av *EH5*	15	BE5
Lixmount Gdns *EH5*	15	BE5
Loan, The, Lnhd *EH20*	62	BK28
Loan, The, S Q'fry *EH30*	8	AD2
LOANBURN	68	BA38
Loanburn, Pen. *EH26*	68	BA38
Loanburn Av, Pen. *EH26*	69	BB37
LOANHEAD	54	BM26
Loanhead Hosp *EH20*	54	BM27
Loanhead Prim Sch & St. Margaret's Prim Sch *EH20*	54	BL27
Loanhead Rd (Strait.), Dalk. *EH20*	54	BJ25
Loaning Cres *EH7*	16	BM9
Loaning Mills *EH7*	16	BL9
Loaning Rd *EH7*	16	BL9
LOANSTONE	69	BD38
Lochend (Ratho Sta), Newbr. *EH28*	36	AD13
Lochend Av *EH7*	16	BK9
Lochend Castle Barns *EH7*	16	BK9
Lochend Cl *EH8*	7	BH11
Lochend Cres *EH7*	16	BL9
Lochend Dr *EH7*	16	BK9
Lochend Gdns *EH7*	16	BK9
Lochend Gro *EH7*	16	BL9
Lochend Ho *EH7*	16	BL9
Lochend Ind Est, Newbr. *EH28*	36	AD14
Lochend Pk *EH7*	16	BK9
Lochend Quad *EH7*	16	BL9
Lochend Rd *EH6*	16	BK8
Lochend Rd *EH7*	16	BK8
Lochend Rd, K'lis. *EH29*	20	AC11
Lochend Rd, Newbr. *EH28*	20	AC12
Lochend Rd N, Muss. *EH21*	31	BX13
Lochend Rd S *EH7*	16	BK9
Lochend Rd S, Muss. *EH21*	31	BX13
Lochend Sq *EH7*	16	BK9
Lochinvar Dr *EH5*	14	BB4
Loch Pl, S Q'fry *EH30*	8	AD2
Lochrin Bldgs *EH3*	6	BD13
Lochrin Pl *EH3*	6	BD13
Lochrin Ter *EH3* **3**	6	BD13
Loch Rd *EH4*	25	AW9
Loch Rd, S Q'fry *EH30*	8	AD2
Loch Rd, Tran. *EH33*	35	CM13
Lochside Av *EH12*	39	AP14
Lochside Ct *EH12*	39	AQ15
Lochside Cres *EH12*	39	AP14
Lochside Pl *EH12*	39	AP15
Lochside Vw *EH12*	39	AP14
Lochside Way *EH12*	39	AQ15
Loch Sq, Tran. *EH33*	35	CM13
Lochview Ct *EH8*	7	BH11
Lockerby Cotts *EH16*	44	BL21
Lockerby Cres *EH16*	44	BL21
Lockerby Gro *EH16*	44	BL21
Lockharton Av *EH14*	41	AZ17

Lockharton Cres *EH14*	41	AZ17
Lockharton Gdns *EH14*	42	BA16
Lockhart Ter, Ros. *EH25*	67	BH32
Lodeneia Pk, Dalk. *EH22*	57	BZ23
Loganlea Av *EH7*	16	BM9
Loganlea Dr *EH7*	28	BL10
Loganlea Gdns *EH7*	16	BL9
Loganlea Ln *EH7*	16	BM9
Loganlea Pl *EH7*	28	BM10
Loganlea Rd *EH7*	16	BM9
Loganlea Ter *EH7*	16	BM9
Logan St *EH3*	27	BE9
Logie Grn Gdns *EH7*	27	BE8
Logie Grn Ln *EH7*	27	BE8
Logie Grn Rd *EH7*	27	BE8
Logie Mill *EH7*	27	BE8
Lomond Rd *EH5*	14	BD5
Lomond Vale, Pen. *EH26*	69	BC36
Lomond Wk, Lnhd *EH20*	61	BH26
London Rd *EH7*	7	BG10
London Rd *EH8*	28	BL10
London Rd, Dalk. *EH22*	57	BW24
London St *EH3*	27	BF9
Long Craig Rigg *EH5*	13	AY4
Long Craig Rd *EH5*	13	AY4
Long Craigs (Port S.), Pres. *EH32*	19	CN8
Long Crook, S Q'fry *EH30*	8	AC3
Long Dalmahoy Rd, Bal. *EH14*	48	AL22
Long Dalmahoy Rd, K'new. *EH27*	48	AJ22
Longdykes Rd, Pres. *EH32*	18	CK9
Longformacus Rd *EH16*	44	BJ20
LONGSTONE	41	AW17
Longstone Av *EH14*	41	AW17
Longstone Cotts *EH14* **1**	41	AW17
Longstone Cres *EH14*	41	AW17
Longstone Gdns *EH14*	40	AV16
Longstone Gro *EH14*	41	AW17
Longstone Pk *EH14*	41	AW17
Longstone Pl *EH14*	41	AW17
Longstone Prim Sch *EH14*	41	AW18
Longstone Rd *EH14*	41	AW17
Longstone St *EH14*	41	AW17
Longstone Ter *EH14*	40	AV16
Longstone Vw *EH14*	40	AV16
Lonsdale Ter *EH3*	6	BE13
Lord Home Rd (Ricc.), Currie *EH14*	49	AN21
Lord Russell Pl *EH9* **1**	43	BG14
Loretto Ct, Muss. *EH21*	31	BX15
Loretto Jun Sch *EH21*	31	BY13
Loretto RC Prim Sch *EH21*	31	BY13
Lorimer Vw, Jun. Grn *EH14*	50	AU21
Lorne Gro (Strait.), Lnhd *EH20*	54	BJ26
Lorne Pl *EH6*	27	BH8
Lorne Prim Sch *EH6*	27	BH8
Lorne Sq *EH6*	27	BH8
Lorne St *EH6*	27	BH8
Lothian Bk, Dalk. *EH22*	56	BV26
LOTHIANBURN	53	BE24
Lothianburn Golf Course *EH10*	52	BC24
Lothianburn Junct *EH10*	52	BD23
Lothian Dr (Easth.), Dalk. *EH22*	57	BY27
Lothian Rd *EH1*	6	BD11
Lothian Rd *EH3*	6	BD11
Lothian Rd, Dalk. *EH22*	57	BW24
Lothian St *EH1*	7	BF12
Lothian St, Bonny. *EH19*	63	BR28
Lothian St, Dalk. *EH22*	57	BW24
Lothian St, Rose. *EH24*	62	BM33
Lothian Ter (Newt.), Dalk. *EH22*	65	BX31
Louisa Sq, Rose. *EH24*	62	BM33
Lovedale Av, Bal. *EH14*	58	AK26
Lovedale Cres, Bal. *EH14*	58	AK26
Lovedale Gdns, Bal. *EH14*	58	AL26
Lovedale Gro, Bal. *EH14*	58	AK26
Lovedale Rd, Bal. *EH14*	58	AL26
Lovers La, S Q'fry *EH30*	9	AE3
Lovers' Ln *EH9*	43	BF14
Lower Broomieknowe, Lass. *EH18*	63	BQ28
Lower Gilmore Pl *EH3*	6	BC13
Lower Granton Rd *EH5*	14	BB4
Lower Joppa *EH15*	30	BS11
Lower London Rd *EH7*	28	BJ10
Lower Valleyfield Vw, Pen. *EH26*	69	BB39
Lowrie Av, Pen. *EH26*	68	AY38
Lufra Bk *EH5*	14	BC5
Lugton Brae, Dalk. *EH22*	56	BV23
Lumsden Ct (Ratho), Newbr. *EH28*	37	AE18
Lussielaw Rd *EH9*	43	BH17
Lutton Pl *EH8*	7	BG13
Lygon Rd *EH16*	43	BH17
Lyndene Sq, Lnhd *EH20*	61	BH26
Lynedoch Pl *EH3*	6	BC11
Lynedoch Pl La *EH3*	6	BC11
Lyne St *EH7*	28	BJ10
Lyne Ter, Pen. *EH26*	69	BC36

M

Maby's Way, Newbr. *EH28*	21	AF12
Macbeth Moir Rd, Muss. *EH21*	32	CC13
McCathie Dr (Newt.), Dalk. *EH22*	65	BX29
Mac Cormick Ter, Pen. *EH26*	66	BB35
McDiarmid Gro (Newt.), Dalk. *EH22*	65	BX31
Macdonald Holyrood Hotel *EH8*	7	BH11
McDonald Pl *EH7*	27	BF8
McDonald Rd *EH7*	27	BF8
McDonald St *EH7*	27	BG8
Macdowall Rd *EH9*	43	BG16
McGahey Ct (Newt.), Dalk. *EH22*	65	BX31
McGregor Pend, Pres. *EH32*	18	CK9
McKelvie Par *EH5*	14	BD4
Mackenzie Pl *EH3*	6	BD10
McKinlay Ter, Lnhd *EH20*	62	BJ28
McKinnon Dr (Mayf.), Dalk. *EH22*	71	CA31
McLachlan Gdns, Pres. *EH32*	18	CK9
McLaren Rd *EH9*	28	BJ15
McLaren Ter *EH11* **11**	6	BC12
Maclean Pl, Gore. *EH23*	70	BZ34
Maclean Pl, Lass. *EH18*	63	BN29
McLean Wk (Newt.), Dalk. *EH22*	65	BX31
McLeod Cres, Pres. *EH32*	18	CH10
McLeod St *EH11*	26	BA13
McNeill Av, Lnhd *EH20*	54	BK27
McNeill Path, Tran. *EH33*	35	CL13
McNeill Pl, Lnhd *EH20*	54	BK27
McNeill St *EH11*	6	BC13
McNeill Ter, Lnhd *EH20*	54	BJ27
McNeill Wk, Tran. *EH33* **4**	35	CL14
McNeill Way, Tran. *EH33*	35	CL14
Mcphail Sq, Tran. *EH33*	35	CM13
McQuade St, Bonny. *EH19*	56	BT27
Mactaggart Ln (Newt.), Dalk. *EH22*	65	BX31
Madeira Pl *EH6*	15	BG6
Madeira St *EH6*	15	BG5
Maesterton Pl (Newt.), Dalk. *EH22*	65	BX31
Magdala Cres *EH12*	26	BB12
Magdala Ms *EH12*	26	BB12
Magdalene Av *EH15*	29	BQ14
Magdalene Ct *EH15*	29	BR13
Magdalene Dr *EH15*	29	BR13
Magdalene Gdns *EH15*	29	BR13
Magdalene Ln *EH15*	29	BR13
Magdalene Medway *EH15*	29	BR13
Magdalene Pl *EH15*	29	BR13
Magpie Gdns, Dalk. *EH22*	57	BZ25
Maidencraig Ct *EH4*	25	AY9
Maidencraig Cres *EH4*	25	AY9
Maidencraig Gro *EH4*	25	AY9
Maid of the Forth *EH30*	9	AF2
Main Pt *EH3*	6	BE12
Mains Gdns, Tran. *EH33*	35	CM12
Mains of Craigmillar *EH16*	44	BM17
Main St (David.M.) *EH4*	24	AV8
Main St, Bal. *EH14*	58	AL25
Main St (Newt.), Dalk. *EH22*	65	BW30
Main St, Gore. *EH23*	70	BY36
Main St, K'lis. *EH29*	20	AD9
Main St, Lnhd *EH20*	61	BH28
Main St (Ratho), Newbr. *EH28*	37	AF17
Main St, Ros. *EH25*	61	BH31
Main St (Dalm.), S Q'fry *EH30*	9	AG4
Maitland Av, Muss. *EH21*	31	BW13
Maitland Br, K'lis. *EH29*	20	AC11
Maitland Hog La, K'lis. *EH29*	20	AC10
Maitland Pk Rd, Muss. *EH21*	31	BW13
Maitland Rd, K'lis. *EH29*	20	AC9
Maitland St, Muss. *EH21*	31	BW13
Malbet Pk *EH16*	44	BK20
Malbet Wynd *EH16*	44	BK20
Malcolmstone Cotts, Currie *EH14*	48	AM21
Mall Av, Muss. *EH21*	31	BY13
Malleny Av, Bal. *EH14*	58	AL26
Malleny Garden (NTS) *EH14*	58	AM25
Malleny Millgate, Bal. *EH14*	58	AM28
Malmaison Edinburgh Hotel *EH6*	16	BJ5
Malta Grn *EH4* **2**	26	BD9
Malta Ter *EH4*	26	BD9
Manderston St *EH6*	15	BH7
Mannering Pl *EH16*	44	BK19
Manor Pl *EH3*	6	BC11
Manse La, Muss. *EH21*	31	BZ13
Manse La (Port S.), Pres. *EH32*	19	CL7
Manse Rd *EH12*	24	AT13
Manse Rd, K'lis. *EH29*	20	AC10
Manse Rd, Ros. *EH25*	62	BJ32
Manse St *EH12*	24	AT13
Mansfield Av (Newt.), Dalk. *EH22*	65	BX29
Mansfield Av, Muss. *EH21*	31	BY14
Mansfield Ct, Muss. *EH21*	31	BZ14
Mansfield Pl *EH3*	27	BF9
Mansfield Pl (Newt.), Dalk. *EH22*	65	BX29
Mansfield Pl, Muss. *EH21*	31	BY14
Mansfield Rd, Bal. *EH14*	58	AL27
Mansfield Rd (Newt.), Dalk. *EH22*	65	BX29
Mansfield Rd, Muss. *EH21*	31	BY13
Mansionhouse Rd *EH9*	43	BF14
Marchbank Dr, Bal. *EH14*	58	AL27
Marchbank Gdns, Bal. *EH14*	58	AL27
Marchbank Gro, Bal. *EH14*	58	AL27
Marchbank Pl, Bal. *EH14*	58	AL27
Marchbank Way, Bal. *EH14*	58	AL26
Marchburn Dr, Pen. *EH26*	68	AY38
Marchfield Gro *EH4*	25	AW8
Marchfield Pk *EH4*	24	AV8
Marchfield Pk La *EH4*	24	AV8
Marchfield Ter *EH4*	25	AW9
March Gait *EH4*	24	AV9
March Gro *EH4*	24	AV9
Marchhall Cres *EH16*	28	BJ14
Marchhall Pl *EH16*	28	BJ14
Marchhall Rd *EH16*	28	BJ14
MARCHMONT	43	BE14
Marchmont Cres *EH9*	43	BE14
Marchmont Rd *EH9*	43	BE14
Marchmont St *EH9*	43	BE14
March Pines *EH4*	24	AV9
March Rd *EH4*	24	AV9
Mardale Cres *EH10*	42	BC15
Margaret Rose Av *EH10*	53	BE22
Margaret Rose Cres *EH10*	53	BE22
Margaret Rose Dr *EH10*	53	BE22
Margaret Rose Ln *EH10*	53	BE22
Margaret Rose Wk *EH10*	53	BE22

Margaret Rose Way EH10	53	BE22
Marine Dr EH4	13	AW5
Marine Dr EH5	12	AT5
Marine Esplanade EH6	16	BL6
Marionville Av EH7	16	BK9
Marionville Cres EH7	16	BL9
Marionville Dr EH7	16	BL9
Marionville Gro EH7	16	BL9
Marionville Medway EH7 1	16	BL9
Marionville Pk EH7	16	BK9
Marionville Rd EH7	28	BJ10
Marischal Pl EH4 1	25	AY10
Maritime La EH6	16	BJ6
Maritime St EH6	16	BJ6
Market Ln, Tran. EH33	35	CL12
Market St EH1	7	BF11
Market St, Muss. EH21	31	BX13
Market Vw, Tran. EH33	35	CL13
Market Way, Tran. EH33	35	CL12
Marlborough St EH15	29	BR11
Marmion Av, Ros. EH25	61	BH31
Marmion Cres EH16	44	BK18
Marshall Rd, K'lis. EH29	20	AC10
Marshall's Ct EH1 3	7	BG10
Marshall St EH8 2	7	BG12
Marshall St (Cock.), Pres. EH32	18	CK7
Martello Ct EH4	13	AW6
Martin Gro, Bonny. EH19	56	BT27
Martin Pl, Dalk. EH22	56	BU25
Marybank Rd (Easth.), Dalk. EH22	57	BY27
Mary Erskine & Stewart's Melville Jun Sch EH4	26	BA10
Mary Erskine Sch EH4	25	AX10
Maryfield EH7	7	BH10
Maryfield EH15	29	BR10
Maryfield Pl EH7	28	BJ10
Maryfield Pl, Bonny. EH19	56	BS28
Mary's Pl EH4 1	26	BC9
Marytree Ho EH17	44	BM19
Masefield Way EH12	22	AK10
Mason Pl, Lass. EH18	63	BP29
Matthews Dr (Newt.), Dalk. EH22	64	BV31
Maulsford Av (Dand.), Dalk. EH22	45	BR20
Maurice Pl EH9	43	BF17
MAURICEWOOD	68	BA36
Mauricewood Av, Pen. EH26	69	BB36
Mauricewood Bk, Pen. EH26	69	BB36
Mauricewood Gro, Pen. EH26	69	BB36
Mauricewood Pk, Pen. EH26	69	BB36
Mauricewood Prim Sch EH26	66	BB35
Mauricewood Ri, Pen. EH26	69	BB36
Mauricewood Rd, Pen. EH26	66	BA34
Mavisbank, Lnhd EH20	62	BL28
Mavisbank Pl, Lass. EH18	63	BN29
Maxton Ct, Dalk. EH22 1	57	BW24
Maxwell St EH10	42	BC17
Maybank Vil EH12	24	AT12
Mayburn Av, Lnhd EH20	54	BK27
Mayburn Bk, Lnhd EH20	54	BK27
Mayburn Br, Lnhd EH20	54	BK26
Mayburn Ct, Lnhd EH20	54	BK27
Mayburn Cres, Lnhd EH20	54	BK26
Mayburn Dr, Lnhd EH20	54	BK26
Mayburn Gro, Lnhd EH20	54	BK26
Mayburn Hill, Lnhd EH20	54	BK27
Mayburn Ln, Lnhd EH20	54	BK26
Mayburn Ter, Lnhd EH20	54	BK26
Mayburn Vale, Lnhd EH20	54	BJ27
Mayburn Wk, Lnhd EH20	54	BK27
Maybury Dr EH12	23	AR10
Maybury Gdns, Lnhd EH20	54	BK26
Maybury Rd EH4	23	AQ11
Maybury Rd EH12	23	AQ12
May Ct EH4	13	AW6
MAYFIELD	71	CB28
Mayfield Av, Muss. EH21	31	BX15
Mayfield Ct, Lnhd EH20 1	62	BL28
Mayfield Cres, Lnhd EH20	54	BL27
Mayfield Cres, Muss. EH21	31	BW15
Mayfield Gdns EH9	43	BH15
Mayfield Gdns La EH9	43	BH15
Mayfield Ind Est, Dalk. EH22	65	BY30
Mayfield Pl EH12	24	AT13
Mayfield Pl (Mayf.), Dalk. EH22	65	BZ29
Mayfield Pl, Muss. EH21	31	BX16
Mayfield Prim Sch EH22	71	CA30
Mayfield Rd EH9	43	BH15
Mayfield Rd (Easth.), Dalk. EH22	57	BZ27
Mayfield Ter EH9	43	BH15
Mayshade Rd, Lnhd EH20	54	BK26
Mayville Bk, Muss. EH21	32	CC13
Mayville Gdns EH5	15	BE5
Mayville Gdns E EH5	15	BE5
MEADOWBANK	28	BK10
Meadowbank EH8	28	BK10
Meadowbank Av EH8	28	BK10
Meadowbank Cres EH8	28	BK10
Meadowbank Pl EH8 7	28	BL10
Meadowbank Shopping Park EH7	16	BJ9
Meadowbank Ter EH8	28	BK10
Meadowfield Av EH8	28	BM12
Meadowfield Ct EH8	28	BM12
Meadowfield Dr EH8	28	BM12
Meadowfield Gdns EH8	28	BM13
Meadowfield Rd EH12	23	AN11
Meadowfield Ter EH8	28	BM13
Meadowhouse Rd EH12	24	AU13
Meadow La EH8	7	BF13
Meadowmill Ln, Tran. EH33	35	CM12
Meadow Pl EH9	6	BE13
Meadow Pl (Bils.), Ros. EH25	61	BG29
Meadow Pl La EH9	43	BF14
Meadow Pl Rd EH12	24	AS13
Meadow Rd (Ricc.), Currie EH14	49	AP20
Meadowside, Tran. EH33	35	CN14
Meadowspot EH10	42	BA17
Mearenside EH12	23	AQ11
Medwin Ho EH11	40	AS18
Meeting Ho Dr, Tran. EH33	35	CL13
Meggat Pl, Pen. EH26	69	BC36
Meggetland Gate EH14	41	AY16
Meggetland Sq EH14	41	AZ16
Meggetland Ter EH14	42	BA16
Meggetland Vw EH14	41	AZ16
Meggetland Wynd EH14	41	AZ16
Melbourne Pl EH1 7	7	BF11
Melgund Ter EH7	27	BF9
Melville Cres EH3	6	BC11
Melville Dr EH9	6	BE13
Melville Dykes Rd, Lass. EH18	55	BR26
Melville Dykes Rd Rbt, Dalk. EH22	56	BT25
Melville Gate Rd, Dalk. EH22	56	BT24
Melville Golf Course EH18	56	BS25
Melville Golf Range EH18	56	BS25
Melville Pl EH3 6	6	BC11
Melville Rd, Dalk. EH22	56	BU25
Melville St EH3	6	BC11
Melville St La EH3	6	BC11
Melville Ter EH9	43	BF14
Melville Ter, Dalk. EH22	56	BU26
Melville Vw, Lass. EH18 1	55	BQ27
Mentone Av EH15	29	BR10
Mentone Gdns EH9	43	BH15
Mentone Ter EH9	43	BH16
Merchants of Edinburgh Golf Course EH10	42	BB18
Merchant St EH1	7	BF12
MERCHISTON	42	BB15
Merchiston Av EH10	42	BC14
Merchiston Bk Av EH10	42	BC15
Merchiston Bk Gdns EH10	42	BC15
Merchiston Castle Coll EH13	51	AX20
Merchiston Cres EH10	42	BC15
Merchiston Gdns EH10	42	BB16
Merchiston Gro EH11	42	BA14
Merchiston Ms EH10	42	BC14
Merchiston Pk EH10	42	BC14
Merchiston Pl EH10	42	BC15
Merlyon Way, Pen. EH26	68	AZ36
Mertoun Pl EH11	42	BB14
Methven Ter, Lass. EH18	63	BP29
Meuse La EH2	7	BF11
Middleby St EH9	43	BH15
Middlefield EH7	27	BG8
Middleknowe EH14	40	AS19
Middle Meadow Wk EH3	7	BF13
Middlepark EH14 2	40	AS19
Middle Pier EH5	14	BB4
Middleshot EH14 3	40	AS19
Middleshot Sq, Pres. EH32	18	CK9
Mid Gillsland Rd EH10	42	BB15
Mid Gogarloch Syke EH12	39	AQ14
Mid Liberton EH16	44	BJ17
Midlothian Snowsports Centre EH10	52	BC25
Midmar Av EH10	43	BE17
Midmar Dr EH10	43	BE17
Midmar Gdns EH10	42	BD17
Mid New Cultins EH11	39	AQ17
Mid Rd, Pres. EH32	34	CH11
Mid Rd Ind Est, Pres. EH32	34	CH11
Mid Steil EH10	42	BA18
Mid Ter, S Q'fry EH30 2	9	AE2
Millar Cres EH10	42	BC16
Millar Pl EH10	42	BC16
Millar Pl La EH10	42	BC16
Millar Rd, Tran. EH33	35	CL14
Millbank, Bal. EH14	58	AL26
Millbank Gro, Gore. EH23	70	BY36
Millbrae, Currie EH14	50	AU21
Millbrae Wynd EH14	41	AX17
Miller Ct, Tran. EH33	34	CK14
Millerfield Pl EH9	43	BF14
MILLERHILL	46	BU20
Millerhill Rd, Dalk. EH22	45	BR17
Miller Row EH4	6	BC11
Millhill, Muss. EH21	31	BZ13
Millhill La, Muss. EH21	31	BZ13
Millhill Wynd, Muss. EH21	31	BZ13
Mill La EH6	15	BH6
Mill Wynd, Pres. EH32	18	CH9
Milnacre EH6	15	BF7
MILTON BRIDGE	66	BD33
Milton Br, Pen. EH26	67	BE33
Milton Cres EH15	29	BQ13
Milton Dr EH15	30	BT12
Milton Gdns N EH15	29	BQ13
Milton Gdns S EH15	29	BQ13
Milton Gro EH15	30	BU12
Milton Link EH15	30	BS13
Milton Rd EH15	29	BQ13
Milton Rd E EH15	30	BT13
Milton Rd W EH15	29	BN13
Milton St EH8	28	BJ10
Milton Ter EH15	30	BU12
Miner's Ter (Wall.), Muss. EH21	33	CD14
Miners Wk, Dalk. EH22	57	BZ23
Minstrel Ct, Ros. EH25	62	BJ32
Minto St EH9	43	BH14
Mitchell St EH6	16	BJ6
Mitchell St, Dalk. EH22	56	BV24
Mitchell Way, Tran. EH33	35	CM12
Moat Dr EH14	41	AZ15
Moat Ho EH14	41	AZ15
Moat Pl EH14	41	AZ15
Moat St EH14	41	AZ15
Moat Ter EH14	41	AZ15
Moat Vw, Ros. EH25	67	BH32
Moffat Av, Bonny. EH19	63	BR29
Moffat Wk, Tran. EH33	35	CL15
Moira Pk EH7	29	BN10
Moira Ter EH7	29	BN10
Moira Ter La EH7	29	BN10
Moir Av, Muss. EH21	32	CC13
Moir Cres, Muss. EH21	32	CC13

Moir Dr, Muss. EH21	33	CD13
Moir Pl, Muss. EH21	32	CC13
Moir Ter, Muss. EH21	32	CC13
Moncreiffe Ho EH17	44	BM19
Moncrieff Ter EH9	43	BG14
Monkbarns Gdns EH16	44	BK19
Monksrig Rd, Pen. EH26	68	AY38
Monkswood Rd (Newt.), Dalk. EH22	65	BX31
Monktonhall Pl, Muss. EH21	31	BX16
Monktonhall Ter, Muss. EH21	31	BX15
Monkwood Ct EH9	43	BF15
Monmouth Ter EH3	14	BD6
Montague St EH8	7	BG13
Montagu Ter EH3	14	BD7
Montgomery St EH7	27	BG9
Montgomery St La EH7	27	BG9
Montpelier EH10	42	BC14
Montpelier Pk EH10	42	BC14
Montpelier Ter EH10	42	BC14
Montrose Ter EH7	7	BH10
Moorfield Cotts, Dalk. EH22	46	BS19
Moorfoot Ct, Bonny. EH19 4	63	BR28
Moorfoot Pl, Bonny. EH19	63	BR29
Moorfoot Pl, Pen. EH26	68	BA37
Moorfoot Vw, Bonny. EH19	63	BR29
Moorfoot Vw, Gore. EH23	70	BY36
Moorfoot Vw (Bils.), Ros. EH25	61	BG30
Moray Pk EH7	28	BJ10
Moray Pk Ter EH7	28	BJ10
Moray Pl EH3	6	BD10
MOREDUN	45	BN20
Moredun Dell EH17	45	BN20
Moredun Dykes Rd EH17	44	BM21
Moredun Ho EH17	44	BM19
Moredun Pk Ct EH17	44	BM20
Moredun Pk Dr EH17	44	BM20
Moredun Pk Gdns EH17	44	BM19
Moredun Pk Grn EH17	44	BM20
Moredun Pk Gro EH17	45	BN20
Moredun Pk Ln EH17	44	BM20
Moredun Pk Rd EH17	44	BM20
Moredun Pk St EH17	44	BM20
Moredun Pk Vw EH17	44	BM20
Moredun Pk Wk EH17	45	BN20
Moredun Pk Way EH17	44	BM20
Moredunvale Bk EH17	44	BM19
Moredunvale Grn EH17	44	BM19
Moredunvale Gro EH17	44	BM19
Moredunvale Ln EH17	44	BM19
Moredunvale Pk EH17	44	BM19
Moredunvale Pl EH17	44	BM19
Moredunvale Rd EH17	44	BM19
Moredunvale Vw EH17	44	BM19
Moredunvale Way EH17	44	BM19
Morham Gait EH10 6	42	BA19
Morham Gdns EH10 3	42	BA19
Morham Lea EH10 1	42	BA19
Morham Pk EH10 5	42	BA19
Morison Gdns, S Q'fry EH30	8	AD2
Morison's Haven, Pres. EH32	33	CE11
MORNINGSIDE	42	BD17
Morningside Ct EH10	42	BC17
Morningside Dr EH10	42	BB17
Morningside Gdns EH10	42	BB17
Morningside Gro EH10	42	BB17
Morningside Pk EH10	42	BC16
Morningside Pl EH10	42	BC16
Morningside Rd EH10	42	BC15
Morningside Ter EH10	42	BC16
Morrison Av, Tran. EH33	35	CN14
Morrison Circ EH3	6	BC12
Morrison Cres EH3	6	BC12
Morrison Link EH3	6	BC12
Morrison St EH3	6	BC12
Morris Rd (Newt.), Dalk. EH22	65	BY29
MORTONHALL	53	BH22
Mortonhall Gate EH16	53	BG22
Mortonhall Golf Course EH10	53	BE20
Mortonhall Pk Av EH17	53	BH22
Mortonhall Pk Bk EH17	54	BJ22
Mortonhall Pk Cres EH17	54	BJ22
Mortonhall Pk Dr EH17	54	BJ22
Mortonhall Pk Gdns EH17	53	BH22
Mortonhall Pk Grn EH17	53	BH22
Mortonhall Pk Gro EH17	53	BH22
Mortonhall Pk Ln EH17	53	BH22
Mortonhall Pk Pl EH17	54	BJ22
Mortonhall Pk Vw EH17	53	BH22
Mortonhall Pk Way EH17	53	BH22
Mortonhall Rd EH9	43	BE16
Morton St EH15	30	BS12
Morvenside EH14	40	AS19
Morvenside Cl EH14	40	AS19
Morven St EH4	24	AS10
Mossgiel Wk EH16	44	BJ18
Moston Ter EH9	43	BH15
Moubray Gro, S Q'fry EH30	9	AE3
Mound, The EH1	6	BE11
Mound, The EH2	6	BE11
Mound Pl EH1	6	BE11
Mount Alvernia EH16	44	BK20
Mountcastle Bk EH8	29	BP11
Mountcastle Cres EH8	29	BN11
Mountcastle Dr N EH8	29	BN11
Mountcastle Dr S EH15	29	BP12
Mountcastle Gdns EH8	29	BN11
Mountcastle Grn EH8	28	BM10
Mountcastle Gro EH8	29	BN11
Mountcastle Ln EH8	29	BN11
Mountcastle Pk EH8	29	BN10
Mountcastle Pl EH8	29	BN10
Mountcastle Ter EH8	29	BN11
Mount Gra EH9	43	BE15
Mounthooly Ln EH10	53	BE22
Mountjoy Ct, Muss. EH21	31	BY12
Mountjoy Ter, Muss. EH21	31	BY12
Mount Lo Pl EH15	29	BR11
Mount Vernon Rd EH16	44	BK19
Mucklets Av, Muss. EH21	31	BW15
Mucklets Ct, Muss. EH21	31	BW15
Mucklets Cres, Muss. EH21	31	BW16
Mucklets Dr, Muss. EH21	31	BW15
Mucklets Pl, Muss. EH21	31	BW15
Muirdale Ter EH4 1	25	AX9
Muirend Av, Jun. Grn EH14	50	AU20
Muirfield Gdns, Lnhd EH20	62	BL28
Muirhead Pl, Pen. EH26	66	BB35
MUIRHOUSE	13	AX6
Muirhouse Av EH4	13	AX7
Muirhouse Av N EH4	13	AX6
Muirhouse Bk EH4	13	AX7
Muirhouse Cl EH4	13	AW7
Muirhouse Ct EH4	13	AW6
Muirhouse Cres EH4	13	AX6
Muirhouse Dr EH4	13	AW6
Muirhouse Gdns EH4	13	AW6
Muirhouse Grn EH4	13	AX7
Muirhouse Gro EH4	13	AW6
Muirhouse Ln EH4	13	AX6
Muirhouse Medway EH4	13	AW6
Muirhouse Pk EH4	13	AW7
Muirhouse Parkway EH4	13	AX6
Muirhouse Pl E EH4	13	AX7
Muirhouse Pl W EH4	13	AX7
Muirhouse Ter EH4	13	AW7
Muirhouse Vw EH4	13	AW6
Muirhouse Way EH4	13	AX7
Muirpark, Dalk. EH22	56	BU26
Muirpark Ct, Tran. EH33	35	CN14
Muirpark Dr, Tran. EH33	35	CN14
Muirpark Gdns, Tran. EH33	35	CN14
Muirpark Gro, Tran. EH33	35	CN14
Muirpark Pl, Tran. EH33	35	CN14
Muirpark Rd, Tran. EH33	35	CN14
Muirpark Ter, Tran. EH33	35	CN14
Muirpark Wynd, Tran. EH33	35	CN14
Muirside EH13	52	BA22
Muirside Dr, Tran. EH33	35	CL14
Muir Wd Cres, Currie EH14	49	AR22
Muir Wd Dr, Currie EH14	49	AR22
Muir Wd Gro, Currie EH14	49	AR22
Muir Wd Pl, Currie EH14	49	AR22
Muir Wd Rd, Currie EH14	49	AR21
Mulberry Pl EH6 1	15	BF6
Multrees Wk EH1	7	BF10
Munro Dr EH13	51	AW22
Munro Pl EH3 1	27	BE8
Murano Pl EH7	27	BH9
Murderdean Rd (Newt.), Dalk. EH22	65	BW30
Murdoch Ter EH11	6	BC13
Murieston Cres EH11	26	BA13
Murieston Cres La EH11 2	26	BB13
Murieston La EH11	26	BA13
Murieston Pl EH11	26	BA13
Murieston Rd EH11	26	BA13
Murieston Ter EH11	26	BA13
Murrayburn App EH14	40	AT18
Murrayburn Dr EH14	40	AT18
Murrayburn Gdns EH14	40	AU18
Murrayburn Gate EH14	40	AT19
Murrayburn Grn EH14	40	AU18
Murrayburn Gro EH14	40	AU18
Murrayburn Pk EH14	40	AT18
Murrayburn Pl EH14	40	AT18
Murrayburn Prim Sch EH11	40	AT17
Murrayburn Rd EH14	40	AU17
Murray Cotts EH12	24	AS13
MURRAYFIELD	25	AY12
Murrayfield Av EH12	25	AZ12
Murrayfield Dr EH12	25	AY12
Murrayfield Gdns EH12	25	AZ11
Murrayfield Golf Course EH4	25	AW11
Murrayfield Pl EH12 1	25	AZ12
Murrayfield Rd EH12	25	AY11
Murrayfield Stadium EH12	25	AZ13
Murrays, The EH17	54	BL23
Murrays Brae, The EH17	54	BL23
Museum of Childhood EH1 11	7	BG11
Museum of Edinburgh EH8 15	7	BG11
Museum of Fire EH3	6	BE12
Museum of Scotland EH1	7	BF12
MUSSELBURGH	31	BX15
Musselburgh Burgh Prim Sch EH21	31	BY13
Musselburgh Dolls Museum EH21	31	BY13
Musselburgh Golf Course EH21	31	BX16
Musselburgh Gram Sch EH21	31	BY14
Musselburgh Links Golf Course (The Old Course) EH21	32	CA12
Musselburgh Racecourse EH21	31	BZ12
Musselburgh Rd EH15	30	BT12
Musselburgh Rd, Dalk. EH22	57	BX23
Musselburgh Sta EH21	31	BW15
Myre Dale, Bonny. EH19	64	BS29
Myreside, Bonny. EH19	64	BT30
Myreside Ct EH10	42	BA16
Myreside Rd EH10	42	BB16
Myreside Vw EH10	42	BA16
Myrtle Cres (Bils.), Ros. EH25	61	BG29
Myrtle Gro (Mayf.), Dalk. EH22	57	BZ28
Myrtle Ter EH11	42	BA14

N

Namur Rd, Pen. EH26	66	BB35
Nantwich Dr EH7	17	BN8
Napier Ln EH10	42	BB15
Napier Rd EH10	42	BB15
Napier Uni (Canaan La Campus) EH9	43	BE16
Napier Uni (Comely Bk Campus)	26	BA9
Napier Uni (Craighouse Campus)	42	BA17
Napier Uni (Craiglockhart Campus) EH14	41	AZ18
Napier Uni (Marchmont Campus) EH9	43	BE14

Napier Uni (Merchiston Campus) EH10 42 BC15
Napier Uni (Morningside Campus) EH10 42 BD15
Napier Uni (Sighthill Campus) EH11 40 AT17
National Gallery of Scotland EH2 6 BE11
National Library of Scotland EH1 7 BF12
National Monument EH7 7 BG10
National War Museum of Scotland EH1 6 BE11
Neidpath Ct EH12 4 23 AQ12
Nellfield EH16 44 BK19
Nelson Monument EH7 7 BG10
Nelson Pl EH3 1 6 BE10
Nelson St EH3 6 BE10
Ness Pl, Tran. EH33 35 CL15
Nether Bakehouse EH8 9 7 BH11
Netherbank EH16 53 BH21
Netherbank Vw EH16 53 BH21
Netherby Rd EH5 14 BC6
Nether Craigour EH17 44 BM18
Nether Craigwell EH8 7 BH10
Nether Currie Cres, Currie EH14 49 AR22
Nether Currie Pl, Currie EH14 49 AR22
Nether Currie Prim Sch EH14 49 AR22
Nether Currie Rd, Currie EH14 49 AR22
Nether Lennie EH12 22 AL8
Nether Liberton Ct EH16 1 44 BJ17
Nether Liberton La EH16 44 BJ17
Nethershot Rd, Pres. EH32 18 CJ9
Nevis Gdns, Pen. EH26 69 BC36
New Arthur Pl EH8 7 BG12
New Arthur St EH8 5 7 BG12
NEWBATTLE 57 BW27
Newbattle Abbey Coll EH22 57 BW26
Newbattle Abbey Cres, Dalk. EH22 56 BV28
Newbattle Gdns, Dalk. EH22 57 BW26
Newbattle Golf Course EH22 57 BW25
Newbattle High Sch EH22 57 BY28
Newbattle Ind Est, Dalk. EH22 55 BY29
Newbattle Rd, Dalk. EH22 56 BV25
Newbattle Ter EH10 42 BD15
New Belfield EH8 28 BM12
New Bells Ct EH6 4 16 BJ6
Newbigging, Muss. EH21 31 BZ14
NEWBRIDGE 36 AC13
New Br, Newbr. EH28 36 AB13
Newbridge Ind Est, Newbr. EH28 36 AB14
Newbridge Rd, Newbr. EH28 36 AC14
New Broompark EH5 14 BA4
New Broughton EH3 27 BF9
Newbyres Av, Gore. EH23 70 BY34
Newbyres Cres, Gore. EH23 70 BY35
Newbyres Gdns, Gore. EH23 70 BY35
NEWCRAIGHALL 30 BT14
Newcraighall Dr (Newcr.), Muss. EH21 30 BT15
Newcraighall Prim Sch EH21 30 BU15
Newcraighall Rd EH15 29 BR15
Newcraighall Rd, Muss. EH21 30 BT15
Newcraighall Sta EH21 30 BT15
New Cut Rigg EH6 15 BF6
NEWHAILES 30 BV13
Newhailes Av, Muss. EH21 31 BW13
Newhailes Cres, Muss. EH21 30 BV13
Newhailes Ind Est, Muss. EH21 30 BV14
Newhailes (NTS) EH21 30 BV13
Newhailes Rd, Muss. EH21 30 BV14
New Halls Rd, S Q'fry EH30 9 AF2
NEWHAVEN 15 BF5
Newhaven Heritage Museum EH6 15 BF4
Newhaven Main St EH6 15 BE4
Newhaven Pl EH6 15 BF4
Newhaven Rd EH6 15 BG7

New Hunterfield, Gore. EH23 70 BX33
NEWINGTON 43 BH14
Newington Rd EH9 43 BG14
New John's Pl EH8 7 BG13
Newkirkgate EH6 2 15 BH7
New Lairdship Pl EH11 40 AT16
New Lairdship Yards EH11 40 AT16
Newlands Pk EH9 43 BH15
New La EH6 15 BF5
New Liston Rd, K'lis. EH29 20 AC11
Newmains Fm La, K'lis. EH29 20 AC9
Newmains Rd, K'lis. EH29 20 AC9
New Mkt Rd EH14 41 AY16
New Mart Gdns EH14 41 AX16
New Mart Pl EH14 41 AX16
New Mart Rd EH14 41 AX16
New Mart Sq EH14 41 AX16
New Meadowspott, Dalk. EH22 1 56 BV25
Newmills Av, Bal. EH14 48 AM23
Newmills Cres, Bal. EH14 48 AM23
Newmills Gro, Bal. EH14 48 AM24
Newmills Rd, Bal. EH14 48 AM24
Newmills Rd, Dalk. EH22 57 BW24
Newmills Ter, Dalk. EH22 1 57 BX24
New Orchardfield EH6 15 BH7
NEW PENTLAND 61 BH27
New Poltonhall, Bonny. EH19 63 BP31
New Row, Tran. EH33 35 CL13
New Skinner's Cl EH1 7 BG11
News Steps EH1 7 BF11
New Star Bk (Newt.), Dalk. EH22 65 BW30
New St EH8 7 BG11
New St EH17 54 BM22
New St, Muss. EH21 31 BW13
New St, Pres. EH32 18 CH10
New St (Cock.), Pres. EH32 19 CL7
New St, Tran. EH33 35 CL12
New Swanston EH10 52 BB22
Newtoft St EH17 55 BN22
Newton Ch Rd (Dand.), Dalk. EH22 45 BR20
NEWTONGRANGE 64 BV29
Newtongrange Pl (Newt.), Dalk. EH22 64 BV31
Newtongrange Prim Sch EH22 65 BX30
NEWTONLOAN 65 BW32
Newtonloan Ct, Gore. EH23 70 BX33
Newton St EH11 42 BA14
Newton St (Easth.), Dalk. EH22 57 BY27
NEWTON VILLAGE 46 BT19
Newton Village, Dalk. EH22 46 BT19
New Twr Pl EH15 1 29 BR10
Nichollfield EH6 15 BF5
Nicolson Sq EH8 7 BF12
Nicolson St EH8 7 BG12
NIDDRIE 29 BQ15
Niddrie Cotts EH15 1 30 BS15
Niddrie Fm Gro EH16 29 BN15
Niddrie Ho Av EH16 45 BP16
Niddrie Ho Dr EH16 45 BQ16
Niddrie Ho Gdns EH16 45 BP16
Niddrie Ho Gro EH16 2 45 BQ16
Niddrie Ho Pk EH16 45 BP16
Niddrie Ho Sq EH16 45 BP16
Niddrie Mains Dr EH16 29 BN15
Niddrie Mains Rd EH15 29 BN15
Niddrie Mains Rd EH16 29 BN15
Niddrie Mains Ter EH16 29 BN15
Niddrie Marischal Cres EH16 29 BP15
Niddrie Marischal Dr EH16 45 BP16
Niddrie Marischal Gdns EH16 29 BP15
Niddrie Marischal Grn EH16 45 BP16
Niddrie Marischal Gro EH16 29 BQ15
Niddrie Marischal Ln EH16 29 BP15
Niddrie Marischal Pl EH16 45 BP16
Niddrie Marischal Rd EH16 29 BQ15
Niddrie Marischal St EH16 29 BP15
Niddrie Mill Av EH15 29 BQ14

Niddrie Mill Cres EH15 29 BQ14
Niddrie Mill Dr EH15 29 BQ15
Niddrie Mill Gro EH15 29 BQ15
Niddrie Mill Pl EH15 29 BQ15
Niddrie Mill Ter EH15 29 BQ15
Niddry St EH1 7 BF11
Niddry St S EH1 3 7 BG12
Nigel Ln EH16 44 BK19
Nightingale Way EH3 6 BE13
Nile Gro EH10 42 BD16
Nimmo Av, Pres. EH32 18 CJ10
Ninth St (Newt.), Dalk. EH22 65 BX29
Nisbet Ct EH7 16 BK8
Nivensknowe Caravan Pk, Lnhd EH20 61 BG28
Niven's Knowe Rd, Lnhd EH20 61 BH28
Nobel Pl, Ros. EH25 67 BH32
Noble Pl EH6 16 BK7
North Bk Rd, Pres. EH32 18 CG10
North Bk St EH1 7 BF11
North Br EH1 7 BF11
North Br Arc EH1 10 7 BF11
North Bughtlin Bk EH12 23 AR10
North Bughtlin Brae EH12 23 AR10
North Bughtlinfield EH12 23 AQ10
North Bughtlin Gate EH12 23 AR10
North Bughtlin Neuk EH12 3 23 AR10
North Bughtlin Pl EH12 2 23 AR10
North Bughtlinrig EH12 23 AQ10
North Bughtlin Rd EH12 23 AQ10
North Bughtlinside EH12 23 AQ10
North Cairntow EH16 28 BM14
North Castle St EH2 6 BD10
North Charlotte St EH2 6 BD10
North Clyde St La EH1 1 7 BF10
Northcote St EH11 26 BB13
North Cres, Pres. EH32 18 CJ10
North E Circ Pl EH3 6 BD10
North Edinburgh Arts Centre EH4 13 AX6
NORTHFIELD 29 BN12
Northfield, Pres. EH32 34 CH11
Northfield, Tran. EH33 35 CN13
Northfield Av EH8 28 BM11
Northfield Bdy EH8 28 BM11
Northfield Circ EH8 28 BM11
Northfield Ct, Pres. EH32 34 CH11
Northfield Cres EH8 28 BM11
Northfield Dr EH8 29 BN12
Northfield E, Tran. EH33 35 CN13
Northfield Fm Av EH8 29 BN12
Northfield Fm Rd EH8 29 BN11
Northfield Gdns EH8 29 BN11
Northfield Gdns, Pres. EH32 34 CH11
Northfield Gro EH8 29 BN12
Northfield Hts EH8 1 28 BM11
Northfield Pk EH8 29 BN11
Northfield Pk Gro EH8 29 BN11
Northfield Rd EH8 28 BM11
Northfield Sq EH8 29 BN11
Northfield Ter EH8 28 BM11
North Fort St EH6 15 BG5
North Gra Av, Pres. EH32 34 CG11
North Gra Gro, Pres. EH32 18 CH10
North Gra Rd, Pres. EH32 18 CH10
North Grns EH15 29 BR14
North Gyle Av EH12 39 AQ13
North Gyle Dr EH12 23 AQ12
North Gyle Fm Ct EH12 39 AQ13
North Gyle Fm La EH12 39 AQ13
North Gyle Gro EH12 39 AQ13
North Gyle Ln EH12 23 AQ12
North Gyle Pk EH12 23 AQ12
North Gyle Rd EH12 23 AR12
North Gyle Ter EH12 39 AQ13
North High St, Muss. EH21 31 BX13
North Hillhousefield EH6 15 BG5
North Junct St EH6 15 BG5
Northlawn Ct EH4 6 12 AU7
Northlawn Ter EH4 12 AU7
NORTH LEITH 15 BG6

North Leith Mill *EH6* **4** 15 BG5
North Leith Sands *EH6* 15 BG5
North Lorimer Pl (Cock.), Pres. *EH32* **2** 18 CK7
North Meadow Wk *EH3* 6 BE13
North Meadow Wk *EH8* 6 BE13
North Meggetland *EH14* 41 AZ16
North Pk Ter *EH4* 26 BC9
North Peffer Pl *EH16* 28 BM15
North Richmond St *EH8* **1** 7 BG12
North St. Andrew La *EH2* 7 BF10
North St. Andrew St *EH2* 7 BF10
North St. David St *EH2* 7 BF10
North Seton Pk (Port S.), Pres. *EH32* 19 CL7
Northumberland Pl *EH3* **2** 6 BE10
Northumberland Pl La *EH3* 6 BE10
Northumberland St *EH3* 6 BE10
Northumberland St N E La *EH3* 6 BE10
Northumberland St N W La *EH3* 6 BE10
Northumberland St S E La *EH3* 6 BE10
Northumberland St S W La *EH3* 6 BE10
Northview Ct *EH4* 13 AX6
North Wk, The *EH10* 42 BC17
North Way, The *EH8* 28 BM11
North Werber Pk *EH4* 26 BA8
North Werber Pl *EH4* 14 BA7
North Werber Rd *EH4* 26 BA8
North W Circ Pl *EH3* 6 BD10
North Wynd, Dalk. *EH22* 57 BW24
Norton House Hotel *EH28* 37 AF15
Norton Pk *EH7* 16 BJ9
Novotel Edinburgh Centre *EH3* 6 BE12
Novotel Edinburgh Park *EH12* 39 AQ16
No. 28 Charlotte Square (NTS) *EH2* 6 BD11
Nursery, The, Lass. *EH18* 63 BP28

O

Oak Av, Lnhd *EH20* 61 BG28
Oak Cres (Mayf.), Dalk. *EH22* 71 CA29
Oakfield Pl *EH8* 7 BG12
Oaklands Sch *EH11* 40 AU16
Oaklands Spec Sch *EH4* 13 AX7
Oak La *EH12* 24 AU10
Oak Pl (Mayf.), Dalk. *EH22* 71 CA29
Oakville Ter *EH6* 16 BK7
Oak Way, Pen. *EH26* 66 BC34
Observatory Grn *EH9* 43 BG17
Observatory Rd *EH9* 43 BG17
Ocean Dr *EH6* 15 BG5
Ocean Terminal Shopping Centre *EH6* 15 BG4
Ocean Way *EH6* 16 BJ5
Ochil Ct, S Q'fry *EH30* 9 AE3
Ochiltree Gdns *EH16* 44 BL18
Odeon Cinema (Lothian Road) *EH3* 6 BD12
Odeon Cinema (Wester Hailes) *EH14* 40 AT19
Ogilvie Ter *EH11* 42 BA15
Old Assembly Cl *EH1* **9** 7 BF11
Old Broughton St *EH3* **2** 27 BF9
Old Burdiehouse Rd *EH17* 54 BJ24
Old Ch La *EH15* 28 BL13
Old Course Gate, Muss. *EH21* 31 BZ12
OLD CRAIGHALL 47 BW17
Old Craighall Junct, Muss. *EH21* 47 BX17
Old Craighall Rd, Dalk. *EH22* 46 BU20
Old Dalkeith Rd *EH16* 44 BK16
Old Dalkeith Rd *EH17* 45 BP20
Old Dalkeith Rd (Dand.), Dalk. *EH22* 46 BS21
Old Edinburgh Rd, Dalk. *EH22* 56 BV24
Old Fm Av *EH13* 51 AY20
Old Fm Pl *EH13* 51 AX20
Old Fishmarket Cl *EH1* 7 BF11
Old Kirk Rd *EH12* 24 AU12

Old Liston Rd, Newbr. *EH28* 36 AC13
Old Mill La *EH16* 44 BJ17
Old Newmills Rd, Bal. *EH14* 48 AM24
OLD PENTLAND 61 BH26
Old Pentland Rd *EH10* 53 BE25
Old Pentland Rd, Lnhd *EH20* 61 BG26
Old Star Rd (Newt.), Dalk. *EH22* 65 BW30
Old Tolbooth Wynd *EH8* 7 BG11
Old Waverley Hotel *EH2* 7 BF11
Oliphant Gdns (Wall.), Muss. *EH21* 33 CE14
Olivebank Retail Pk, Muss. *EH21* 31 BW13
Olive Bk Rd, Muss. *EH21* 31 BW13
Omni *EH1* 7 BG10
Orchard, The, Tran. *EH33* 35 CL12
Orchard Bk *EH4* 26 BA10
ORCHARD BRAE 26 BB9
Orchard Brae *EH4* 26 BA10
Orchard Brae Av *EH4* 26 BA10
Orchard Brae Gdns *EH4* 26 BA10
Orchard Brae Gdns W *EH4* 26 BA10
Orchard Brae W *EH4* 26 BB9
Orchard Cres *EH4* 25 AZ10
Orchard Cres, Pres. *EH32* 18 CH10
Orchard Dr *EH4* 25 AZ10
Orchardfield Av *EH12* 24 AT13
Orchardfield La *EH6* 27 BH8
Orchard Gro *EH4* 26 BB9
Orchardhead Ln *EH16* 44 BJ19
Orchardhead Rd *EH16* 44 BJ18
Orchard Pk, Tran. *EH33* 35 CL12
Orchard Pl *EH4* 26 BA9
Orchard Rd *EH4* 26 BA10
Orchard Rd S *EH4* 25 AZ10
Orchard Ter *EH4* 26 BA10
Orchard Toll *EH4* 26 BA10
Orchard Vw, Dalk. *EH22* 56 BU25
Ormelie Ter *EH15* 30 BS11
Ormidale Ter *EH12* 25 AY12
Ormiston Av, Tran. *EH33* 35 CN13
Ormiston Cres E, Tran. *EH33* 35 CN13
Ormiston Cres W, Tran. *EH33* 35 CN13
Ormiston Pl, Pres. *EH32* 18 CG10
Ormiston Rd, Tran. *EH33* 35 CM13
Ormiston Ter *EH12* 24 AT13
Orrok La *EH16* 44 BJ18
Orrok Pk *EH16* 44 BJ17
Orwell Pl *EH11* 26 BB13
Orwell Ter *EH11* 26 BB13
Osborne Ct (Cock.), Pres. *EH32* 19 CL7
Osborne Ter *EH12* 26 BA12
Osborne Ter (Cock.), Pres. *EH32* 19 CL7
Oswald Ct *EH9* 43 BF16
Oswald Rd *EH9* 43 BF16
Oswald Ter *EH12* **1** 24 AT13
Oswald Ter, Pres. *EH32* 18 CJ10
Otterburn Pk *EH14* 41 AX18
Our Dynamic Earth *EH8* 7 BH11
Oxcars Ct *EH4* 13 AW6
Oxcraig St *EH5* 14 BB4
Oxford St *EH8* 7 BH13
Oxford Ter *EH4* 6 BC10
OXGANGS 52 BA21
Oxgangs Av *EH13* 52 BA21
Oxgangs Bk *EH13* 52 BB21
Oxgangs Brae *EH13* 52 BB21
Oxgangs Bdy *EH13* **2** 52 BB21
Oxgangs Cres *EH13* 52 BB20
Oxgangs Dr *EH13* 52 BB20
Oxgangs Fm Av *EH13* 52 BA21
Oxgangs Fm Dr *EH13* 52 BA21
Oxgangs Fm Gdns *EH13* 52 BA21
Oxgangs Fm Gro *EH13* 52 BA21
Oxgangs Fm Ln *EH13* 52 BA21
Oxgangs Fm Ter *EH13* 52 BA21
Oxgangs Gdns *EH13* 52 BA20
Oxgangs Grn *EH13* 52 BB20
Oxgangs Gro *EH13* 52 BB20
Oxgangs Hill *EH13* 52 BB20

Oxgangs Ln *EH13* 52 BB20
Oxgangs Medway *EH13* 52 BB21
Oxgangs Pk *EH13* 52 BB21
Oxgangs Path *EH13* 52 BB21
Oxgangs Path E *EH13* **1** 52 BB21
Oxgangs Pl *EH13* 52 BA20
Oxgangs Prim Sch *EH13* 41 AZ19
Oxgangs Ri *EH13* 52 BB20
Oxgangs Rd *EH10* 52 BB22
Oxgangs Rd *EH13* 52 BB21
Oxgangs Rd N *EH13* 41 AZ19
Oxgangs Rd N *EH14* 41 AZ19
Oxgangs Row *EH13* 52 BB21
Oxgangs St *EH13* 52 BB21
Oxgangs Ter *EH13* 52 BA21
Oxgangs Vw *EH13* 52 BB21

P

Paddock, The, Muss. *EH21* 31 BZ12
Paddockholm, The *EH12* 24 AU13
Paisley Av *EH8* 28 BM11
Paisley Cres *EH8* 28 BL11
Paisley Dr *EH8* 28 BM12
Paisley Gdns *EH8* 28 BL11
Paisley Gro *EH8* 28 BM12
Paisley Ter *EH8* 28 BL11
Palace of Holyroodhouse *EH8* 7 BH11
Palmer Pl, Currie *EH14* 49 AP23
Palmer Rd, Currie *EH14* 49 AP22
Palmerston Pl *EH12* 6 BC11
Palmerston Pl La *EH12* 6 BC12
Palmerston Rd *EH9* 43 BF14
Pankhurst Ln, Dalk. *EH22* 57 BZ24
Panmure Pl *EH3* 6 BE13
Papermill Wynd *EH7* 27 BG8
Pape's Cotts *EH12* 25 AZ12
Paradykes Av, Lnhd *EH20* 54 BJ27
Paradykes Prim Sch *EH20* 54 BK27
Park Av *EH15* 29 BQ12
Park Av, Gore. *EH23* 70 BY34
Park Av, Lnhd *EH20* 62 BJ28
Park Av, Muss. *EH21* 32 CA14
Park Av (Bils.), Ros. *EH25* 61 BG29
Park Ct, Muss. *EH21* 32 CA14
Park Cres *EH16* 44 BK19
Park Cres, Bonny. *EH19* 63 BR28
Park Cres (Easth.), Dalk. *EH22* 57 BY27
Park Cres, Lnhd *EH20* 62 BK28
Park Dr (Wall.), Muss. *EH21* 32 CC15
Parker Av *EH7* 29 BN10
Parker Rd *EH7* 29 BN10
Parker Ter *EH7* 29 BP10
Park Gdns *EH16* 44 BK19
Park Gdns, Muss. *EH21* 32 CA14
Park Gdns (Wall.), Muss. *EH21* 32 CC14
Park Gro *EH16* 44 BK20
Parkgrove Av *EH4* 24 AS9
Parkgrove Bk *EH4* 24 AS9
Parkgrove Cres *EH4* 24 AS9
Parkgrove Dr *EH4* 23 AR9
Parkgrove Gdns *EH4* 24 AS9
Parkgrove Grn *EH4* 24 AS9
Parkgrove Ln *EH4* 24 AS9
Parkgrove Neuk *EH4* 24 AS9
Parkgrove Path *EH4* 24 AT9
Parkgrove Pl *EH4* 24 AS9
Park Gro Pl, Muss. *EH21* 32 CA14
Parkgrove Rd *EH4* 24 AS9
Parkgrove Row *EH4* 25 AS9
Parkgrove St *EH4* 24 AT9
Parkgrove Ter *EH4* 24 AS9
Park Gro Ter, Muss. *EH21* 32 CA14
Parkgrove Vw *EH4* 24 AS9
PARKHEAD 40 AU17
Parkhead Av *EH11* 40 AU17
Parkhead Cres *EH11* 40 AU17
Parkhead Dr *EH11* 40 AU17
Parkhead Gdns *EH11* 40 AU17
Parkhead Gro *EH11* 40 AU17
Parkhead Ln *EH11* 40 AV17

Name	Page	Grid
Parkhead Pk (Easth.), Dalk. EH22 1	57	BY27
Parkhead Pl EH11	40	AU17
Parkhead Pl (Easth.), Dalk. EH22	57	BY27
Parkhead St EH11	40	AU17
Parkhead Ter EH11	40	AV16
Parkhead Vw EH11	40	AU17
Park Hill, Gore. EH23	70	BX34
Park La EH15	29	BQ12
Park La, Dalk. EH22	56	BV25
Park La, Muss. EH21	32	CA14
Park Pl EH6	15	BE5
Park Rd EH6	15	BE5
Park Rd, Bonny. EH19	63	BR28
Park Rd, Dalk. EH22	56	BV25
Park Rd (Newt.), Dalk. EH22	65	BX29
Park Rd, Gore. EH23	70	BY34
Park Rd (Port S.), Pres. EH32	19	CM7
Parkside, Newbr. EH28	36	AC13
Parkside Ct, Dalk. EH22 6	57	BW24
Parkside Pl, Dalk. EH22	57	BW24
Parkside St EH8	7	BH13
Parkside Ter EH16	7	BH13
Park Ter (Newcr.), Muss. EH21	30	BU15
Parkvale Pl EH6	16	BK7
Park Vw, Lnhd EH20	62	BK28
Park Vw, Muss. EH21	32	CA14
Park Vw (Newcr.), Muss. EH21	30	BT15
Park Vw, Pres. EH32	18	CJ10
Park Vw E (Port S.), Pres. EH32	19	CM7
Park Vw W (Port S.), Pres. EH32	19	CM7
Parliament House Hotel EH1	7	BG10
Parliament Sq EH1	7	BH11
Parliament St EH6	15	BH6
Parrot La, Gore. EH23	70	BY35
Parrotshot EH15	29	BQ14
Parsonage, Muss. EH21	31	BZ13
Parson's Grn Prim Sch EH8	28	BM12
Parsons Grn Ter EH8 2	28	BL10
Parsonspool, Bonny. EH19	64	BS30
Path Brae, K'lis. EH29	20	AC10
Patie's Rd EH14	41	AY19
Patrick Geddes Steps EH1 14	6	BE12
Patriothall EH3	26	BD9
Pattison St EH6	16	BJ6
Peacock, Bonny. EH19	64	BU29
Peacock Ct EH6	15	BF4
Peacock Parkway, Bonny. EH19	64	BU29
Peacock Pl, Bonny. EH19	64	BT29
Peacocktail Cl EH15	29	BR15
Pearce Av EH12	24	AS12
Pearce Gro EH12	24	AS12
Pearce Rd EH12	24	AS12
Peatville Gdns EH14	41	AW18
Peatville Ter EH14	41	AW18
Peebles Rd, Pen. EH26	69	BB39
Peel Ter EH9	43	BH15
Peffer Bk EH16	28	BM15
Peffermill Ct EH16 1	44	BM16
Peffermill Ind Est EH16	28	BL15
Peffermill Rd EH16	44	BK16
Peffer Pl EH16	28	BM15
Peffer St EH16	28	BM15
Peggy's Mill Rd EH4	23	AQ7
Pembroke Pl EH12	26	BA12
Pendreich Av, Bonny. EH19	56	BS27
Pendreich Dr, Bonny. EH19	56	BS27
Pendreich Gro, Bonny. EH19	56	BS27
Pendreich Ter, Bonny. EH19	56	BS27
Pendreich Vw, Bonny. EH19	56	BS27
PENICUIK	69	BB39
Penicuik High Sch EH26	68	BB38
Penicuik Rd, Ros. EH25	67	BG32
Pennywell Cotts EH4	13	AX5
Pennywell Ct EH4	13	AX6
Pennywell Gdns EH4	13	AW6
Pennywell Gro EH4	13	AX6
Pennywell Medway EH4	13	AW6
Pennywell Pl EH4	13	AX6
Pennywell Rd EH4	13	AX6
Pennywell Vil EH4	13	AY5
Pentad Business Pk EH12	39	AR16
Pentland Av EH13	50	AV21
Pentland Av, Currie EH14	49	AP23
Pentland Av (Gowks.), Gore. EH23	65	BX32
Pentland Av, Pen. EH26	68	BA37
Pentland Br EH10	61	BG26
Pentland Caravan Pk, Lnhd EH20	61	BG27
Pentland Ct (Bils.), Ros. EH25	61	BG29
Pentland Cres EH10	52	BC20
Pentland Cres, Rose. EH24	62	BM32
Pentland Dr EH10	52	BB21
Pentlandfield Business Pk, Ros. EH25	61	BE30
Pentland Gait EH11	39	AR18
Pentland Gdns EH10	52	BC20
Pentland Gro EH10	52	BC20
Pentland Ind Est, Lnhd EH20	54	BJ27
Pentland Pl, Currie EH14	49	AP23
Pentland Prim Sch EH13	52	BB21
Pentland Rd EH13	51	AW20
Pentland Rd, Bonny. EH19	63	BP29
Pentlands Science Pk, Pen. EH26	67	BE32
Pentland Ter EH10	42	BC19
Pentland Ter, Pen. EH26	68	BA37
Pentland Vw EH10	52	BC21
Pentland Vw, Currie EH14	49	AP23
Pentland Vw, Dalk. EH22	57	BY25
Pentland Vw Ct, Currie EH14 1	49	AQ23
Pentland Vw Cres, Ros. EH25	67	BH32
Pentland Vw Pl, Ros. EH25	67	BH32
Pentland Vw Rd, K'lis. EH29	20	AC10
Pentland Vw Rd, Ros. EH25	67	BH32
Pentland Vw Ter, Ros. EH25	67	BH32
Pentland Vil, Jun. Grn EH14 1	50	AT22
People's Story EH8 14	7	BG11
Perdrixknowe EH14	41	AZ16
Persevere Ct EH6	15	BH5
Perth's Gro, Pres. EH32	18	CJ9
Perth St EH3	26	BD9
Pettigrew's Cl, Dalk. EH22 3	57	BW24
Peveril Ter EH16	44	BJ19
Philip Pl, Pen. EH26	68	BA36
Picardy Pl EH1	7	BG10
Pier Pl EH6	15	BE4
Piersfield Gro EH8	28	BM10
Piersfield Pl EH8	28	BM10
Piersfield Ter EH8	28	BM10
PIERSHILL	28	BM11
Piershill La EH8 3	28	BL10
Piershill Pl EH8 4	28	BL10
Piershill Sq E EH8	28	BM10
Piershill Sq W EH8	28	BL10
Piershill Ter EH8	28	BM10
Pillars, The EH17	44	BM20
Pilmuir Gro, Bal. EH14	58	AK25
PILRIG	15	BG7
Pilrig Cotts EH6	27	BH8
Pilrig Gdns EH6	15	BG7
Pilrig Glebe EH6	27	BH8
Pilrig Hts EH6	15	BF7
Pilrig Ho Cl EH6	15	BG7
Pilrig Ind Est EH6	15	BG7
Pilrig Pk Sch EH6	15	BG7
Pilrig Pl EH6	27	BH8
Pilrig St EH6	15	BG7
PILTON	13	AZ6
Pilton Av EH5	13	AZ6
Pilton Cres EH5	14	BB6
Pilton Dr EH5	14	BA6
Pilton Dr N EH5	14	BA5
Pilton Gdns EH5	14	BA6
Pilton Ln EH5	14	BA6
Pilton Pk EH5	14	BA6
Pilton Pl EH5	14	BA6
Pine Gro, Pen. EH26	66	BC34
Pinegrove Gdns EH4	23	AR9
Pinewood Pl (Mayf.), Dalk. EH22	71	CA29
Pinewood Rd (Mayf.), Dalk. EH22	71	CA29
Pinewood Vw (Mayf.), Dalk. EH22	71	CA29
Pinkhill EH12	24	AV13
Pinkhill Pk EH12	24	AV13
PINKIE	32	CB14
Pinkie Av, Muss. EH21	32	CA14
Pinkie Dr, Muss. EH21	32	CA14
Pinkie Hill Cres, Muss. EH21	32	CA14
Pinkie Pl, Muss. EH21	32	CA14
Pinkie Rd, Muss. EH21	32	CA14
Pinkie St. Peter's Prim Sch EH21	32	CA13
Pinkie Ter, Muss. EH21	32	CA14
Pinkie Wk, Tran. EH33 7	35	CL14
Pipe La EH15	29	BQ10
Pipe St EH15	29	BQ10
Pirniefield Bk EH6	16	BL7
Pirniefield Gdns EH6	16	BL7
Pirniefield Gro EH6	16	BL7
Pirniefield Pl EH6	16	BL7
Pirniefield Ter EH6	16	BL7
Pirniehall Prim Sch EH4	13	AY6
Pirrie St EH6	15	BH7
Pitcairn Gro EH10	42	BB19
Pitlochry Pl EH7	16	BJ9
Pitsligo Rd EH10	42	BD15
Pittencrieff Ct, Muss. EH21 1	32	CB13
Pitt St EH6	15	BF6
Pittville St EH15	29	BR11
Pittville St La EH15	29	BR11
Place Charente, Dalk. EH22 1	57	BY24
Playfair Steps EH2 1	6	BE11
Playhouse Theatre EH1	7	BG10
Pleasance EH8	7	BG12
Plewlandcroft, S Q'fry EH30	8	AD2
Plewlands Av EH10	42	BB17
Plewlands Gdns EH10	42	BB17
Plewlands Pl, S Q'fry EH30	8	AD3
Plewlands Ter EH10	42	BB17
Pleydell Pl EH16	44	BK19
Plough La, Tran. EH33 2	35	CM13
Plummer Ct, Dalk. EH22 7	57	BW24
Point Hotel EH3	6	BD12
Pollard Glebe EH11	41	AW15
Polson Gdns, Tran. EH33	34	CK13
POLTON	62	BM29
Polton Av Rd, Bonny. EH19	63	BP29
Polton Bk, Lass. EH18	63	BN29
Polton Bk Ter, Lass. EH18	63	BN29
Polton Cotts, Lass. EH18	62	BM29
Polton Ct, Bonny. EH19	63	BR29
Polton Dr, Lass. EH18	63	BP29
Polton Gdns, Lass. EH18	63	BP29
POLTONHALL	63	BP29
Poltonhall, Bonny. EH19 2	63	BQ30
Polton Pl, Bonny. EH19	63	BR28
Polton Rd, Lass. EH18	63	BQ28
Polton Rd (Polt.), Lass. EH18	62	BM29
Polton Rd, Lnhd EH20	62	BL28
Polton Rd W, Lass. EH18	63	BN29
Polton St, Bonny. EH19	63	BR29
Polton Ter, Lass. EH18 1	63	BQ28
Polton Vale, Lnhd EH20	62	BL28
POLWARTH	42	BB14
Polwarth Cres EH11	42	BC14
Polwarth Cres, Pres. EH32	18	CJ10
Polwarth Gdns EH11	42	BB14
Polwarth Gro EH11	42	BB15
Polwarth Pk EH11	42	BB14
Polwarth Pl EH11	42	BB14
Polwarth Ter EH11	42	BB15
Polwarth Ter, Pres. EH32	18	CJ10
Pomathorn Bk, Pen. EH26	69	BB39
Pomathorn Rd, Pen. EH26	69	BB39
Ponton St EH3	6	BD13
Poplar La EH6	16	BJ6
Poplar Pk (Port S.), Pres. EH32	19	CM8

Entry	Page	Grid
Poplar Path, Lnhd EH20	61	BH28
Poplar St (Mayf.), Dalk. EH22	71	CA29
Poplar Ter, Bonny. EH19	63	BR29
PORT EDGAR	8	AB1
Port Edgar Marina & Sailing School EH30	8	AC1
Porterfield Rd EH4	26	BA8
Portgower Pl EH4	26	BC9
Port Hamilton EH3	6	BD12
Portland Gdns EH6	15	BG5
Portland Row EH6	15	BG5
Portland St EH6	15	BG5
Portland Ter EH6 **3**	15	BG5
PORTOBELLO	29	BR10
Portobello High Sch EH15	29	BP12
Portobello High St EH15	29	BQ10
Portobello Pubic Golf Course EH15	29	BQ12
Portobello Rd EH8	28	BM10
Port Royal Golf Range EH28	21	AH12
Portsburgh Sq EH1 **5**	6	BE12
Port Seton Harbour (Port S.), Pres. EH32	19	CL7
Post Rd, Tran. EH33	34	CJ13
POST SETON	19	CL6
Potterrow EH8	7	BF12
Potter's Path, Tran. EH33 **4**	35	CL13
Pottery, The EH15 **14**	29	BQ10
Pottery, The, Pres. EH32	18	CG10
Povert Rd, Bonny. EH19	64	BV33
Povert Rd, Gore. EH23	64	BV34
Powderhall Brae EH7	15	BF7
Powderhall Rigg EH7	15	BF7
Powderhall Rd EH7	27	BF8
Powdermill Brae, Gore. EH23	70	BY37
Premier Inn City Centre (Lauriston Place) EH3	6	BE12
Premier Inn City Centre (Morrison Street) EH3	6	BC12
Premier Inn Edinburgh East EH8	29	BN12
Premier Inn (Edinburgh East) EH21	30	BT15
Premier Inn Edinburgh (South Queensferry) EH30	8	AC3
Premier Inn Leith EH6	15	BE4
PRESTON	34	CJ11
Preston Av, Pres. EH32	18	CK10
Preston Ct, Pres. EH32	34	CH11
Preston Cres, Pres. EH32	18	CK9
Preston Cross Cotts, Pres. EH32 **3**	18	CJ10
PRESTONFIELD	28	BK15
Prestonfield Av EH16	28	BJ15
Prestonfield Bk EH16	28	BJ15
Prestonfield Cres EH16	28	BJ15
Prestonfield Gdns EH16	28	BJ15
Prestonfield Golf Course EH16	28	BL14
Prestonfield Hotel EH16	28	BK14
Prestonfield Prim Sch EH16	44	BK16
Prestonfield Rd EH16	28	BJ15
Prestonfield Ter EH16	28	BJ15
Prestongrange, Pres. EH32	33	CF11
Prestongrange Industrial Heritage Museum EH32	33	CE11
Prestongrange Rd, Pres. EH32	34	CG11
Prestonhall Cres, Rose. EH24	62	BM32
Prestonhall Rd, Rose. EH24	62	BM33
Preston Lo High Sch EH32	18	CJ10
PRESTONPANS	18	CG9
Prestonpans Ind Est, Pres. EH32	34	CJ11
Prestonpans Inf Sch EH32	18	CH10
Prestonpans Prim Sch EH32	34	CJ11
Prestonpans Sta EH32	34	CJ11
Preston Rd, Pres. EH32	34	CH11
Preston St, Rose. EH24	62	BM33
Preston St Prim Sch EH32	43	BH14
Preston Ter, Pres. EH32	18	CK10
Preston Twr, Pres. EH32	18	CJ10
Priestfield Av EH16	28	BK15
Priestfield Cres EH16	28	BK15
Priestfield Gdns EH16	28	BK15
Priestfield Gro EH16	28	BJ14
Priestfield Rd EH16	28	BJ15
Priestfield Rd N EH16	28	BJ14
Priesthill Pl EH16	44	BK21
Priesthill St EH16	44	BK21
Primrose Bk Rd EH5	14	BD5
Primrose Cres, Dalk. EH22	57	BY25
Primrose Dr (Craig.), S Q'fry EH30	22	AM8
Primrose Gdns, S Q'fry EH30	9	AE3
Primrose St EH6	16	BJ7
Primrose Ter EH11	42	BA14
Primrose Ter, Dalk. EH22 **1**	57	BY25
Prince of Wales Dock EH6	15	BH4
Prince Regent St EH6	15	BG5
Princes Golf Course EH16	43	BF19
Princes Mall EH2	7	BF11
Princess Alexandra Eye Pav EH3	6	BE13
Princes St EH1	6	BE11
Princes St EH2	6	BE11
Priory Gro, S Q'fry EH30	8	AD3
Private Rd, Gore. EH23	70	BZ36
Promenade EH15	17	BP9
Promenade, Muss. EH21	31	BX12
Promenade, The (Port S.), Pres. EH32	19	CM7
Promenade Ter EH15	29	BQ10
Prospect Bk Cres EH6	16	BK7
Prospect Bk Gdns EH6	16	BK8
Prospect Bk Gro EH6	16	BL7
Prospect Bk Pl EH6	16	BL7
Prospect Bk Rd EH6	16	BK7
Prospect Bk Sch EH6	16	BK7
Prospect Bk Ter EH6	16	BL7
Provost Haugh, Currie EH14	49	AR22
Provost Milne Gro, S Q'fry EH30	9	AF4
Pryde Av, Bonny. EH19	63	BQ28
Pryde Ter, Bonny. EH19	63	BQ28
Pypers Wynd, Pres. EH32	18	CH9

Q

Entry	Page	Grid
Quadrant, The, Pen. EH26	69	BB37
Quality Hotel Edinburgh Airport EH28	21	AG12
Quality St EH4	24	AV8
Quality St La EH4	24	AV8
Quarrybank EH14	40	AS19
Quarrybank Cl EH14	40	AS19
Quarrybank Ct EH14	40	AS19
Quarrybank End EH14	40	AS19
Quarry Cl EH8	7	BG13
Quarry Cotts EH15	29	BR15
Quarryfoot Gdns, Bonny. EH19	63	BR28
Quarryfoot Grn, Bonny. EH19	56	BS28
Quarryfoot Pl, Bonny. EH19	63	BR28
QUARRYHEAD	55	BR27
Quarry Howe, Bal. EH14 **1**	58	AL26
Quarryview EH14 **1**	40	AS19
Quayside Mills EH6 **3**	15	BH6
Quayside St EH6	15	BH6
Queen Anne Dr, Newbr. EH28	36	AD13
Queen Charlotte La EH6	16	BJ6
Queen Charlotte St EH6	16	BJ6
Queen Margaret Cl EH10	53	BE22
Queen Margaret Dr, S Q'fry EH30	9	AE2
Queen Margaret Uni EH21	31	BW16
Queen Margaret Uni Dr, Muss. EH21	30	BV16
Queen Margaret Uni Way, Muss. EH21	47	BW18
Queen's Av EH4	25	AX9
Queen's Av S EH4	25	AY9
Queen's Bay Cres EH15	30	BT12
Queen's Cres EH9	43	BH15
Queen's Dr EH8	7	BH11
Queensferry High Sch EH30	9	AF3
Queensferry Museum EH30	9	AE2
Queensferry Prim Sch EH30	9	AE2
Queensferry Rd EH4	26	BB10
Queensferry Rd (Cram.) EH4	24	AS9
Queensferry Rd, K'lis. EH29	20	AC9
Queensferry St EH2	6	BC11
Queensferry St La EH2	6	BC11
Queensferry Ter EH4	26	BA10
Queen's Gallery (Palace of Holyroodhouse) EH8	7	BH11
Queen's Gdns EH4	25	AY9
Queen's Hall Theatre EH8	7	BG13
Queen's Pk Av EH8	28	BK10
Queen's Pk Ct EH8	28	BL11
Queen's Rd EH4	25	AY9
Queen St EH2	6	BD10
Queen St Gdns E EH3	6	BE10
Queen St Gdns W EH3	6	BE10
Queen's Wk EH16	29	BN15
Queensway, Pen. EH26	68	BA36
Quilts, The EH6	15	BG6
Quilts Wynd EH6	15	BG6

R

Entry	Page	Grid
Radisson SAS Hotel EH1	7	BG11
Raeburn Ms EH4	26	BC9
Raeburn Pl EH4	26	BC9
Raeburn St EH4	26	BC9
Rae's Ct EH16	54	BJ22
Raes Gdns, Bonny. EH19	63	BR28
Ramada Mount Royal Hotel EH2	7	BF11
Ramillies Ct, Pen. EH26	66	BC35
Ramsay Cres (Mayf.), Dalk. EH22	71	CA30
Ramsay Gdn EH1	6	BE11
Ramsay Pl EH1	6	BE11
Ramsay Pl EH15 **9**	29	BQ10
Ramsay Pl, Pen. EH26	68	AY37
Ramsay Ter, Lass. EH18	63	BP29
Ramsay Wk (Mayf.), Dalk. EH22 **4**	71	CA30
Randolph Cliff EH3	6	BC11
Randolph Cres EH3	6	BC11
Randolph La EH3	6	BD11
Randolph Pl EH3	6	BD11
Rankeillor St EH8	7	BG13
Rankin Av EH9	43	BH17
Rankin Dr EH9	43	BG17
Rankin Rd EH9	43	BH16
Rannoch Gro EH4	24	AT10
Rannoch Pl EH4	24	AT10
Rannoch Rd EH4	24	AU10
Rannoch Ter EH4	24	AT10
Ransome Gdns EH4	24	AT10
Ratcliffe Ter EH9	43	BG14
Rathbone Pl EH15	29	BR10
RATHO	37	AG17
Ratho Pk (Ratho Sta), Newbr. EH28	37	AE13
Ratho Park Golf Course EH28	38	AJ17
Ratho Pk Rd (Ratho), Newbr. EH28	37	AG17
Ratho Prim Sch EH28	37	AF17
Ratho Quarry (Ratho), Newbr. EH28	36	AD17
RATHO STATION	37	AF14
Rattray Cres EH10	42	BA19
Rattray Dr EH10	42	BA19
Rattray Gro EH10	42	BA19
Rattray Ln EH10	42	BA19
Rattray Way EH10	42	BB19
Ravelrig Dr EH14	58	AK25
Ravelrig Gait, Bal. EH14	58	AK25
Ravelrig Hill, Bal. EH14	58	AK25
Ravelrig Pk, Bal. EH14	58	AK25
Ravelrig Rd, Bal. EH14	48	AK22
Ravelrig Wynd EH14	58	AK25
RAVELSTON	25	AY10

Ravelston Ct EH12	25	AZ11
Ravelston Dykes EH4	25	AZ11
Ravelston Dykes EH12	25	AY11
Ravelston Dykes La EH4	25	AW11
Ravelston Dykes Rd EH4	25	AX10
Ravelston Gdn EH4	25	AY11
Ravelston Golf Course EH4	25	AW10
Ravelston Hts EH4	25	AX10
Ravelston Ho Gro EH4	25	AY10
Ravelston Ho Ln EH4	25	AY10
Ravelston Ho Pk EH4	25	AY10
Ravelston Ho Rd EH4	25	AY10
Ravelston Pk EH4	26	BA11
Ravelston Pl EH4 4	26	BB11
Ravelston Ri EH4	25	AY11
Ravelston Ter EH4	26	BB10
Ravelsykes Rd, Pen. EH26	68	AY38
Ravendean Gdns, Pen. EH26	68	AY38
Ravenscroft Gdns EH17	55	BN22
Ravenscroft Pl EH17	55	BN22
Ravenscroft St EH17	55	BN22
Ravensheugh Cres, Muss. EH21	32	CC13
Ravensheugh Rd, Muss. EH21	32	CC13
Ravenswood Av EH16	44	BK18
Real Mary King's Close EH1 7	7	BF11
Redbraes Gro EH7	15	BF7
Redbraes Pl EH7	15	BF7
Redburn Rd, Pres. EH32	18	CG10
Redburn Rd N, Pres. EH32	18	CG10
Redcroft St, Dalk. EH22	45	BQ19
Redford Av EH13	51	AX21
Redford Bk EH13	51	AY21
Redford Barracks EH13	51	AY20
Redford Cres EH13	51	AY21
Redford Dr EH13	51	AX21
Redford Gdns EH13	51	AY21
Redford Gro EH13	51	AZ20
Redford Ln EH13	51	AX21
Redford Neuk EH13	51	AZ21
Redford Pl EH13	51	AZ20
Redford Rd EH13	52	BA21
Redford Ter EH13	51	AY21
Redford Wk EH13	51	AY21
Red Fox Cres, Pen. EH26	66	BC34
Redgauntlet Ter EH16	44	BK18
Redhall Av EH14	41	AW17
Redhall Bk Rd EH14	41	AX18
Redhall Cres EH14	41	AW17
Redhall Dr EH14	41	AW17
Redhall Gdns EH14	41	AW17
Redhall Gro EH14	41	AW17
Redhall Ho Av EH14	41	AX18
Redhall Ho Dr EH14	41	AX18
Redhall Pl EH14	41	AW17
Redhall Rd EH14	41	AW17
Redhall (Special) Sch EH16	44	BJ17
Redhall Vw EH14	41	AX18
Redheugh Ln, Gore. EH23 2	70	BY34
Redheughs Av EH12	39	AQ15
Redheughs Rigg EH12	39	AQ14
Redwood Gro (Newt.), Dalk. EH22	64	BV30
Redwood Wk (Newt.), Dalk. EH22	65	BW30
Reed Dr (Newt.), Dalk. EH22	65	BX29
Reekie's Ct EH8	7	BG12
Regent Br EH1 2	7	BF10
Regent Pl EH7	28	BJ10
Regent Rd EH1	7	BG11
Regent Rd EH7	7	BG11
Regent's Ct EH11 1	26	BB13
Regent St EH15	29	BR11
Regent St La EH15	29	BR11
Regent Ter EH7	7	BH10
Regent Ter Ms EH7	7	BH10
Regis Ct EH4	23	AR7
Register Pl EH2	7	BF10
Reid's Cl EH8	7	BH11
Reid's Ct EH8 1	7	BH11
Reid Ter EH3	26	BC9

Relugas Gdns EH9	43	BG16
Relugas Pl EH9	43	BG16
Relugas Rd EH9	43	BG16
Rennie's Isle EH6	15	BH5
Research Av N (Ricc.), Currie EH14	49	AN19
Research Av S (Ricc.), Currie EH14	49	AP20
Research Pk (Ricc.), Currie EH14	49	AP19
RESTALRIG	16	BL9
Restalrig Av EH7	28	BL10
Restalrig Circ EH7	16	BL8
Restalrig Cres EH7	16	BL8
Restalrig Dr EH7	16	BL9
Restalrig Gdns EH7	16	BL9
Restalrig Ho EH7	16	BL9
Restalrig Pk EH7	16	BK8
Restalrig Rd EH6	16	BK7
Restalrig Rd EH7	16	BK8
Restalrig Rd S EH7	28	BL10
Restalrig Sq EH7	16	BL8
Restalrig Ter EH6	16	BJ7
Retreat Castle Hotel, The EH19	64	BT30
RICCARTON	49	AN20
Riccarton Av, Currie EH14	49	AP22
Riccarton Cres, Currie EH14	49	AQ22
Riccarton Dr, Currie EH14	49	AP22
Riccarton Gro, Currie EH14	49	AQ22
Riccarton Mains Rd, Currie EH14	39	AP18
Richmond La EH8	7	BG12
Richmond Pl EH8	7	BG12
Richmond Ter EH11	6	BC12
Riding Pk EH4	23	AR7
Riego St EH3	6	BD12
Riggonhead Ct, Tran. EH33	35	CM12
Riggonhead Gdns, Tran. EH33	35	CM12
Rigley Ter, Pres. EH32	34	CG11
Rillbank Cres EH9	43	BF14
Rillbank Ter EH9	43	BF14
Ringwood Pl EH16	44	BK19
Rintoul Pl EH3	26	BD9
Riselaw Cres EH10	52	BC20
Riselaw Pl EH10	42	BC19
Riselaw Rd EH10	42	BC19
Riselaw Ter EH10	42	BC19
Ritchie Pl EH11	42	BB14
River Gore Gro, Gore. EH23	70	BY35
River Gore Rd, Gore. EH23	70	BY35
River Gore Vw, Gore. EH23	70	BY35
Riversdale Cres EH12	25	AY13
Riversdale Gro EH12	25	AY12
Riversdale Rd EH12	25	AX12
Riverside EH4 1	11	AR4
Riverside, Newbr. EH28	36	AB13
Riverside Gdns, Muss. EH21	31	BX14
Riverside Rd (Craig.), S Q'fry EH30	23	AN8
Roanshead Cres (Easth.), Dalk. EH22	57	BY28
Roanshead Rd (Easth.), Dalk. EH22	57	BY27
Robb's Ln EH14	41	AY15
Robb's Ln Gro EH14	41	AY15
Robert Burns Dr EH16	44	BJ18
Robert Burns Ms, Dalk. EH22 1	57	BZ24
Robert De Quincy Pl, Pres. EH32 2	34	CH11
Robert Smillie Av (Mayf.), Dalk. EH22	71	CA30
Robert Smith Pl, Dalk. EH22	56	BV23
Robertson Av EH11	41	AZ14
Robertson Av, Pres. EH32	18	CJ9
Robertson Av, Tran. EH33	35	CM13
Robertson Bk, Gore. EH23	70	BZ36
Robertson Dr, Tran. EH33	35	CM12
Robertson Gait EH11	41	AZ15
Robertson's Cl EH1	7	BG12

Robertson's Cl, Dalk. EH22	57	BW24
Robertson's Ct EH8 2	7	BH11
Rocheid Pk EH4	14	BB7
Rocheid Path EH3	26	BD8
Rochester Ter EH10	42	BC15
Rockville Ter, Bonny. EH19	55	BR27
Roddinglaw Business Pk EH12	38	AL16
Roddinglaw Rd EH12	38	AK15
Rodney Pl EH7	27	BE9
Rodney St EH7	27	BE8
Roman Pk, Dalk. EH22	57	BZ25
Roman St, Dalk. EH22	57	BZ25
Roman Ter, Dalk. EH22	57	BZ25
Roman Vw, Dalk. EH22	57	BZ25
Romero Pl EH16	43	BH14
Ronaldson's Wf EH6	15	BH6
Rope Wk EH3	6	BC13
Rope Wk, Pres. EH32	18	CG10
Rosabelle Rd, Ros. EH25	67	BH32
Rose Av, Bonny. EH19	64	BT29
Rosebank Cotts EH3	6	BC12
Rosebank Gdns EH5	14	BC6
Rosebank Gro EH5	14	BC6
Rosebank Rd EH5	14	BC6
Rosebery Av, S Q'fry EH30	9	AE3
Rosebery Ct, S Q'fry EH30	9	AE3
Rosebery Cres EH12	26	BB12
Rosebery Cres, Gore. EH23	70	BY37
Rosebery Cres La EH12	26	BB12
ROSEBURN	25	AZ12
Roseburn Av EH12	25	AZ12
Roseburn Cliff EH12	25	AZ12
Roseburn Cres EH12	25	AZ13
Roseburn Dr EH12	25	AZ12
Roseburn Gdns EH12 2	25	AZ12
Roseburn Maltings EH12	26	BA12
Roseburn Pl EH12	25	AZ12
Roseburn Prim Sch EH12	25	AZ13
Roseburn St EH12	25	AZ13
Roseburn Ter EH12	25	AZ12
Rose Cotts, Bonny. EH19	64	BT29
Rose Ct EH4 7	12	AU7
Rosefield Av EH15	29	BQ11
Rosefield Av La EH15	29	BQ11
Rosefield La EH15	29	BQ11
Rosefield Pl EH15	29	BQ11
Rosefield St EH15	29	BQ11
Rose Gdns, Bonny. EH19	64	BT29
Rose Gro, Bonny. EH19	64	BT29
Rose La, S Q'fry EH30	8	AD2
Rosemount Bldgs EH3	6	BC12
Rosemount Ms, Pres. EH32 4	18	CH9
Roseneath Pl EH9	43	BE14
Roseneath St EH9	43	BF14
Roseneath Ter EH9	43	BF14
Rose Neuk, Bonny. EH19	64	BT29
Rose Pk EH5	14	BD6
Rose Pk, Bonny. EH19	64	BT29
Rose Path, Bonny. EH19	64	BT29
Rose Pl, Bonny. EH19	64	BT29
Rose St EH2	6	BD11
Rose St N La EH2	6	BD11
Rose St S La EH2	6	BD11
Rose Ter, Bonny. EH19	64	BT29
Rosevale Pl EH6 1	16	BK7
Rosevale Ter EH6	16	BJ7
Roseville Gdns EH5	15	BE5
Rose Way, Bonny. EH19	64	BT29
ROSEWELL	62	BL33
Rosewell Prim Sch EH24	63	BN33
Rosewell Rd, Bonny. EH19	63	BP31
ROSLIN	67	BH32
Roslin Prim Sch EH25	67	BH32
Ross Cres, Tran. EH33	35	CM14
Ross Gdns EH9	43	BG16
Rossgien Ct, Ros. EH25	62	BJ32
Ross High Sch EH33	35	CL13
Rosshill Ter (Dalm.), S Q'fry EH30	9	AF3
Rossie Pl EH7	27	BH9
Rosslyn Chapel EH25	62	BJ32

Name		
Rosslyn Cres *EH6*	27	BG8
Rosslyn Ter *EH6*	27	BG8
Ross Open Air Theatre *EH2*	6	BE11
Ross Pl *EH9*	43	BH16
Ross Pl (Newt.), Dalk. *EH22*	65	BX29
Ross Rd *EH16*	43	BH17
Rothesay Ms *EH3*	26	BB11
Rothesay Pl *EH3*	26	BB11
Rothesay Pl, Muss. *EH21*	31	BZ14
Rothesay Ter *EH3*	26	BB11
Roull Gro *EH12*	40	AT14
Roull Pl *EH12*	40	AU14
Roull Rd *EH12*	40	AT14
Rowallan Ct *EH12* **2**	23	AQ12
Rowanfield Prim Sch *EH4*	25	AY8
Rowan Gdns, Bonny. *EH19*	63	BR29
Rowanhill Cl (Port S.), Pres. *EH32*	19	CM8
Rowanhill Dr (Port S.), Pres. *EH32*	19	CM8
Rowanhill Pk (Port S.), Pres. *EH32*	19	CL8
Rowanhill Way (Port S.), Pres. *EH32*	19	CM8
Rowantree Av, Currie *EH14*	49	AN23
Rowan Tree Gro, Currie *EH14*	49	AN24
Rowantree Rd (Mayf.), Dalk. *EH22*	71	CA28
Roxburghe Hotel *EH2*	6	BD11
Roxburgh Pl *EH8*	7	BG12
Roxburgh St *EH8*	7	BG12
Royal Blind Sch (Canaan Lane) *EH10*	42	BD16
Royal Blind Sch (Craigmillar Park) *EH16*	43	BH16
Royal Botanic Garden Edinburgh *EH3*	26	BD8
Royal British Hotel *EH2*	7	BF10
Royal Burgess Golf Course *EH4*	23	AR7
Royal Circ *EH3*	6	BD10
Royal Coll of Nursing *EH9*	43	BE16
Royal Commonwealth Pool *EH16*	43	BH14
Royal Ct, Pen. *EH26*	68	AZ36
Royal Cres *EH3*	27	BE9
Royal (Dick) Sch of Vet Studies (Easter Bush) *EH25*	61	BE30
Royal (Dick) Sch of Vet Studies (Summerhall) *EH9*	7	BG13
Royal Edinburgh Hosp *EH10*	42	BC16
Royal Elizabeth Yd, K'lis. *EH29*	9	AF6
Royal High Prim Sch *EH8*	28	BM11
Royal High Sch, The *EH4*	24	AT8
Royal Hosp for Sick Children *EH9*	43	BF14
Royal Infirmary of Edinburgh (Little France) *EH16*	45	BN17
Royal Lyceum Theatre *EH1*	6	BD12
Royal Mile *EH1*	6	BE11
Royal Mile Prim Sch *EH8*	7	BH11
Royal Pk Pl *EH8*	28	BK10
Royal Pk Ter *EH8*	28	BK10
Royal Scots Dragoon Guards Regimental Museum *EH1*	6	BE12
Royal Scots Regimental Museum *EH1*	6	BE12
Royal Scottish Academy *EH2*	6	BE11
Royal Ter *EH7*	7	BG10
Royal Terrace Hotel *EH7*	7	BG10
Royal Ter Ms *EH7*	7	BH10
Royal Victoria Hosp *EH4*	26	BA9
Royal Yacht Britannia *EH6*	15	BH4
Royston Mains Av *EH5*	13	AZ5
Royston Mains Cl *EH5*	14	BA5
Royston Mains Cres *EH5*	13	AZ5
Royston Mains Gdns *EH5*	14	BA5
Royston Mains Grn *EH5*	14	BA5
Royston Mains Pl *EH5*	13	AZ5
Royston Mains Rd *EH5*	14	AU5
Royston Mains St *EH5*	13	AZ5

Name		
Royston Prim Sch *EH5*	14	BA5
Royston Ter *EH3*	14	BD7
Rudolf Steiner Sch *EH10*	42	BB15
Rullion Grn Av, Pen. *EH26*	68	AZ36
Rullion Grn Cres, Pen. *EH26*	68	AZ36
Rullion Grn Gro, Pen. *EH26*	68	AZ36
Rullion Rd, Pen. *EH26*	68	AZ36
Ruskin Pl (Mayf.), Dalk. *EH22* **1**	71	CA30
Russell Gdns *EH12*	26	BA12
Russell Pl *EH5*	14	BD5
Russell Rd *EH11*	26	BA13
Russell Rd *EH12*	26	BA12
Rustic Cotts *EH13* **1**	51	AX20
Rutherford Dr *EH16*	44	BK18
Ruthven Pl *EH16*	44	BL18
Rutland Ct *EH3* **2**	6	BD12
Rutland Ct La *EH3*	6	BD12
Rutland Pl *EH1* **1**	6	BD11
Rutland Sq *EH1*	6	BD11
Rutland St *EH1*	6	BD11
Ryehill Av *EH6*	16	BK7
Ryehill Gdns *EH6*	16	BK7
Ryehill Gro *EH6*	16	BK8
Ryehill Pl *EH6*	16	BK7
Ryehill Ter *EH6*	16	BK7

S

Name		
Sacred Heart RC Prim Sch *EH26*	68	AZ38
Saddletree Ln *EH16* **1**	44	BL17
St. Alban's Rd *EH9*	43	BG16
St. Andrew Pl *EH6*	16	BJ7
St. Andrew Sq *EH1*	7	BF10
St. Andrew Sq *EH2*	7	BF10
St. Andrew's RC Prim Sch *EH23*	65	BW32
St. Andrew St, Dalk. *EH22*	57	BW24
St. Annes Ct, Dalk. *EH22*	65	BW30
St. Annes Path, Lass. *EH18*	63	BN29
St. Ann's Av, Lass. *EH18*	63	BN29
St. Anthony La *EH6*	15	BH6
St. Anthony Pl *EH6* **5**	15	BH6
St. Anthony St *EH6* **6**	15	BH6
St. Augustine's RC High Sch *EH12*	40	AS15
St. Bernard's Cres *EH4*	6	BC10
St. Bernard's Row *EH4*	26	BD9
St. Catherine's Gdns *EH12*	25	AW13
St. Catherine's Pl *EH9*	43	BG14
St. Catherine's Prim Sch *EH16*	54	BK22
St. Clair Av *EH6*	16	BJ8
St. Clair Cres, Ros. *EH25*	62	BJ32
St. Clair Pl *EH6*	16	BJ8
St. Clair Rd *EH6*	16	BJ8
St. Clair St *EH6*	16	BJ8
St. Clair Ter *EH10*	42	BB17
St. Clements Cres (Wall.), Muss. *EH21* **1**	33	CD15
St. Clements Gdns N (Wall.), Muss. *EH21*	33	CD15
St. Clements Gdns S (Wall.), Muss. *EH21*	33	CD15
St. Clements Ter (Wall.), Muss. *EH21*	33	CD15
St. Colme St *EH3*	6	BD11
St. Crispin's Sch *EH9*	43	BG16
St. Cuthbert's RC Prim Sch *EH14*	41	AZ15
St. Davids (Newt.), Dalk. *EH22*	65	BW30
St. David's Av, Dalk. *EH22*	57	BW25
St. David's Gdns, Dalk. *EH22*	57	BW26
St. David's Gro, Dalk. *EH22*	57	BW25
St. David's Pl *EH3* **9**	6	BC12
St. David's RC High Sch *EH22*	57	BZ23
St. David's RC Prim Sch *EH4*	13	AY6
St. David's RC Prim Sch *EH22*	57	BW25
St. David's Ter *EH3* **10**	6	BC12
St. David's Ter, Dalk. *EH22*	56	BV26
St. Fillan's Ter *EH10*	42	BC17

Name		
St. Francis RC & Niddrie Mill Prim Sch *EH16*	29	BP15
St. Gabriel's RC Prim Sch *EH32*	18	CH10
St. George's Sch *EH12*	26	BA11
St. Germains Cor, Tran. *EH33*	35	CM12
St. Giles' Cathedral *EH1*	7	BF11
St. Giles' St *EH1*	7	BF11
St. James Centre *EH1*	7	BF10
St. James' Pl *EH1*	7	BF10
St. James's Gdns, Pen. *EH26*	68	BA39
St. James Sq *EH1*	7	BF10
St. James's Vw, Pen. *EH26*	68	BA39
St. John's Av *EH12*	24	AU13
St. John's Cres *EH12*	24	AV13
St. John's Gdns *EH12*	24	AU13
St. John's Hill *EH8* **9**	7	BG12
St. John's RC Prim Sch *EH15*	29	BQ12
St. John's Rd *EH12*	24	AT13
St. John's Ter *EH12*	24	AU13
St. John St *EH8*	7	BG11
St. John Vianney RC Prim Sch *EH16*	44	BK18
St. Jospeh's RC Prim Sch *EH11*	40	AV16
St. Katharine's Brae *EH16*	44	BJ21
St. Katharine's Cres *EH16*	44	BJ21
St. Katharine's Ln *EH16*	54	BK22
St. Kentigern Rd, Pen. *EH26*	68	AZ37
St. Leonard's Bk *EH8*	7	BH13
St. Leonard's Crag *EH8* **1**	7	BH13
St. Leonard's Hill *EH8*	7	BG13
St. Leonard's La *EH8*	7	BG13
St. Leonard's St *EH8*	7	BG13
St. Luke's RC Prim Sch *EH22*	65	BZ30
St. Margaret's Pl *EH9*	43	BE15
St. Margaret's RC Prim Sch *EH30*	9	AE2
St. Margaret's Rd *EH9*	42	BD15
St. Margaret's Sch *EH16*	44	BJ16
St. Mark's La *EH15*	29	BR11
St. Mark's Pl *EH15*	29	BR11
St. Mark's RC Prim Sch *EH7*	52	BA20
St. Martins La, Tran. *EH33*	35	CN13
St. Mary's RC Prim Sch *EH33*	35	CM13
St. Mary's Episcopal Cathedral *EH12*	6	BC12
St. Mary's Music Sch *EH12*	26	BB12
St. Mary's Pl *EH15*	30	BS12
St. Mary's Pl La *EH15*	30	BS11
St. Mary's RC Prim Sch *EH6*	16	BK6
St. Mary's RC Prim Sch *EH7*	27	BF9
St. Mary's RC Prim Sch *EH19*	63	BR29
St. Mary's St *EH1*	7	BG11
St. Matthew's RC Prim Sch *EH24*	63	BN33
St. Michael's Av, Muss. *EH21*	31	BY14
St. Mungo's Vw, Pen. *EH26*	69	BB39
St. Ninian's Dr *EH12*	24	AT12
St. Ninian's Rd, Pen. *EH26*	16	BL9
St. Ninian's Rd *EH12*	24	AT12
St. Ninian's Row *EH8* **3**	7	BF10
St. Ninian's Ter *EH10*	42	BB17
St. Ninians Way, Muss. *EH21*	32	CC13
St. Patrick Sq *EH8*	7	BG13
St. Patrick St *EH8* **3**	7	BG13
St. Peter's Bldgs *EH3*	6	BC13
St. Peter's Pl *EH3*	6	BC13
St. Peter's RC Prim Sch *EH10*	42	BD16
St. Ronan's Ter *EH10*	42	BC17
St. Serf's Sch *EH12*	26	BA12
St. Stephen Pl *EH3*	26	BD9
St. Stephen St *EH3*	26	BD9
St. Teresa Pl *EH10*	42	BB15
St. Thomas of Acquin's RC High Sch *EH3*	6	BE13
St. Thomas Rd *EH9*	43	BF15
St. Triduana's Rest *EH7*	16	BL9
St. Vincent Pl *EH3*	26	BD9
St. Vincent St *EH3*	27	BE9
Salamanca Cres, Pen. *EH26*	66	BC35
Salamander Ct *EH6*	16	BK6
Salamander Pl *EH6*	16	BK6

Salamander St *EH6* 16 BJ6
Salamander Yards *EH6* 16 BL7
Salisbury Crags *EH8* 7 BH12
Salisbury Ms *EH9* 43 BH14
Salisbury Pl *EH9* 43 BG14
Salisbury Rd *EH16* 43 BH14
Salisbury Vw (Mayf.),
 Dalk. *EH22* 65 BZ29
Salmond Pl *EH7* 28 BJ10
Saltersgate (Special) Sch *EH22* 47 BZ22
Salter's Gro, Dalk. *EH22* 57 BZ23
Salter's Rd, Dalk. *EH22* 47 BZ20
Salter's Rd (Wall.), Muss. *EH21* 32 CC16
Salter's Ter, Dalk. *EH22* 57 BY24
Saltire Sq *EH5* 13 AZ4
Saltire St *EH5* 13 AZ4
Salt Preston Pl, Pres. *EH32* **1** 18 CH10
Salvesen Cres *EH4* 13 AW5
Salvesen Gdns *EH4* 13 AX5
Salvesen Gro *EH4* 13 AX5
Salvesen Ter *EH4* 13 AX5
Samoa Ter, Pen. *EH26* 66 BC35
Sandee, Tran. *EH33* 35 CL15
Sanderson's Gro, Tran. *EH33* 35 CM12
Sanderson's Wynd,
 Tran. *EH33* 35 CM12
Sandford Gdns *EH15* 29 BQ11
Sandpiper Rd *EH6* 15 BF4
Sand Port *EH6* 16 BJ5
Sandport Pl *EH6* 15 BH5
Sandport St *EH6* 15 BH5
Sandport Way *EH6* 15 BH5
Sauchiebank *EH11* 26 BA13
Saugh Cotts (Newt.),
 Dalk. *EH22* 65 BW31
SAUGHTON 41 AX14
Saughton Av *EH11* 41 AY14
Saughton Cres *EH12* 25 AX13
Saughton Gdns *EH12* 25 AX13
Saughton Gro *EH12* 25 AX13
SAUGHTONHALL 25 AX13
Saughtonhall Av *EH12* 25 AX13
Saughtonhall Av W *EH12* 25 AX13
Saughtonhall Circ *EH12* 25 AY13
Saughtonhall Cres *EH12* 25 AX13
Saughtonhall Dr *EH12* 25 AX12
Saughtonhall Gdns *EH12* 25 AY13
Saughtonhall Gro *EH12* 25 AY13
Saughtonhall Pl *EH12* 25 AX13
Saughtonhall Ter *EH12* 25 AY13
Saughton Ln *EH12* 25 AX13
Saughton Mains Av *EH11* 40 AV15
Saughton Mains Bk *EH11* 40 AV16
Saughton Mains Dr *EH11* 40 AV16
Saughton Mains Gdns *EH11* 40 AV16
Saughton Mains Gro *EH11* 41 AW16
Saughton Mains Ind Est *EH11* 40 AV15
Saughton Mains Ln *EH11* 40 AV16
Saughton Mains Pk *EH11* 40 AV15
Saughton Mains Pl *EH11* 40 AV16
Saughton Mains St *EH11* 40 AV15
Saughton Mains Ter *EH11* 40 AV15
Saughton Pk *EH12* 25 AX13
Saughton Rd *EH11* 40 AV15
Saughton Rd N *EH12* 40 AU14
Saunders St *EH3* 6 BD10
Savile Pl *EH9* 43 BH16
Savile Ter *EH9* 43 BH16
Sawmill Medway,
 Bonny. *EH19* 64 BS30
Sawmill Path, Bonny. *EH19* 64 BS30
Sawmill Ter, Bonny. *EH19* 64 BS30
Saxe-Coburg Pl *EH3* 26 BD9
Saxe Coburg St *EH3* 26 BD9
Saxe-Coburg Ter *EH3* **4** 26 BD9
Scarlett Pk (Wall.), Muss. *EH21* 32 CC14
Schaw Rd, Pres. *EH32* 18 CK10
School Brae *EH4* 11 AR5
School Brae, Lass. *EH18* 55 BQ26
School Grn, Lass. *EH18* 55 BQ26
School La (Cock.), Pres. *EH32* 19 CL7

School Wynd (Ratho),
 Newbr. *EH28* 37 AF17
Schoolyard Ct, Ros. *EH25* 62 BJ32
Sciennes *EH9* 43 BG14
Sciennes Gdns *EH9* 43 BG14
Sciennes Hill Pl *EH9* 43 BG14
Sciennes Ho Pl *EH9* 43 BG14
Sciennes Pl *EH9* **2** 43 BG14
Sciennes Prim Sch *EH9* 43 BF14
Sciennes Rd *EH9* 43 BF14
Scollon Av, Bonny. *EH19* 56 BS27
Scone Gdns *EH8* 28 BL10
Scotch Whisky Experience
 EH1 **3** 6 BE12
ScotlandsPeople Centre *EH1* 7 BF10
Scotland St *EH3* 27 BE9
Scotsman Hotel, The *EH1* 7 BF11
Scotstoun Av, S Q'fry *EH30* 9 AE3
Scotstoun Grn, S Q'fry *EH30* 8 AD3
Scotstoun Gro, S Q'fry *EH30* **2** 9 AE3
Scotstoun Pk, S Q'fry *EH30* 9 AE4
Scottish Agricultural Coll
 (Bush Estate) *EH26* 60 BD31
Scottish Agricultural Coll
 (King's) *EH9* 43 BH18
Scottish Mining Museum *EH22* 65 BW31
Scottish National Gallery of
 Modern Art *EH4* 26 BA11
Scottish National Portrait
 Gallery *EH2* 7 BF10
Scottish Parliament *EH8* 7 BH11
Scottish Poetry Library *EH8* 7 BH11
Scottish Storytelling
 Centre *EH1* **13** 7 BG11
Scott Monument *EH2* 7 BF11
Scott Rd, Pen. *EH26* 68 BA36
Scotway Cen, The, Dalk. *EH22* 46 BU19
Seacot *EH6* **1** 16 BL7
SEAFIELD, Leith 16 BM7
SEAFIELD, Roslin 61 BF29
Seafield Av *EH6* 16 BL7
Seafield Cl (Bils.), Ros. *EH25* 61 BG28
Seafield Cres (Bils.), Ros. *EH25* 61 BG29
Seafield Ind Est *EH15* 17 BP9
Seafield Moor Rd *EH10* 61 BE26
Seafield Pl *EH6* 16 BL7
Seafield Rd *EH6* 16 BL7
Seafield Rd (Bils.), Ros. *EH25* 61 BF29
Seafield Rd E *EH15* 17 BN8
Seafield St *EH6* 16 BM7
Seafield Way *EH15* 17 BN8
Seaforth Dr *EH4* 25 AY9
Seaforth Ter *EH4* 25 AY9
Seaforth Ter, Bonny. *EH19* 63 BP29
Sealcarr St *EH5* 14 BA4
Seaport St *EH6* **5** 16 BJ6
Seaview Cres *EH15* 30 BT12
Seaview Ter *EH15* 30 BT12
Second Gait (Ricc.),
 Currie *EH14* 49 AN19
Second St (Newt.), Dalk. *EH22* 65 BX31
Semple St *EH3* 6 BD12
SETON 19 CN9
Seton Collegiate Church *EH32* 19 CP8
Seton Ct (Port S.), Pres. *EH32* 19 CN7
Seton Ct, Tran. *EH33* **8** 35 CL14
Seton Pl *EH9* 43 BG14
Seton Pl (Port S.), Pres. *EH32* 19 CM7
Seton Vw (Port S.), Pres. *EH32* 19 CN8
Seton Wynd (Port S.),
 Pres. *EH32* 19 CN7
Seventh St (Newt.), Dalk. *EH22* 65 BX30
Shadepark Cres, Dalk. *EH22* 57 BX23
Shadepark Dr, Dalk. *EH22* 57 BX23
Shadepark Gdns, Dalk. *EH22* 57 BX23
Shaftesbury Pk *EH11* 42 BA15
Shandon Cres *EH11* 42 BA15
Shandon Pl *EH11* 42 BA15
Shandon Rd *EH11* 42 BA15
Shandon St *EH11* 42 BA15
Shandon Ter *EH11* 42 BA15

Shandwick Pl *EH2* 6 BC12
Shanter Way *EH16* 44 BJ18
Sharpdale Ln *EH16* 44 BJ17
Shaw Pl (Mayf.), Dalk. *EH22* 57 BZ27
Shaws Ct (Milt.Br), Pen. *EH26* 66 BC34
Shaw's Cres (Milt.Br),
 Pen. *EH26* 66 BC34
Shaw's Pl *EH7* 27 BG8
Shaw's Sq *EH1* **2** 27 BG9
Shaw's St *EH7* 27 BG8
Shaw's Ter *EH7* 27 BG8
Sheraton Grand Hotel *EH3* 6 BD12
Sheriff Bk *EH6* 15 BH6
Sheriff Brae *EH6* 15 BH6
Sheriffhall Rbt, Dalk. *EH22* 56 BT23
Sheriff Pk *EH6* 15 BH6
Sherwood Av, Bonny. *EH19* 64 BS29
Sherwood Ct, Bonny. *EH19* 64 BS29
Sherwood Cres, Bonny. *EH19* 64 BS29
Sherwood Dr, Bonny. *EH19* 64 BS29
Sherwood Gro, Bonny. *EH19* 64 BS29
Sherwood Ind Est,
 Bonny. *EH19* 56 BS28
Sherwood Ln, Bonny. *EH19* 64 BS29
Sherwood Pk, Bonny. *EH19* 64 BS29
Sherwood Pl, Bonny. *EH19* 64 BS29
Sherwood Ter, Bonny. *EH19* 64 BS29
Sherwood Vw, Bonny. *EH19* 64 BS29
Sherwood Wk, Bonny. *EH19* **1** 64 BT29
Sherwood Way, Bonny. *EH19* 64 BS29
Shore *EH6* 16 BJ6
Shore Pl *EH6* 16 BJ6
Shore Rd, S Q'fry *EH30* 8 AD1
Shorthope St, Muss. *EH21* 31 BY13
Shrub Mt *EH15* 29 BQ10
Shrub Pl *EH7* 27 BG8
Shrub Pl La *EH7* 27 BG8
Sienna Gdns *EH9* 43 BG14
SIGHTHILL 40 AS17
Sighthill Av *EH11* 40 AU17
Sighthill Bk *EH11* 40 AT17
Sighthill Ct *EH11* 40 AT17
Sighthill Cres *EH11* 40 AT18
Sighthill Dr *EH11* 40 AT18
Sighthill Gdns *EH11* 40 AT17
Sighthill Grn *EH11* 40 AT17
Sighthill Gro *EH11* 40 AU17
Sighthill Ind Est *EH11* 40 AS17
Sighthill Ln *EH11* 40 AT17
Sighthill Neuk *EH11* 40 AT18
Sighthill Pk *EH11* 40 AT17
Sighthill Pl *EH11* 40 AT17
Sighthill Prim Sch *EH11* 40 AS18
Sighthill Ri *EH11* 40 AT18
Sighthill Rd *EH11* 40 AT18
Sighthill Shop Cen *EH11* 40 AT17
Sighthill St *EH11* 40 AT18
Sighthill Ter *EH11* 40 AT17
Sighthill Vw *EH11* 40 AT17
Sighthill Wynd *EH11* 40 AT17
Silverburn Dr, Pen. *EH26* 68 AY37
SILVERKNOWES 12 AV7
Silverknowes Av *EH4* 12 AU7
Silverknowes Bk *EH4* 12 AV7
Silverknowes Brae *EH4* 12 AV7
Silverknowes Ct *EH4* 12 AV7
Silverknowes Cres *EH4* 12 AV6
Silverknowes Dell *EH4* 13 AW7
Silverknowes Dr *EH4* 12 AV7
Silverknowes Eastway *EH4* 12 AV7
Silverknowes Gdns *EH4* 12 AV6
Silverknowes Golf Course *EH4* 12 AV5
Silverknowes Grn *EH4* 13 AW7
Silverknowes Gro *EH4* 12 AV6
Silverknowes Hill *EH4* 12 AV7
Silverknowes Ln *EH4* 12 AU7
Silverknowes Midway *EH4* 13 AW7
Silverknowes Neuk *EH4* 25 AW8
Silverknowes Parkway *EH4* 12 AV6
Silverknowes Pl *EH4* 12 AV6
Silverknowes Rd *EH4* 12 AV6

Name	Page	Grid
Silverknowes Rd E *EH4*	12	AV7
Silverknowes Rd S *EH4*	24	AV8
Silverknowes Southway *EH4*	13	AW7
Silverknowes Ter *EH4*	12	AU7
Silverknowes Vw *EH4*	13	AW7
Silvermills *EH3*	26	BD9
Simon Sq *EH8* **4**	7	BG12
Simpson Ln *EH3*	6	BE13
Sinclair Cl *EH11* **2**	42	BA15
Sinclair Gdns *EH11*	42	BA14
Sinclair Pl *EH11*	41	AZ14
Sir Harry Lauder Rd *EH15*	29	BP10
Sir Walter Scott Pend, Pres. *EH32* **1**	18	CH9
Sir William Fraser Homes *EH13*	51	AW20
Sixth St (Newt.), Dalk. *EH22*	65	BW30
Skeltiemuir Av, Bonny. *EH19*	63	BQ30
Skeltiemuir Ct, Bonny. *EH19*	63	BQ30
Skeltiemuir Gro, Bonny. *EH19*	63	BR30
Slaeside, Bal. *EH14*	58	AL26
SLATEFORD	41	AX17
Slateford Gait *EH11*	41	AZ15
Slateford Grn *EH14*	41	AZ14
Slateford Grn (Slateford Junc) *EH14*	41	AZ16
Slateford Rd *EH11*	41	AZ15
Slateford Rd *EH14*	41	AY17
Slateford Rd Br *EH11*	42	BA15
Slateford Sta *EH14*	41	AY16
Slater's Steps *EH8* **6**	7	BH11
Sleigh Dr *EH7*	16	BK9
Sleigh Gdns *EH7*	16	BL9
Sloan St *EH6*	27	BH8
Smeaton Gro (Inv.), Muss. *EH21*	31	BZ15
Smithfield St *EH11*	41	AZ14
Smith's Land, S Q'fry *EH30* **5**	9	AE2
Smith's Pl *EH6*	15	BH7
Smithy Grn Av (Dand.), Dalk. *EH22*	45	BQ20
Society Rd, S Q'fry *EH30*	8	AB1
Solicitor's Bldgs *EH1* **4**	7	BF12
Somerset Pl *EH6*	16	BJ7
Somers Pk, Tran. *EH33*	35	CL14
Sommerville Gdns, S Q'fry *EH30*	9	AF4
Sour Howe *EH13*	52	BB22
Southbank *EH4* **1**	12	AU7
Southbank Ct *EH4* **2**	12	AU7
South Barnton Av *EH4*	24	AU8
South Beechwood *EH12*	25	AW13
South Br *EH1*	7	BF11
South Br *EH8*	7	BF11
South Charlotte St *EH2*	6	BD11
South Clerk St *EH8*	7	BG13
South Coll St *EH8*	7	BF12
South Cres, Pres. *EH32*	18	CJ10
South Doors (Cock.), Pres. *EH32*	19	CL7
South E Circ Pl *EH3* **1**	6	BD10
South Elixa Pl *EH8*	28	BM11
South Ettrick Rd *EH10*	42	BB15
Southfield Bk *EH15*	29	BP13
Southfield Fm Gro *EH15*	29	BN12
Southfield Gdns E *EH15*	29	BP12
Southfield Gdns W *EH15*	29	BP12
Southfield Ln *EH15*	29	BP13
Southfield Pl *EH15*	29	BQ11
Southfield Rd E *EH15*	29	BP13
Southfield Rd W *EH15*	29	BN13
Southfield Sq *EH15*	29	BP13
Southfield Ter *EH15*	29	BP13
Southfield Vil *EH15* **1**	29	BQ12
South Fort St *EH6*	15	BG6
South Gayfield La *EH1*	27	BG9
South Gillsland Rd *EH10*	42	BB15
South Gra Av, Pres. *EH32*	34	CG11
South Gray's Cl *EH1*	7	BG11
South Gray St *EH9*	43	BH15
South Groathill Av *EH4*	25	AY9
SOUTH GYLE	39	AR15
South Gyle Access *EH12*	40	AS15
South Gyle Bdy *EH12*	39	AR14
South Gyle Cres *EH12*	40	AS16
South Gyle Cres La *EH12*	39	AR15
South Gyle Gdns *EH12*	39	AR14
South Gyle Ind Est *EH12*	39	AR15
South Gyle Ln *EH12*	39	AR14
South Gyle Mains *EH12*	40	AS14
South Gyle Pk *EH12*	39	AR14
South Gyle Pk Business Est *EH12*	39	AR15
South Gyle Rd *EH12*	39	AR14
South Gyle Sta *EH12*	39	AR14
South Gyle Wynd *EH12*	40	AS14
SOUTHHOUSE	54	BK23
Southhouse Av *EH17*	54	BK22
Southhouse Boundary *EH17*	54	BK22
Southhouse Brae *EH17*	54	BK22
Southhouse Bdy *EH17*	54	BK22
Southhouse Cl *EH17*	54	BK23
Southhouse Cres *EH17*	54	BK23
Southhouse Crossway *EH17*	54	BK23
Southhouse Dr *EH17*	54	BK22
Southhouse Gdns *EH17*	54	BK22
Southhouse Gro *EH17*	54	BK23
Southhouse Ln *EH17*	54	BK22
Southhouse Pl *EH17*	54	BK22
Southhouse Rd *EH17*	54	BJ22
Southhouse Sq *EH17* **1**	54	BK23
Southhouse Ter *EH17*	54	BK22
Southhouse Wk *EH17*	54	BK22
South Lauder Rd *EH9*	43	BG15
South Laverockbank Av *EH5*	15	BE5
Southlawn Ct *EH4* **3**	12	AU7
South Learmonth Av *EH4*	26	BB10
South Learmonth Gdns *EH4*	26	BB10
SOUTH LEITH	16	BJ8
South Lorimer Pl (Cock.), Pres. *EH32*	19	CL8
South Lorne Pl *EH6*	27	BH8
South Maybury *EH12*	39	AQ13
South Meadow Wk *EH9*	6	BE13
South Mellis Pk *EH8*	29	BN11
South Morningside Prim Sch *EH10*	42	BC18
South Morton St *EH15*	30	BS12
South Oswald Rd *EH9*	43	BE16
South Oxford St *EH8*	43	BH14
South Pk *EH6*	15	BE5
South Parrotshot *EH15*	29	BQ14
SOUTH QUEENSFERRY	9	AE1
South St. Andrew St *EH2*	7	BF10
South St. David St *EH2*	7	BF10
South Scotstoun, S Q'fry *EH30*	9	AE4
South Seton Pk (Port S.), Pres. *EH32*	19	CL8
South Sloan St *EH6*	27	BH8
South Steil *EH10*	42	BA19
South St, Dalk. *EH22*	57	BW24
South St, Muss. *EH21*	31	BX13
South Trinity Rd *EH5*	14	BD6
South Vw, Pres. *EH32* **1**	18	CJ10
Soutra Ct *EH16*	44	BK21
Spalding Cres, Dalk. *EH22*	57	BX24
Spa Pl *EH15* **7**	29	BQ10
Speedwell Av, Dalk. *EH22*	45	BQ19
Spencer Pl *EH5*	14	BD5
Spence St *EH16*	43	BH14
Spey St *EH7*	27	BG8
Spey St La *EH7*	27	BG8
Spey Ter *EH7*	27	BG8
Spier's Pl *EH6* **7**	15	BH6
Spinney, The *EH17*	44	BM21
Spire Murrayfield Hosp *EH12*	25	AW12
Spirit of the Tattoo Visitor Centre *EH12* **2**	6	BE11
Spittalfield Cres *EH8*	7	BG13
Spittal St *EH3*	6	BD12
Spittal St La *EH3* **3**	6	BE12
Spottiswoode Rd *EH9*	43	BE14
Spottiswoode St *EH9*	43	BE14
Springfield *EH6*	15	BG7
Springfield Bldgs *EH6* **3**	15	BH7
Springfield Cres, S Q'fry *EH30*	8	AB2
Springfield La *EH6*	15	BH7
Springfield Lea, S Q'fry *EH30*	8	AB2
Springfield Pl, Gore. *EH23*	70	BZ36
Springfield Pl, Ros. *EH25*	62	BJ31
Springfield Pl, S Q'fry *EH30*	8	AB2
Springfield Rd, S Q'fry *EH30*	8	AB2
Springfield St *EH6*	15	BH7
Springfield Ter, S Q'fry *EH30*	8	AB2
Springfield Vw, S Q'fry *EH30*	8	AB2
Spring Gdns *EH8*	28	BJ10
Springvalley Gdns *EH10*	42	BC16
Springvalley Ter *EH10*	42	BC16
Springwell Pl *EH11*	26	BB13
Springwell Ter, S Q'fry *EH30*	8	AD2
Springwood Pk *EH16*	44	BK19
Spruce Wk, Lnhd *EH20*	61	BG28
Spylaw Av *EH13*	50	AV20
Spylaw Bk Rd *EH13*	50	AV20
Spylaw Ho *EH13*	51	AW21
Spylaw Pk *EH13*	50	AV20
Spylaw Rd *EH10*	42	BB15
Spylaw St *EH13*	51	AW21
Square, The (Dand.), Dalk. *EH22*	45	BR19
Square, The (Newt.), Dalk. *EH22*	65	BX30
Square, The, K'lis. *EH29* **1**	20	AD10
Square, The, Pen. *EH26*	69	BB39
Stable Cor, Pres. *EH32*	18	CH9
Stable La *EH10*	42	BC16
Stafford St *EH3*	6	BC11
Stair Pk *EH12*	25	AY12
Stair Pk, Tran. *EH33*	34	CK12
Standingstane Rd (Dalm.), S Q'fry *EH30*	9	AG4
Stanedykehead *EH16*	53	BH21
Stanhope Pl *EH12*	26	BA12
Stanhope St *EH12*	26	BA12
Stanley Av (Bils.), Ros. *EH25*	61	BG29
Stanley Pl *EH7*	28	BJ10
Stanley Rd *EH6*	15	BE5
Stanley St *EH15*	29	BQ12
Stanwell St *EH6*	15	BG7
Stapeley Av *EH7*	17	BN9
Starbank Rd *EH5*	15	BE5
Stark's Cotts *EH13* **1**	52	BA20
Station Brae *EH15*	29	BQ11
Station Ln, Bal. *EH14*	48	AL24
Station Rd *EH12*	24	AU13
Station Rd, Dalk. *EH22*	56	BU25
Station Rd (Newt.), Dalk. *EH22*	65	BW29
Station Rd, Gore. *EH23*	70	BY36
Station Rd, K'lis. *EH29*	20	AD9
Station Rd, Lnhd *EH20*	54	BL27
Station Rd, Muss. *EH21*	31	BX14
Station Rd (Ratho Sta), Newbr. *EH28*	37	AE13
Station Rd, Pres. *EH32*	34	CJ11
Station Rd, Ros. *EH25*	62	BJ31
Station Rd, S Q'fry *EH30*	9	AF3
Station Ter, K'lis. *EH29*	20	AD10
Station Vw, S Q'fry *EH30*	9	AF3
Stead's Pl *EH6*	15	BH7
Steele Av (Mayf.), Dalk. *EH22*	71	CB29
Steel's Pl *EH10*	42	BD16
Steil Gro, Tran. *EH33*	35	CM14
Steils, The *EH10*	42	BA18
STENHOUSE	41	AX15
Stenhouse Av *EH11*	41	AW14
Stenhouse Av W *EH11*	41	AW15
Stenhouse Cotts *EH11*	41	AW15
Stenhouse Cres *EH11*	41	AW15
Stenhouse Cross *EH11*	41	AW15
Stenhouse Dr *EH11*	41	AW15
Stenhouse Gdns *EH11*	41	AW15
Stenhouse Gdns N *EH11*	41	AW15
Stenhouse Gro *EH11*	41	AW15

Stenhouse Mill Cres *EH11*	41	AX16
Stenhouse Mill La *EH11*	41	AX16
Stenhouse Mill Wynd *EH11*	41	AX16
Stenhouse Pl E *EH11*	41	AW15
Stenhouse Pl W *EH11*	41	AW15
Stenhouse Prim Sch *EH11*	41	AW15
Stenhouse Rd *EH11*	41	AW16
Stenhouse St E *EH11*	41	AW15
Stenhouse St W *EH11*	40	AV15
Stenhouse Ter *EH11*	41	AX15
Stennis Gdns *EH17* **1**	44	BL20
Stevenlaw's Cl *EH1*	7	BF11
Stevenson Av *EH11*	41	AY14
Stevenson Coll (Duncan Place) *EH6*	16	BJ7
Stevenson Coll (Sighthill Campus) *EH11*	40	AS16
Stevenson Dr *EH11*	41	AW15
Stevenson Gro *EH11*	41	AY14
Stevenson La (Newt.), Dalk. *EH22*	65	BX31
Stevenson Pl, Lass. *EH18*	62	BM29
Stevenson Rd *EH11*	41	AY14
Stevenson Rd, Pen. *EH26*	66	BC35
Stevenson Ter *EH11*	41	AY14
Stewart Av, Currie *EH14*	49	AN24
Stewart Clark Av, S Q'fry *EH30*	9	AE3
Stewart Cres, Currie *EH14*	49	AN23
Stewartfield *EH6*	15	BF7
Stewart Gdns, Currie *EH14*	49	AN23
Stewart Gro, Dalk. *EH22*	45	BQ19
Stewart Pl, Currie *EH14*	49	AN24
Stewart Pl, K'lis. *EH29*	20	AD9
Stewart Rd, Currie *EH14*	49	AN24
Stewart's Melville Coll *EH4*	26	BA10
Stewart Ter *EH11*	41	AX14
Stewart Ter, S Q'fry *EH30*	8	AD2
Stills Gallery *EH1*	7	BF11
Stirling Rd *EH5*	14	BD5
Stirling Rd, K'lis. *EH29*	20	AB9
Stobhill Prim Sch *EH23*	70	BZ35
Stobhill Rd (Newt.), Dalk. *EH22*	65	BX31
STOCKBRIDGE	26	BD9
Stockbridge Prim Sch *EH3*	26	BD9
Stone Av (Mayf.), Dalk. *EH22*	65	BZ29
Stone Cres (Mayf.), Dalk. *EH22*	65	BZ29
Stone Pl (Mayf.), Dalk. *EH22*	65	BZ30
STONEYBANK	31	BW15
Stoneybank Av, Muss. *EH21*	31	BW15
Stoneybank Ct, Muss. *EH21*	31	BW15
Stoneybank Cres, Muss. *EH21*	31	BX15
Stoneybank Dr, Muss. *EH21*	31	BW14
Stoneybank Gdns, Muss. *EH21*	31	BW14
Stoneybank Gdns N, Muss. *EH21*	31	BW14
Stoneybank Gdns S, Muss. *EH21*	31	BX15
Stoneybank Gro, Muss. *EH21*	31	BX15
Stoneybank Pl, Muss. *EH21*	31	BX15
Stoneybank Rd, Muss. *EH21*	31	BX15
Stoneybank Ter, Muss. *EH21*	31	BX15
Stoneycroft Rd, S Q'fry *EH30*	9	AE2
Stoneyflatts, S Q'fry *EH30*	8	AC2
Stoneyflatts Cres, S Q'fry *EH30*	8	AC2
Stoneyflatts Pk, S Q'fry *EH30*	8	AC3
STONEYHILL	31	BW15
Stoneyhill Av, Muss. *EH21*	31	BW14
Stoneyhill Ct, Muss. *EH21*	31	BW14
Stoneyhill Cres, Muss. *EH21*	31	BW14
Stoneyhill Dr, Muss. *EH21*	31	BW14
Stoneyhill Fm Rd, Muss. *EH21*	31	BW14
Stoneyhill Gdns, Muss. *EH21* **1**	31	BW14
Stoneyhill Gro, Muss. *EH21*	31	BW14
Stoneyhill Pl, Muss. *EH21*	31	BW14
Stoneyhill Prim Sch *EH21*	31	BW14
Stoneyhill Ri, Muss. *EH21*	31	BW14
Stoneyhill Rd, Muss. *EH21*	31	BW14
Stoneyhill Steading, Muss. *EH21*	31	BW14
Stoneyhill Ter, Muss. *EH21*	31	BW14
Stoneyhill Wynd, Muss. *EH21*	31	BW14

Strachan Gdns *EH4*	25	AW9
Strachan Rd *EH4*	25	AX10
STRAITON	53	BH25
Straiton Junct, Lnhd *EH20*	54	BJ25
Straiton Mains (Strait.), Lnhd *EH20*	54	BJ26
Straiton Pk (Strait.), Lnhd *EH20*	54	BJ26
Straiton Pk (Residential Caravans) (Strait.), Lnhd *EH20*	61	BH26
Straiton Pk Way (Strait.), Lnhd *EH20*	54	BJ25
Straiton Pl *EH15*	29	BR10
Straiton Retail Park *EH20*	54	BJ26
Straiton Rd (Strait.), Lnhd *EH20*	54	BJ25
Straiton Vw, Lnhd *EH20*	54	BJ26
Strathalmond Ct *EH4*	23	AP8
Strathalmond Grn *EH4*	23	AP8
Strathalmond Pk *EH4*	23	AP9
Strathalmond Rd *EH4*	23	AP8
Strathearn Pl *EH9*	42	BD15
Strathearn Rd *EH9*	43	BE15
Strathesk Gro, Pen. *EH26*	69	BC37
Strathesk Pl, Pen. *EH26*	69	BC37
Strathesk Rd, Pen. *EH26*	69	BC37
Strawberry Bk, Dalk. *EH22*	56	BU26
Struan Wynd, Pres. *EH32*	18	CK9
Stuart Cres *EH12*	23	AR11
Stuart Grn *EH12*	23	AR11
Stuart Pk *EH12*	23	AR11
Stuart Sq *EH12*	23	AR11
Stuart Wynd *EH12*	23	AR11
Succoth Av *EH12*	25	AZ11
Succoth Ct *EH12*	25	AZ11
Succoth Gdns *EH12*	25	AZ11
Succoth Pk *EH12*	25	AY11
Succoth Pl *EH12*	25	AZ11
Suffolk Rd *EH16*	43	BH16
Suffolk Rd La *EH16*	43	BH16
Summerbank *EH3*	27	BE9
Summerfield Gdns *EH6*	16	BK7
Summerfield Pl *EH6*	16	BK7
Summerhall *EH9* **4**	43	BG14
Summerhall Cres *EH9* **4**	7	BG13
Summerhall Pl *EH9* **5**	43	BG14
Summerhall Sq *EH9*	43	BG14
Summerlee, Pres. *EH32*	18	CG10
Summer Pl *EH3*	27	BE8
Summerside Pl *EH6*	15	BF6
Summerside St *EH6*	15	BF6
Summertrees Ct *EH16*	44	BK18
Sunbury Ms *EH4*	26	BB11
Sunbury Pl *EH4*	26	BB11
Sunbury St *EH4*	26	BB11
Sunnybank *EH7*	28	BK10
Sunnybank Pl *EH7*	28	BK10
Sunnybank Ter *EH7* **4**	28	BJ10
Sunnyside *EH7*	16	BJ9
Suntrap Garden *EH12*	39	AN17
Surgeons' Hall Museum *EH8*	7	BG12
Surrey Pl *EH12* **2**	26	BA12
Sutherland St *EH12*	26	BA12
Suttieslea Cres (Newt.), Dalk. *EH22*	65	BY29
Suttieslea Dr (Newt.), Dalk. *EH22*	65	BY29
Suttieslea Pl (Newt.), Dalk. *EH22*	65	BY29
Suttieslea Rd (Newt.), Dalk. *EH22*	65	BY29
Suttieslea Wk (Newt.), Dalk. *EH22*	65	BY29
Swallow La, Dalk. *EH22*	57	BZ24
Swan Cres, Gore. *EH23*	70	BY34
Swanfield *EH6*	15	BH6
Swan Rd, Tran. *EH33*	35	CL14
Swan Spring Av *EH10*	52	BC20
Swanston Av *EH10*	52	BC22
Swanston Cres *EH10*	52	BC22

Swanston Dr *EH10*	52	BD23
Swanston Gdns *EH10*	52	BC22
Swanston Golf Course *EH10*	52	BB24
Swanston Grn *EH10*	52	BC22
Swanston Gro *EH10*	52	BD22
Swanston Ln *EH10*	52	BC22
Swanston Muir *EH10*	52	BA22
Swanston Pk *EH10*	52	BC22
Swanston Pl *EH10*	52	BC22
Swanston Rd *EH10*	52	BB22
Swanston Row *EH10*	52	BC22
Swanston Ter *EH10*	52	BD22
Swanston Vw *EH10*	52	BC22
SWANSTON VILLAGE	52	BC24
Swanston Way *EH10*	52	BC22
Sycamore Av (Port S.), Pres. *EH32*	19	CM8
Sycamore Gdns *EH12*	24	AT13
Sycamore Path, Lnhd *EH20* **1**	61	BG28
Sycamore Rd (Mayf.), Dalk. *EH22*	71	CA29
Sycamore Ter *EH12*	24	AU13
Sydney Pk *EH7*	17	BN9
Sydney Pl *EH7*	17	BN9
Sydney Ter *EH7*	17	BN9
Sylvan Pl *EH9*	43	BF14
Syme Cres *EH10*	42	BA19
Syme Pl *EH10* **2**	42	BA19
Syme Rigg *EH10* **4**	42	BA19

T

Tait Dr, Pen. *EH26*	69	BB38
Tait St, Dalk. *EH22*	57	BW24
Tait Wynd *EH15*	30	BT13
Talbot Rice Gallery *EH1*	7	BF12
Talisman Pl *EH16*	44	BK18
Tanfield *EH3*	27	BE8
Tantallon Pl *EH9*	43	BG14
Tartan Weaving Mill & Exhibition *EH1* **1**	6	BE11
Tarvit St *EH3*	6	BD13
Tattoo Office *EH1*	7	BF11
Taylor Gdns *EH6*	15	BH6
Taylor Pl *EH7*	28	BJ10
Taylor Pl, Dalk. *EH22*	57	BY25
Tay St *EH11*	42	BB14
Telfer Sub *EH11*	26	BB13
Telferton *EH7*	29	BP10
Telford Coll *EH5*	13	AY5
Telford Cotts, Pen. *EH26*	69	BB39
Telford Dr *EH4*	25	AZ8
Telford Gdns *EH4*	25	AZ8
Telford Gro *EH4*	13	AZ7
Telford March *EH4*	25	AZ8
Telford Pl *EH4*	25	AZ8
Telford Rd *EH4*	25	AZ9
Templar's Cramond *EH4*	23	AQ7
Templeland Gro *EH12*	24	AT12
Templeland Rd *EH12*	24	AS12
Temple Pk Cres *EH11*	42	BB14
Tennant St *EH6*	15	BH7
Tenth St (Newt.), Dalk. *EH22*	65	BX29
Terrars Cft *EH8*	7	BH13
Terregles, Pen. *EH26*	68	AZ37
Teviotdale Pl *EH3*	26	BD9
Teviot Gro, Pen. *EH26*	69	BB36
Teviot Pl *EH1*	7	BF12
Teviot Pl *EH1*	7	BF12
Third Gait (Ricc.), Currie *EH14*	49	AN19
Third St (Newt.), Dalk. *EH22*	65	BW31
Thirlestane La *EH9*	43	BE15
Thirlestane Rd *EH9*	43	BE14
Thistle Ct *EH2* **3**	6	BE10
Thistle Hotel *EH1*	7	BF10
Thistle Pl *EH11*	6	BC13
Thistle St *EH2*	6	BE10
Thistle St N E La *EH2*	6	BE10
Thistle St N W La *EH2*	6	BE10
Thistle St S E La *EH2*	6	BE10
Thistle St S W La *EH2*	6	BE10

Thomson Cres, Currie *EH14*   49   AR22
Thomson Cres (Port S.), Pres. *EH32*   19   CM7
Thomson Dr, Currie *EH14*   49   AR22
Thomson Gro, Currie *EH14*   49   AR22
Thomson Rd, Currie *EH14*   49   AR22
Thomson's Ct *EH1* **8**   6   BE12
Thorburn Gro *EH13*   51   AY21
Thorburn Rd *EH13*   51   AX20
Thorburn Ter, Pen. *EH26*   68   BA39
Thorntree Cres, Pres. *EH32*   18   CK10
Thorntreeside *EH6*   16   BJ7
Thorntreeside Ind Est *EH6*   16   BJ8
Thorntree St *EH6*   15   BH7
Thornville Ter *EH6*   16   BJ8
Thornybank, Dalk. *EH22*   57   BY23
Thornybank Ind Est, Dalk. *EH22*   57   BY23
Thornybauk *EH3*   6   BD12
Thornyhall, Dalk. *EH22*   57   BY23
Threipmuir Av, Bal. *EH14*   58   AL27
Threipmuir Gdns, Bal. *EH14*   58   AL27
Threipmuir Pl, Bal. *EH14*   58   AL27
Timber Bush *EH6*   16   BJ5
Timmins Ct (Ratho), Newbr. *EH28*   37   AF17
Tinto Pl *EH6*   15   BG7
Tipperlinn Rd *EH10*   42   BC15
Toddshill Rd, K'lis. *EH29*   20   AC10
Tolbooth Wynd *EH6*   15   BH6
Tollcross Prim Sch *EH3*   6   BD13
Toll Ho Gdns, Tran. *EH33*   35   CM15
Toll Ho Gro, Tran. *EH33*   35   CM14
Toll Ho Neuk, Tran. *EH33*   35   CM15
Torduff Rd *EH13*   51   AW23
Torphichen Pl *EH3*   6   BC12
Torphichen St *EH3*   6   BC12
Torphin Bk *EH13*   50   AV22
Torphin Hill Golf Course *EH13*   50   AU23
Torphin Rd *EH13*   50   AV22
Torrance Pk *EH4*   24   AS10
Torrence Medway, Pen. *EH26*   66   BC34
Torsonce Rd, Dalk. *EH22*   56   BV25
Toscana Ct, Dalk. *EH22*   45   BQ19
Toward Ct *EH12* **1**   23   AQ12
Towerbank Prim Sch *EH15*   29   BR10
Tower Pl *EH6*   16   BJ5
Tower St *EH6*   16   BJ5
Tower St La *EH6*   16   BJ5
Tower Wynd *EH6*   16   BJ5
Townswomen's Guild Wk *EH3*   7   BF13
Trafalgar La *EH6*   15   BF6
Trafalgar St *EH6*   15   BG6
TRANENT   35   CL15
Tranent Inf Sch *EH33*   35   CM13
Tranent Prim Sch *EH33*   35   CM12
Traprain Ter, Lnhd *EH20*   62   BL28
Traquair Pk E *EH12*   24   AV13
Traquair Pk W *EH12*   24   AU13
Travelodge Edinburgh Central *EH1*   7   BG11
Travelodge Edinburgh Dreghorn *EH13*   51   AZ22
Travelodge Edinburgh Musselburgh *EH21*   47   BX17
Travelodge, Edinburgh West End *EH4*   26   BB11
Travelodge Haymarket *EH12*   26   BB11
Traverse Theatre *EH1*   6   BD12
Trelawney Ter, Pen. *EH26*   66   BC35
Trench Knowe *EH10*   52   BC22
Tressilian Gdns *EH16*   44   BK18
TRINITY   14   BD5
Trinity Acad *EH6*   15   BE5
Trinity Ct *EH5*   14   BC6
Trinity Cres *EH5*   14   BD4
Trinity Gro *EH5*   14   BD5
Trinity Mains *EH5*   14   BD6
Trinity Prim Sch *EH6*   15   BF5
Trinity Rd *EH5*   14   BD5
Trinity Way *EH5*   14   BD6

Tron Kirk, The *EH1* **9**   7   BF11
Tron Sq *EH1* **12**   7   BF11
Trotter Haugh *EH9*   43   BF16
Tryst Pk *EH10*   52   BB22
Turner Av, Bal. *EH14*   48   AK24
Turner Pk, Bal. *EH14*   48   AK24
TURNHOUSE   22   AL10
Turnhouse Fm Rd *EH12*   22   AL10
Turnhouse Golf Course *EH12*   22   AM11
Turnhouse Rd *EH12*   22   AM11
Turret Gdns, Pres. *EH32*   34   CH11
Tyler's Acre Av *EH12*   40   AU14
Tyler's Acre Gdns *EH12*   40   AU14
Tyler's Acre Rd *EH12*   40   AU14
Tynecastle High Sch *EH11*   26   BA13
Tynecastle La *EH11*   42   BA14
Tynecastle Park (Hearts FC) *EH11*   42   BA14
Tynecastle Ter *EH11*   42   BA14
Tytler Ct *EH8*   28   BJ10
Tytler Gdns *EH8*   7   BH10

U

Ulster Cres *EH8*   28   BL11
Ulster Dr *EH8*   28   BL11
Ulster Gdns *EH8*   28   BM11
Ulster Gro *EH8*   28   BM12
Ulster Ter *EH8*   28   BM12
Union Pk, Bonny. *EH19*   63   BR29
Union Pl *EH1* **2**   7   BG10
Union St *EH1*   27   BF9
University of Edinburgh (Central Campus) *EH8*   7   BF13
University of Edinburgh (King's Buildings) *EH9*   43   BH17
University of Edinburgh Med Sch *EH16*   45   BN18
University of Edinburgh (New College) *EH1*   6   BE11
Upper Bow *EH1* **8**   7   BF11
Upper Broomieknowe, Lass. *EH18*   55   BQ27
Upper Coltbridge Ter *EH12*   25   AZ11
Upper Craigour *EH17*   45   BN18
Upper Craigour Way *EH17*   44   BM18
Upper Cramond Ct *EH4*   23   AR7
UPPER DALHOUSIE   64   BS32
Upper Damside *EH4*   26   BB11
Upper Dean Ter *EH4*   6   BC10
Upper Gilmore Pl *EH3*   6   BD13
Upper Gilmore Ter *EH3*   6   BD13
Upper Gray St *EH9*   43   BG14
Upper Greenside La *EH1* **7**   7   BG10
Upper Gro Pl *EH3*   6   BC13
Upper Hermitage *EH6*   16   BJ7
Usher Hall *EH1*   6   BD12

V

VALLEYFIELD   69   BB39
Valleyfield Rd, Pen. *EH26*   69   BB39
Valleyfield St *EH3*   6   BD13
Valleyfield Vw, Pen. *EH26*   69   BB39
Vanburgh Pl *EH6*   16   BJ7
Vandeleur Av *EH7*   29   BN10
Vandeleur Gro *EH7*   29   BP10
Vandeleur Pl *EH7*   17   BN9
Vaucluse Pl, Pen. *EH26*   68   BA39
Veitch's Sq *EH4*   26   BD9
Vennel *EH1*   6   BE12
Vennel, S Q'fry *EH30* **3**   9   AE2
Ventnor Pl *EH9*   28   BJ15
Ventnor Ter *EH9*   43   BH15
Vernon Cotts *EH15* **1**   29   BR11
Vexhim Pk *EH15*   29   BR14
Victoria Dock *EH6*   15   BH5
Victoria Gdns (Newt.), Dalk. *EH22*   64   BV29
Victoria Pk Neuk *EH6*   15   BF6
Victoria Prim Sch *EH6*   15   BF4

Victoria Quay *EH6*   15   BH5
Victoria Rd (Newt.), Dalk. *EH22*   64   BV29
Victoria St *EH1*   7   BF12
Victoria St, Rose. *EH24*   62   BM33
Victoria Ter *EH1* **9**   6   BE12
Victoria Ter, Muss. *EH21*   32   CA13
Victor Pk Ter *EH12*   24   AT12
Viewbank Av, Bonny. *EH19*   56   BT27
Viewbank Cres, Bonny. *EH19* **1**   56   BS27
Viewbank Dr, Bonny. *EH19*   56   BS27
Viewbank Rd, Bonny. *EH19*   55   BR27
Viewbank Vw, Bonny. *EH19*   56   BS27
Viewcraig Gdns *EH8*   7   BG12
Viewcraig St *EH8*   7   BG11
Viewfield, Bonny. *EH19*   56   BT27
Viewfield Rd, Jun. Grn *EH14*   50   AU20
Viewforth *EH10*   42   BC14
Viewforth *EH11*   6   BC13
Viewforth (Port S.), Pres. *EH32*   19   CM7
Viewforth Bk, S Q'fry *EH30*   8   AD2
Viewforth Gdns *EH10*   42   BD14
Viewforth Gdns, Tran. *EH33* **6**   35   CL13
Viewforth Pl, S Q'fry *EH30*   8   AD3
Viewforth Rd, S Q'fry *EH30*   8   AD2
Viewforth Sq *EH10*   42   BC14
Viewforth Ter *EH10*   42   BC14
Viewforth Ter, Tran. *EH33* **5**   35   CL13
Viewpark Gdns, Bonny. *EH19*   55   BR27
Villa Rd, S Q'fry *EH30*   8   AD2
Violet Ter *EH11*   42   BA14
Vivian Ter *EH4*   24   AV8
Vogrie Cres S, Gore. *EH23*   70   BZ36
Vogrie Pl, Gore. *EH23*   70   BZ35
Vogrie Rd, Gore. *EH23*   70   BZ35
Vorlich Cres, Pen. *EH26*   69   BC36
Vue Cinema (Ocean Terminal) *EH6*   15   BH4
Vue Cinema (Omni Centre) *EH1*   7   BG10

W

Wadingburn La, Lass. *EH18*   55   BP26
Wadingburn Rd, Lass. *EH18*   55   BN27
Wakefield Av *EH7*   17   BP9
Walker Cres, Dalk. *EH22*   56   BT26
Walker Dr, S Q'fry *EH30*   8   AC2
Walker Pl, Lass. *EH18*   63   BN29
Walkers Ct *EH14* **1**   40   AU18
Walkers Rigg *EH14*   40   AU18
Walker St *EH3*   6   BC11
Walkers Wynd *EH14*   40   AU18
Walker Ter *EH11* **6**   6   BC12
Wallace Av (Wall.), Muss. *EH21*   32   CC15
Wallace Cres (Wall.), Muss. *EH21*   32   CC14
Wallace Cres, Ros. *EH25*   62   BJ31
Wallace Pl, Tran. *EH33* **1**   35   CL12
WALLYFORD   33   CE15
Wallyford Ind Est (Wall.), Muss. *EH21*   33   CD15
Wallyford Ln Rd (Wall.), Muss. *EH21*   33   CD13
Wallyford Prim Sch *EH21*   33   CD14
Wallyford Sta *EH21*   33   CD14
Wallyford Toll (Wall.), Muss. *EH21*   33   CD13
Walter Scott Av *EH16*   44   BK18
Wanless Ct, Muss. *EH21*   31   BZ13
Warden's Cl *EH1*   7   BF12
WARDIE   14   BC5
Wardie Av *EH5*   14   BC6
Wardieburn Dr *EH5*   14   BB5
Wardieburn Pl E *EH5*   14   BB5
Wardieburn Pl N *EH5*   14   BB5
Wardieburn Pl S *EH5*   14   BB5
Wardieburn Pl W *EH5*   14   BA5
Wardieburn Rd *EH5*   14   BA5
Wardieburn St E *EH5*   14   BB5
Wardieburn St W *EH5*   14   BA5
Wardieburn Ter *EH5*   14   BA5

Entry	Page	Grid
Wardie Cres *EH5*	14	BB5
Wardie Dell *EH5*	14	BC5
Wardiefield *EH5*	14	BB5
Wardie Gro *EH5*	14	BB5
Wardie Ho La *EH5*	14	BC4
Wardie Pk *EH5*	14	BC6
Wardie Prim Sch *EH5*	14	BC6
Wardie Rd *EH5*	14	BC6
Wardie Sq *EH5*	14	BC5
Wardie Steps *EH5*	14	BC5
Wardlaw Pl *EH11*	42	BA14
Wardlaw St *EH11*	42	BA14
Wardlaw Ter *EH11*	42	BA14
Warrender Pk Cres *EH9*	42	BD14
Warrender Pk Rd *EH9*	43	BE14
Warrender Pk Ter *EH9*	43	BE14
WARRISTON	15	BE7
Warriston Av *EH3*	15	BE7
Warriston Cres *EH3*	27	BE8
Warriston Dr *EH3*	14	BD7
Warriston Fm Rd, Currie *EH14*	48	AL21
Warriston Gdns *EH3*	14	BD7
Warriston Gro *EH3*	14	BD7
Warriston Pl *EH3*	27	BE8
Warriston Rd *EH3*	27	BE8
Warriston Rd *EH7*	15	BE6
Warriston's Cl *EH1* **15**	7	BF11
Warriston Ter *EH3*	14	BD7
Washington La *EH11*	26	BB13
Washington St *EH11*	26	BB13
Waterfall Wk, Dalk. *EH22*	57	BX25
Waterfront Av *EH5*	13	AZ4
Waterfront Bdy *EH5*	13	AZ5
Waterfront Gait *EH5*	13	AX5
Waterfront Pk *EH5*	13	AY5
Waterloo Bk, Pen. *EH26*	69	BB39
Waterloo Pl *EH1*	7	BF10
Waterloo Rd, Tran. *EH33*	35	CM15
Water of Leith Visitor Centre *EH14*	41	AY17
Water of Leith Walkway *EH13*	41	AW19
Water of Leith Walkway *EH14*	41	AW19
Water's Cl *EH6* **6**	16	BJ6
Water St *EH6*	16	BJ6
Watertoun Rd *EH9*	43	BG16
Watson Cres *EH11*	42	BA14
Watson St, Pen. *EH26*	68	BA38
Watt Gro (Mayf.), Dalk. *EH22*	71	CA30
Watt Pk (Newt.), Dalk. *EH22*	65	BX31
Watt's Cl, Muss. *EH21*	31	BX13
Wauchope Av *EH16*	29	BN15
Wauchope Cres *EH16*	29	BN15
Wauchope Ho *EH16*	45	BN15
Wauchope Pl *EH16*	29	BN15
Wauchope Rd *EH16*	29	BP15
Wauchope Ter *EH16*	29	BP15
Waugh Path, Bonny. *EH19*	56	BT27
Waulkmill Dr, Pen. *EH26*	69	BB39
Waulkmill Ln, Currie *EH14*	49	AN24
Waulkmill Rd, Pen. *EH26*	69	BC38
Waulkmill Vw, Pen. *EH26*	69	BB38
Waverley Br *EH1*	7	BF11
Waverley Ct, Bonny. *EH19*	56	BS28
Waverley Cres, Bonny. *EH19*	56	BS28
Waverley Dr, Bonny. *EH19*	56	BS28
Waverley Pk *EH8*	28	BJ10
Waverley Pk, Bonny. *EH19*	56	BS28
Waverley Pk (Mayf.), Dalk. *EH22*	65	BZ29
Waverley Pk Ter *EH8*	28	BJ10
Waverley Pl *EH7*	28	BJ10
Waverley Rd, Bonny. *EH19*	56	BS28
Waverley Rd, Dalk. *EH22*	56	BV25
Waverley Sta *EH1*	7	BF11
Waverley St *EH2*	7	BF11
Waverley St (Mayf.), Dalk. *EH22*	65	BZ30
Waverley Ter, Bonny. *EH19*	56	BS28
Waverley Ter (Mayf.), Dalk. *EH22*	65	BZ29
Weaver's Knowe Cres, Currie *EH14*	49	AP22
Websters Land *EH1* **10**		
Wedderburn Ct (Inv.), Muss. *EH21*	31	BZ16
Wedderburn Ter (Inv.), Muss. *EH21*	31	BZ16
Wee Brae, Lass. *EH18*	55	BQ26
Weir Ct *EH11*	40	AT17
Weir Ct, Dalk. *EH22* **1**	56	BU25
Weir Cres, Dalk. *EH22*	56	BU25
Well Ct *EH4* **4**	6	BC11
Wellflats Rd, K'lis. *EH29*	20	AD10
Wellhead Cl, S Q'fry *EH30*	9	AF3
Wellington Pl *EH6*	16	BJ6
Wellington St *EH7*	27	BH9
Well Wynd, Tran. *EH33*	35	CM13
Wemyss Gdns (Wall.), Muss. *EH21*	33	CE14
Wemyss Pl *EH3*	6	BD10
Wemyss Pl (Port S.), Pres. *EH32*	19	CL7
Wemyss Pl Ms *EH3*	6	BD10
Werberside Ms *EH4*	14	BA7
Wesley Cres, Bonny. *EH19*	56	BT28
West Adam St *EH8*	7	BG12
West Annandale St *EH7*	27	BF8
West App Rd *EH3*	6	BD12
West App Rd *EH11*	26	BB13
Westbank *EH4* **4**	12	AU7
Westbank Ln *EH15* **1**	29	BQ10
Westbank Pl *EH15*	29	BQ10
Westbank St *EH15*	29	BQ10
West Bow *EH1*	7	BF12
West Bowl Grn St *EH6*	15	BG6
West Brighton Cres *EH15*	29	BQ11
West Bryson Rd *EH11*	42	BB14
Westburn Av *EH14*	40	AS19
Westburn Gro *EH14*	40	AS19
Westburn Middlefield *EH14*	40	AS19
Westburn Pk *EH14*	40	AT19
Westburn Prim Sch *EH11*	40	AT18
West Cairn Cres, Pen. *EH26*	68	BA37
West Caiystane Rd *EH10*	52	BC22
West Camus Rd *EH10*	52	BC21
West Carnethy Av *EH13*	51	AW22
West Castle Rd *EH10*	42	BC14
West Catherine Pl *EH12*	26	BA12
West Cherrybank *EH6*	15	BE5
West Coates *EH12*	26	BA12
West Coll St *EH8*	7	BF12
West Ct *EH4*	25	AY10
West Ct *EH16*	45	BN16
WEST CRAIGS	23	AP12
West Craigs Av *EH12*	39	AP13
West Craigs Cres *EH12*	39	AP13
West Craigs Ind Est *EH12*	23	AP12
West Cft (Ratho), Newbr. *EH28*	37	AG17
West Cromwell St *EH6* **1**	15	BH5
West Crosscauseway *EH8*	7	BG13
WEST END	6	BC11
West End *EH2*	6	BD11
West End Pl *EH11*	26	BB13
Wester Auchendinny Br, Pen. *EH26*	67	BE35
Wester Broom Av *EH12*	40	AS14
Wester Broom Dr *EH12*	40	AS14
Wester Broom Gdns *EH12*	40	AS14
Wester Broom Gro *EH12*	40	AS14
Wester Broom Pl *EH12*	40	AS14
Wester Broom Ter *EH12*	40	AS14
Wester Cl *EH6* **3**	15	BF4
Wester Coates Av *EH12*	26	BA12
Wester Coates Gdns *EH12*	26	BA12
Wester Coates Pl *EH12*	26	BA11
Wester Coates Rd *EH12*	26	BA12
Wester Coates Ter *EH12*	26	BA12
Wester Drylaw Av *EH4*	25	AX8
Wester Drylaw Dr *EH4*	25	AW8
Wester Drylaw Pk *EH4*	25	AY8
Wester Drylaw Pl *EH4*	25	AX8
Wester Drylaw Row *EH4*	25	AY9
WESTER HAILES	40	AT19
Wester Hailes Ed Cen *EH14*	40	AS18
Wester Hailes Pk *EH14*	40	AU19
Wester Hailes Rd *EH11*	40	AS17
Wester Hailes Rd *EH14*	40	AS17
Wester Hailes Rd, Jun. Grn *EH14*	50	AU20
Wester Hailes Sta *EH14*	40	AT19
Wester Hill *EH10*	42	BA19
Westerlea Sch *EH12*	25	AY12
Wester Millerhill, Dalk. *EH22*	46	BU20
Western Cor *EH12*	25	AX12
Western Gdns *EH12*	25	AY12
Western Gen Hosp *EH4*	25	AZ8
Western Harbour *EH6*	15	BG4
Western Harbour Breakwater *EH6*	15	BF3
Western Harbour Dr *EH6*	15	BF4
Western Harbour Midway *EH6*	15	BF3
Western Harbour Pl *EH6*	15	BF3
Western Harbour Ter *EH6*	15	BF3
Western Harbour Vw *EH6*	15	BF3
Western Harbour Way *EH6*	15	BF3
Western Pl *EH12*	25	AY12
Western Ter *EH12*	25	AY12
Wester Row, Currie *EH14*	39	AN18
Wester Steil *EH10*	42	BA18
West Fairbrae Cres *EH11*	40	AU16
West Fairbrae Dr *EH11*	40	AU16
West Ferryfield *EH5*	14	BB6
Westfield Av *EH11*	41	AY14
Westfield Bk, Dalk. *EH22*	56	BU26
Westfield Ct *EH11*	41	AY14
Westfield Ct, Dalk. *EH22* **2**	56	BU26
Westfield Dr, Dalk. *EH22* **3**	56	BU26
Westfield Gro, Dalk. *EH22*	56	BU26
Westfield Pk, Dalk. *EH22*	56	BU26
Westfield Rd *EH11*	41	AZ14
Westfield St *EH11*	41	AZ14
West Fountain Pl *EH11*	26	BB13
West Gait *EH14*	49	AN21
Westgarth Av *EH13*	51	AX21
West Gorgie Pk *EH14*	41	AY15
West Gorgie Pl *EH14*	41	AY16
West Gra Gdns *EH9*	43	BF15
West Granton Access *EH5*	13	AZ5
West Granton Rd *EH4*	13	AX5
West Granton Rd *EH5*	14	BA5
Westhall Gdns *EH10*	42	BD14
West Harbour (Cock.), Pres. *EH32*	18	CK7
West Harbour Rd *EH5*	14	BA4
West Harbour Rd (Cock.), Pres. *EH32*	18	CK7
West Holmes Gdns, Muss. *EH21*	31	BX13
Westhouses Av (Mayf.), Dalk. *EH22*	71	CA30
Westhouses Dr (Mayf.), Dalk. *EH22* **3**	71	CA30
Westhouses Rd (Mayf.), Dalk. *EH22*	71	CA30
Westhouses St (Mayf.), Dalk. *EH22* **2**	71	CA30
Westland Cotts *EH17*	55	BN22
West Ln, Pres. *EH32*	18	CH10
West Ln Ct, Pres. *EH32* **1**	34	CH11
West Lorimer Pl (Cock.), Pres. *EH32*	18	CK7
WEST MAINS	43	BH18
West Mains Rd *EH9*	43	BG17
West Maitland St *EH12*	6	BC12
West Mayfield *EH9*	43	BH15
West Mill Bk *EH13*	51	AW21
West Mill Ct, Lass. *EH18* **1**	55	BQ26
West Mill La *EH4*	6	BC11
West Mill Rd *EH13*	50	AV21
Westmill Rd, Lass. *EH18*	55	BQ27
Westmill Wynd, Lass. *EH18*	55	BQ27
West Montgomery Pl *EH7*	27	BG9
West Newington Pl *EH9*	43	BG14
West Nicolson St *EH8*	7	BG12
West Norton Pl *EH7*	7	BH10

Name	Page	Grid
West One Business Pk *EH11*	39	AR17
WESTPANS	32	CC12
Westpark Gdns *EH12*	39	AQ13
West Pk Pl *EH11*	26	BB12
West Pier *EH5*	14	BA4
WEST PILTON	13	AZ6
West Pilton Av *EH4*	13	AY7
West Pilton Bk *EH4*	13	AX6
West Pilton Brae *EH4*	13	AZ6
West Pilton Cres *EH4*	13	AX6
West Pilton Crossway *EH4*	13	AY6
West Pilton Dr *EH4*	13	AY6
West Pilton Gdns *EH4*	13	AY6
West Pilton Grn *EH4*	13	AY6
West Pilton Gro *EH4*	13	AY6
West Pilton Lea *EH4*	13	AY6
West Pilton Ln *EH4*	13	AY6
West Pilton March *EH4*	13	AZ5
West Pilton Pk *EH4*	13	AY6
West Pilton Pl *EH4*	13	AZ6
West Pilton Ri *EH4*	13	AY6
West Pilton Rd *EH4*	13	AZ6
West Pilton St *EH4*	13	AY6
West Pilton Ter *EH4*	13	AY6
West Pilton Vw *EH4*	13	AY7
West Pilton Way *EH4*	13	AZ6
West Port *EH1*	6	BE12
West Port *EH3*	6	BE12
West Powburn *EH9*	43	BG16
West Preston St *EH8*	43	BG14
West Register St *EH2*	7	BF10
West Register St La *EH2* 4	7	BF10
West Relugas Rd *EH9*	43	BF16
West Richmond St *EH8*	7	BG12
West Savile Gdns *EH9*	43	BG16
West Savile Rd *EH16*	43	BH16
West Savile Ter *EH9*	43	BG16
West Scotland St La *EH3*	27	BE9
West Seaside, Pres. *EH32*	18	CG10
West Shore Business Cen *EH5*	13	AY4
West Shore Rd *EH5*	13	AX5
West Shore Rd Trd Est *EH5*	13	AY4
Westside Plaza *EH14*	40	AT19
West Silvermills La *EH3*	26	BD9
West Stanhope Pl *EH12* 1	26	BA12
West St, Pen. *EH26*	68	BA39
West Telferton *EH7*	29	BP10
West Ter, S Q'fry *EH30* 3	8	AD2
West Tollcross *EH3*	6	BD13
West Werberside *EH4*	14	BA7
West Windygoul Gdns, Tran. *EH33*	34	CK15
West Winnelstrae *EH5*	14	BB7
West Wds *EH4*	26	BA8
Wheatfield Gro, Lnhd *EH20*	54	BJ27
Wheatfield Ln, Lnhd *EH20*	54	BK26
Wheatfield Pl *EH11*	41	AZ14
Wheatfield Rd *EH11*	41	AZ14
Wheatfield St *EH11*	42	BA14
Wheatfield Ter *EH11* 1	41	AZ14
Wheatfield Wk, Lnhd *EH20*	54	BJ27
Wheatsheaf La, Dalk. *EH22*	57	BW23
Whin Pk (Cock.), Pres. *EH32*	18	CK8
Whin Pk Ind Est, Pres. *EH32*	18	CK8
Whins *EH15* 2	29	BQ11
White Dales *EH10*	53	BE22
Whitehall Ct *EH4*	25	AX9
White Hart St, Dalk. *EH22* 7	57	BW24
Whitehead Gro, S Q'fry *EH30*	9	AE3
WHITEHILL	31	BW15
Whitehill Av, Muss. *EH21*	31	BW14
Whitehill Dr, Dalk. *EH22*	57	BZ25
Whitehill Fm Rd, Muss. *EH21*	31	BW15
Whitehill Gdns, Muss. *EH21*	31	BW15
Whitehill Gro, Dalk. *EH22*	57	BZ25
Whitehill Rd *EH15*	30	BS15
Whitehill Rd, Dalk. *EH22*	30	BS16
Whitehill Rd (Newcr.), Muss. *EH21*	30	BT16
Whitehill St (Newcr.), Muss. *EH21*	30	BT15
White Horse Cl *EH8*	7	BH11
Whitehouse Ln *EH9*	42	BD14
Whitehouse Rd *EH4*	23	AQ8
Whitehouse Ter *EH9*	43	BE15
Whitelea Cres, Bal. *EH14*	58	AL27
Whitelea Rd, Bal. *EH14*	58	AL27
White Pk *EH11*	42	BA14
White's Cl, Dalk. *EH22*	57	BW24
Whitingford *EH6*	15	BF6
Whitson Cres *EH11*	41	AX14
Whitson Gro *EH11*	41	AX14
Whitson Pl E *EH11*	41	AX14
Whitson Pl W *EH11*	41	AX14
Whitson Rd *EH11*	41	AX14
Whitson Ter *EH11*	41	AX14
Whitson Wk *EH11*	41	AW14
Whitson Way *EH11*	41	AX14
Whyte Pl *EH7*	28	BJ10
Wilfrid Ter *EH8* 5	28	BL10
Wilkieston Rd (Ratho), Newbr. *EH28*	37	AE17
William Black Pl, S Q'fry *EH30*	9	AE3
Williamfield Sq *EH15* 1	29	BQ11
William Jameson Pl *EH15* 8	29	BQ10
William St *EH3*	6	BC11
William St La N E *EH3*	6	BC11
William St La N W *EH3*	6	BC11
William St La S E *EH3*	6	BC11
William St La S W *EH3*	6	BC12
Willow Av, Bonny. *EH19*	63	BR29
Willowbank Row *EH6*	15	BF5
WILLOWBRAE	28	BL12
Willowbrae Av *EH8*	28	BL11
Willowbrae Gdns *EH8*	28	BM11
Willowbrae Rd *EH8*	28	BL11
Willow Path, Lnhd *EH20* 2	61	BH28
Willow Rd (Mayf.), Dalk. *EH22*	71	CA29
Willow Tree Pl, Bal. *EH14*	48	AM24
Wilson Av, Dalk. *EH22*	57	BY24
Wilson Av, Pres. *EH32*	18	CH10
Wilson Rd, Gore. *EH23*	70	BZ34
Wilson's Ct *EH8* 3	7	BG11
Wilson's Pk *EH15*	29	BR10
Wilson St, Pen. *EH26*	68	BA38
Wilson Wk, Tran. *EH33*	35	CL14
Wilton Rd *EH16*	43	BH17
Windmill Cl *EH8*	7	BG13
Windmill La *EH8*	7	BF13
Windmill Pl *EH8* 6	7	BG13
Windmill St *EH8*	7	BF13
Windrush Dr *EH6*	15	BF4
Windsor Cres, Pen. *EH26*	69	BC37
Windsor Dr, Pen. *EH26*	69	BC38
Windsor Gdns, Muss. *EH21*	32	CA13
Windsor Pk, Muss. *EH21*	32	CB13
Windsor Pk Dr, Muss. *EH21*	32	CB13
Windsor Pk Pl, Muss. *EH21*	32	CB13
Windsor Pk Ter, Muss. *EH21*	32	CA13
Windsor Pl *EH15*	29	BR11
Windsor Rd, Pen. *EH26*	69	BC37
Windsor Sq, Pen. *EH26*	69	BC37
Windsor St *EH7*	27	BG9
Windsor St La *EH7*	27	BG9
Windsor Ter, Pen. *EH26*	69	BC37
Windygoul Cres, Tran. *EH33*	35	CM14
Windy Wynd, Muss. *EH21*	31	BZ15
Winton Cl, Tran. *EH33*	35	CM15
Winton Ct (Cock.), Pres. *EH32* 1	19	CL7
Winton Ct, Tran. *EH33*	35	CN15
Winton Dr *EH10*	52	BD23
Winton Gdns *EH10*	53	BE23
Winton Gro *EH10*	52	BD22
Winton Gro, Tran. *EH33*	35	CN15
Winton Ln *EH10*	53	BE23
Winton Pk *EH10*	52	BD23
Winton Pk (Cock.), Pres. *EH32*	19	CL8
Winton Pl, Tran. *EH33*	35	CM13
Winton Ter *EH10*	52	BD23
Winton Way, Tran. *EH33*	35	CM15
Wishart Av, Bonny. *EH19*	56	BT27
Wishart Pl, Dalk. *EH22*	56	BU25
Wishaw Ter *EH7*	28	BK10
Wisp, The *EH16*	45	BR16
Wisp Grn *EH15*	29	BR15
Witholm (Whitehill), Dalk. *EH22*	71	CA26
Wolrige Rd *EH16*	44	BJ19
Wolseley Cres *EH8*	28	BL10
Wolseley Gdns *EH8* 8	28	BL10
Wolseley Pl *EH8* 9	28	BL10
Wolseley Ter *EH8* 6	28	BL10
Wolsey Av, Bonny. *EH19*	64	BS29
Woodbine Gdns, Pres. *EH32* 2	18	CH10
Woodbine Ter *EH6*	16	BJ8
WOODBURN	57	BY24
Woodburn Av, Dalk. *EH22*	57	BY24
Woodburn Bk, Dalk. *EH22*	57	BY24
Woodburn Dr, Dalk. *EH22*	57	BX24
Woodburn Gdns, Dalk. *EH22*	57	BY24
Woodburn Gro, Dalk. *EH22*	57	BY25
Woodburn Ln, Dalk. *EH22*	57	BY24
Woodburn Medway, Dalk. *EH22*	57	BY25
Woodburn Pk, Dalk. *EH22*	57	BY24
Woodburn Pl *EH10*	42	BD16
Woodburn Pl, Dalk. *EH22*	57	BY25
Woodburn Prim Sch *EH22*	57	BZ23
Woodburn Rd, Dalk. *EH22*	57	BX24
Woodburn St, Dalk. *EH22*	57	BY24
Woodburn Ter *EH10*	42	BD16
Woodburn Ter, Dalk. *EH22*	57	BY25
Woodburn Vw, Dalk. *EH22*	57	BZ25
Woodend Pk, Ros. *EH25*	67	BH32
Woodfield Av *EH13*	50	AV21
Woodfield Pk *EH13*	50	AV21
Woodfield Pk (Bils.), Ros. *EH25*	61	BF29
WOODHALL	50	AU21
Woodhall Av, Jun. Grn *EH14*	50	AT21
Woodhall Bk, Jun. Grn *EH14*	50	AV22
Woodhall Dr, Jun. Grn *EH14*	50	AT21
Woodhall Gro *EH13*	50	AV22
Woodhall Millbrae, Jun. Grn *EH14*	50	AU21
Woodhall Rd *EH13*	51	AW21
Woodhall Ter, Jun. Grn *EH14*	50	AT21
Woodlands Gro *EH15*	29	BN12
Woodland Vw, Dalk. *EH22*	57	BZ23
Woodrow, Gore. *EH23*	70	BY34
Woods Ct, Bonny. *EH19* 3	63	BR28
Woodside Dr, Pen. *EH26*	69	BB38
Woodside Gdns, Muss. *EH21*	32	CA13
Woodside Ter *EH15*	30	BS12
Woodstock Pl *EH16*	44	BK18
Woodville Ter *EH6*	16	BJ8
Woolmet Cres (Dand.), Dalk. *EH22*	45	BR19
Wright's Hos *EH10*	42	BD14
Writers' Museum & Makars' Court *EH1* 6	7	BF11
Wyvern Pk *EH9*	43	BF15
Wyvis Pk, Pen. *EH26*	69	BC36

Y

Name	Page	Grid
Yardheads *EH6*	15	BH6
Yarrow Ct, Pen. *EH26*	69	BC36
Yeaman La *EH11*	26	BB13
Yeaman Pl *EH11*	26	BB13
Yewlands Cres *EH16*	44	BK20
Yewlands Gdns *EH16*	44	BK20
York Bldgs *EH2* 7	7	BF10
York La *EH1*	7	BF10
York Pl *EH1*	7	BF10
York Rd *EH5*	14	BD5
Young Av, Tran. *EH33*	35	CM14
Young St *EH2*	6	BD11
Young St La N *EH2*	6	BD11
Young St La S *EH2*	6	BD11

Z

Name	Page	Grid
Zetland Pl *EH5*	14	BD5

In busy areas, street names are shown on the map with a number.
Use this list to identify the street names represented by numbers in each grid square.

Page 6

BC10	1	Learmonth Vw *EH4*
BC11	1	Convening Ct *EH4*
	2	Dean Path Bldgs *EH4*
	3	Drumsheugh Pl *EH3*
	4	Well Ct *EH4*
	5	Hawthorn Ter *EH4*
	6	Melville Pl *EH3*
BC12	1	Douglas Ter *EH11*
	2	Argyll Ter *EH11*
	3	Atholl Ter *EH11*
	4	Grove Ter *EH11*
	5	Breadalbane Ter *EH11*
	6	Walker Ter *EH11*
	7	Cobden Ter *EH11*
	8	Bright Ter *EH11*
	9	St. David's Pl *EH3*
	10	St. David's Ter *EH3*
	11	McLaren Ter *EH11*
	12	Lewis Ter *EH11*
BD10	1	South E Circ Pl *EH3*
	2	Jamaica St W *EH3*
BD11	1	Rutland Pl *EH1*
BD12	1	Festival Sq *EH3*
	2	Rutland Ct *EH3*
	3	Cambridge St La *EH1*
BD13	1	Leven Cl *EH3*
	2	Chalmers Bldgs *EH3*
	3	Lochrin Ter *EH3*
BE10	1	Nelson Pl *EH3*
	2	Northumberland Pl *EH3*
	3	Thistle Ct *EH2*
BE11	1	Playfair Steps *EH2*
BE12	1	Heriot Cross *EH1*
	2	Inglis Ct *EH1*
	3	Spittal St La *EH3*
	4	Brown's Pl *EH1*
	5	Portsburgh Sq *EH1*
	6	Castle Wynd S *EH1*
	7	Chapel Wynd *EH1*
	8	Thomson's Ct *EH1*
	9	Victoria Ter *EH1*
	10	Websters Land *EH1*
	11	Castle Wynd N *EH1*
	12	Dunlop's Ct *EH1*
	13	Hunter's Cl *EH1*
	14	Patrick Geddes Steps *EH1*

Page 7

BF10	1	North Clyde St La *EH1*
	2	Regent Br *EH1*
	3	St. Ninian's Row *EH8*
	4	West Register St La *EH2*
	5	Elder St E *EH1*
	6	Gabriel's Rd *EH2*
	7	York Bldgs *EH2*
BF11	1	Advocates Cl *EH1*
	2	Bell's Wynd *EH1*
	3	Borthwick's Cl *EH1*
	4	James' Ct *EH1*
	5	Carrubber's Cl *EH1*
	6	Lady Stair's Cl *EH1*
	7	Melbourne Pl *EH1*
	8	Upper Bow *EH1*
	9	Old Assembly Cl *EH1*
	10	North Br Arc *EH1*
	11	Anchor Cl *EH1*
	12	Tron Sq *EH1*
	13	Fleshmarket Cl *EH1*
	14	Barrie's Cl *EH1*

	15	Warriston's Cl *EH1*
BF12	1	Charlesfield *EH8*
	2	College Wynd *EH1*
	3	India Bldgs *EH1*
	4	Solicitor's Bldgs *EH1*
	5	Edmonstones Cl *EH1*
BG10	1	Baxter's Pl *EH1*
	2	Union Pl *EH1*
	3	Marshall's Ct *EH1*
	4	Glenorchy Pl *EH1*
	5	Greenside Pl *EH1*
	6	Greenside End *EH1*
	7	Upper Greenside La *EH1*
BG11	1	Coinyie Ho Cl *EH1*
	2	Boyd's Entry *EH1*
	3	Wilson's Ct *EH8*
	4	Chalmers Cl *EH1*
	5	Dickson's Cl *EH1*
BG12	1	North Richmond St *EH8*
	2	Marshall St *EH8*
	3	Niddry St S *EH1*
	4	Simon Sq *EH8*
	5	New Arthur St *EH8*
	6	Grays Ct *EH8*
	7	Gilmour's Entry *EH8*
	8	Brown St La *EH8*
	9	St. John's Hill *EH8*
BG13	1	Hope Pk Sq *EH8*
	2	Lamb's Cl *EH8*
	3	St. Patrick St *EH8*
	4	Summerhall Cres *EH9*
	5	Hamilton's Folly Ms *EH8*
	6	Windmill Pl *EH8*
BH11	1	Reid's Ct *EH8*
	2	Robertson's Ct *EH8*
	3	Cooper's Cl *EH8*
	4	Crichton's Cl *EH8*
	5	Bull's Cl *EH8*
	6	Slater's Steps *EH8*
	7	Jackson's Entry *EH8*
	8	Gentle's Entry *EH8*
	9	Nether Bakehouse *EH8*
BH13	1	St. Leonard's Crag *EH8*

Page 8

AB3	1	Echline Steadings, S Q'fry *EH30*
	2	Echline, S Q'fry *EH30*
AD2	1	Bellstane, S Q'fry *EH30*
	2	Hill Ct, S Q'fry *EH30*
	3	West Ter, S Q'fry *EH30*
	4	Hillwood Pl, S Q'fry *EH30*
	5	Harbour La, S Q'fry *EH30*

Page 9

AE2	1	Hamilton's Cl, S Q'fry *EH30*
	2	Mid Ter, S Q'fry *EH30*
	3	Vennel, S Q'fry *EH30*
	4	East Ter, S Q'fry *EH30*
	5	Smith's Land, S Q'fry *EH30*
AE3	1	Ferryburn, S Q'fry *EH30*
	2	Scotstoun Gro, S Q'fry *EH30*

Page 11

AR4	1	Riverside *EH4*

AR5	1	Almond Bk Cotts *EH4*

Page 12

AU7	1	Southbank *EH4*
	2	Southbank Ct *EH4*
	3	Southlawn Ct *EH4*
	4	Westbank *EH4*
	5	Easter Pk Ho *EH4*
	6	Northlawn Ct *EH4*
	7	Rose Ct *EH4*

Page 13

AX6	1	Granton Mill W *EH4*
AY5	1	Granton Mains Bk *EH4*

Page 15

BE4	1	Lamb's Ct *EH6*
BE5	1	Auchinleck's Brae *EH6*
BF4	1	Great Michael Sq *EH4*
	2	Fishmarket Sq *EH6*
	3	Wester Cl *EH6*
	4	Great Michael Cl *EH6*
BF6	1	Mulberry Pl *EH6*
BG5	1	Hamburgh Pl *EH6*
	2	Hawthornbank Ter *EH6*
	3	Portland Ter *EH6*
	4	North Leith Mill *EH6*
BG6	1	Industry Home *EH6*
BG7	1	Bonnington Gait *EH6*
BH5	1	West Cromwell St *EH6*
	2	Citadel St *EH6*
BH6	1	Ballantyne La *EH6*
	2	Brewery La *EH6*
	3	Quayside Mills *EH6*
	4	Henderson Gdns *EH6*
	5	St. Anthony Pl *EH6*
	6	St. Anthony St *EH6*
	7	Spier's Pl *EH6*
	8	Bowling La *EH6*
BH7	1	Cunningham Pl *EH6*
	2	Newkirkgate *EH6*
	3	Springfield Bldgs *EH6*

Page 16

BJ5	1	Commercial Wf *EH6*
BJ6	1	Bowie's Cl *EH6*
	2	Chapel La *EH6*
	3	Links La *EH6*
	4	New Bells Ct *EH6*
	5	Seaport St *EH6*
	6	Water's Cl *EH6*
	7	Broad Wynd *EH6*
BJ7	1	Cochrane Pl *EH6*
BJ9	1	Crawford Br *EH7*
BK7	1	Rosevale Pl *EH6*
	2	Elm Pl *EH6*
	3	Fingzies Pl *EH6*
BL7	1	Seacot *EH6*
	2	Boothacre Cotts *EH6*
BL9	1	Marionville Medway *EH7*

Page 18

CG10	1	Burnside, Pres. *EH32*
	2	Cookies Wynd, Pres. *EH32*
CH9	1	Sir Walter Scott Pend, Pres. *EH32*

	2	East Sea Side, Pres. *EH32*
	3	Fowlers Ct, Pres. *EH32*
	4	Rosemount Ms, Pres. *EH32*
CH10	1	Salt Preston Pl, Pres. *EH32*
	2	Woodbine Gdns, Pres. *EH32*
	3	Ayres Wynd, Pres. *EH32*
	4	Glebe Gdns, Pres. *EH32*
CJ10	1	South Vw, Pres. *EH32*
	2	Cross Cotts, Pres. *EH32*
	3	Preston Cross Cotts, Pres. *EH32*
CK7	1	Hawthornbank (Cock.), Pres. *EH32*
	2	North Lorimer Pl (Cock.), Pres. *EH32*

Page 19

CL7	1	Winton Ct (Cock.), Pres. *EH32*
	2	Elcho Pl (Port S.), Pres. *EH32*
	3	East Lorimer Pl (Cock.), Pres. *EH32*
CM7	1	Bayview (Port S.), Pres. *EH32*

Page 20

| AD10 | 1 | Square, The, K'lis. *EH29* |

Page 23

AQ8	1	Braehead Row *EH4*
AQ11	1	Affleck Ct *EH12*
	2	Finlaggan Ct *EH12*
AQ12	1	Toward Ct *EH12*
	2	Rowallan Ct *EH12*
	3	Kilchurn Ct *EH12*
	4	Neidpath Ct *EH12*
AR10	2	North Bughtlin Pl *EH12*
	3	North Bughtlin Neuk *EH12*
AR12	1	Kisimul Ct *EH12*
	2	Dunollie Ct *EH12*
	3	Caerlaverock Ct *EH12*
	4	Barntalloch Ct *EH12*

Page 24

AS13	1	Featherhall Cres *EH12*
AT13	1	Oswald Ter *EH12*
AU12	1	Clermiston Ter *EH12*

Page 25

AX9	1	Muirdale Ter *EH4*
AY9	1	Craigcrook Pl *EH4*
AY10	1	Marischal Pl *EH4*
	2	East Ct *EH4*
AZ12	1	Murrayfield Pl *EH12*
	2	Roseburn Gdns *EH12*

Page 26

BA12	1	West Stanhope Pl *EH12*
	2	Surrey Pl *EH12*
	3	Eglinton St *EH12*
	4	Hampton Pl *EH12*
BB11	1	Belford Ter *EH4*

	2	Hawthorn Bldgs *EH4*
	3	Douglas Gdns Ms *EH4*
	4	Ravelston Pl *EH4*
BB12	1	Easter Dalry Pl *EH11*
BB13	1	Regent's Ct *EH11*
	2	Murieston Cres La *EH11*
	3	Easter Dalry Rigg *EH11*
BC9	1	Mary's Pl *EH4*
	2	Comely Bk Pl Ms *EH4*
BD9	1	Baker's Pl *EH3*
	2	Malta Grn *EH4*
	3	Patriothall *EH3*
	4	Saxe-Coburg Ter *EH3*
	5	Glanville Pl *EH3*
	6	Gabriel's Rd *EH3*
	7	Glenogle Pl *EH3*

Page 27

BE8	1	Munro Pl *EH3*
	2	Canonmills Br *EH3*
	3	Canon Ct *EH3*
BF9	1	East Broughton Pl *EH1*
	2	Old Broughton *EH3*
	3	Barony Pl *EH3*
BG9	1	Antigua St *EH1*
	2	Shaw's Sq *EH1*
BH9	1	Brunswick Ter *EH7*
	2	Brunton Gdns *EH7*

Page 28

BJ10	1	Dalziel Pl *EH7*
	2	Jane Ter *EH7*
	3	Kirkwood Pl *EH7*
	4	Sunnybank Ter *EH7*
BL10	1	Deanery Cl *EH7*
	2	Parsons Grn Ter *EH8*
	3	Piershill La *EH8*
	4	Piershill Pl *EH8*
	5	Wilfrid Ter *EH8*
	6	Wolseley Ter *EH8*
	7	Meadowbank Pl *EH8*
	8	Wolseley Gdns *EH8*
	9	Wolseley Pl *EH8*
	10	Hillend Pl *EH8*
BM11	1	Northfield Hts *EH8*
BM12	1	Abercorn Ct *EH8*
BM15	1	Back Sta Rd *EH16*

Page 29

BQ10	1	Westbank Ln *EH15*
	2	Electra Pl *EH15*
	3	Great Cannon Bk *EH15*
	4	Hillcoat Ln *EH15*
	5	Hillcoat Pl *EH15*
	6	Bridge St La *EH15*
	7	Spa Pl *EH15*
	8	William Jameson Pl *EH15*
	9	Ramsay Pl *EH15*
	10	Law Pl *EH15*
	11	Aitchison's Pl *EH15*
	12	Brickfield *EH15*
	13	Harbour Pl *EH15*
	14	Pottery, The *EH15*
BQ11	1	Williamfield Sq *EH15*
	2	Whins Pl *EH15*
BQ12	1	Southfield Vil *EH15*
BQ14	1	Duddingston Yards *EH15*
BR10	1	New Twr Pl *EH15*
	2	Bath Pl *EH15*
BR11	1	Vernon Cotts *EH15*

Page 30

| BS12 | 1 | Brunstane Gdns Ms *EH15* |
| BS15 | 1 | Niddrie Cotts *EH15* |

Page 31

BW14	1	Stoneyhill Gdns, Muss. *EH21*
BX13	1	Bush Ter, Muss. *EH21*
BZ13	1	Dambrae, Muss. *EH21*
BZ14	1	Grannus Ms (Inv.), Muss. *EH21*
	2	Inveresk Gate (Inv.), Muss. *EH21*

Page 32

| CA13 | 1 | Linkfield Ct, Muss. *EH21* |
| CB13 | 1 | Pittencrieff Ct, Muss. *EH21* |

Page 33

CD14	1	Forthview Dr (Wall.), Muss. *EH21*
	2	Albert Cl (Wall.), Muss. *EH21*
CD15	1	St. Clements Cres (Wall.), Muss. *EH21*

Page 34

CG11	1	Bellfield Sq, Pres. *EH32*
CH11	1	West Ln Ct, Pres. *EH32*
	2	Robert De Quincy Pl, Pres. *EH32*
CJ11	1	Doo'Cot Pl, Pres. *EH32*

Page 35

CL12	1	Wallace Pl, Tran. *EH33*
	2	Gardiners Pl, Tran. *EH33*
	3	Hope Pl, Tran. *EH33*
CL13	1	Caesar Way, Tran. *EH33*
	2	Elphinstone Ct, Tran. *EH33*
	3	George Way, Tran. *EH33*
	4	Potter's Path, Tran. *EH33*
	5	Viewforth Ter, Tran. *EH33*
	6	Viewforth Gdns, Tran. *EH33*
	7	Coal Neuk Cor, Tran. *EH33*
CL14	1	Dequincey Wk, Tran. *EH33*
	2	Wilson Wk, Tran. *EH33*
	3	Kerr-McNeill Service Rd, Tran. *EH33*
	4	McNeill Wk, Tran. *EH33*
	5	Kerr Way, Tran. *EH33*
	6	Elphinstone Wk, Tran. *EH33*
	7	Pinkie Wk, Tran. *EH33*
	8	Seton Ct, Tran. *EH33*
CM13	1	Civic Sq, Tran. *EH33*
	2	Plough La, Tran. *EH33*
	3	Cadell Sq, Tran. *EH33*
CM14	1	Fa'side Av, Tran. *EH33*
	2	Fa'side Cres, Tran. *EH33*

Page 39

| AP14 | 1 | Gyle Av *EH12* |

Page 40

| AS19 | 1 | Quarryview *EH14* |

Page 40 continued

	2	Middlepark *EH14*
	3	Middleshot *EH14*
AU18	1	Walkers Ct *EH14*

Page 41

AW17	1	Longstone Cotts *EH14*
AX16	1	Laichpark Ln *EH14*
AX17	1	Graysknowe *EH14*
AY15	1	Chesser Cotts *EH11*
	2	Coxfield La *EH11*
AZ14	1	Wheatfield Ter *EH11*

Page 42

BA14	1	Laurel Ter *EH11*
BA15	1	Lily Ter *EH11*
	2	Sinclair Cl *EH11*
	3	Daisy Ter *EH11*
BA19	1	Morham Lea *EH10*
	2	Syme Pl *EH10*
	3	Morham Gdns *EH10*
	4	Syme Rigg *EH10*
	5	Morham Pk *EH10*
	6	Morham Gait *EH10*
BB14	1	Ardmillan Ter La *EH11*
BB19	1	Ashy Path *EH10*
BD14	1	Alvanley Ter *EH9*
BD16	1	Eden Ter *EH10*

Page 43

BF15	1	Esdaile Pk *EH9*
BF16	1	Glenisla Gdns La *EH9*
BG14	1	Lord Russell Pl *EH9*
	2	Sciennes Pl *EH9*
	3	East Preston St La *EH8*
	4	Summerhall *EH9*
	5	Summerhall Pl *EH9*

Page 44

BJ17	1	Nether Liberton Ct *EH16*
BL17	1	Saddletree Ln *EH16*
BL20	1	Stennis Gdns *EH17*
BL21	1	Carnbee Dell *EH16*
BM16	1	Peffermill Ct *EH16*

Page 45

BP20	1	Ferniehill Gro *EH17*
BQ16	1	Great Carleton Sq *EH16*
	2	Niddrie Ho Gro *EH16*

Page 49

| AQ23 | 1 | Pentland Vw Ct, Currie *EH14* |

Page 50

AT21	1	Juniper La, Jun. Grn *EH14*
AT22	1	Pentland Vil, Jun. Grn *EH14*
AU20	1	Alcorn Rigg *EH14*

Page 51

| AW21 | 1 | Cuddies Ln *EH13* |
| AW22 | 1 | Bonaly Steading *EH13* |

| AX20 | 1 | Rustic Cotts *EH13* |

Page 52

BA20	1	Stark's Cotts *EH13*
BB21	1	Oxgangs Path E *EH13*
	2	Oxgangs Bdy *EH13*

Page 54

BK22	1	Balmwell Pk *EH16*
BK23	1	Southhouse Sq *EH17*
	2	Burdiehouse Crossway *EH17*
BL26	1	Green, The, Lnhd *EH20*
BL27	1	George Cres, Lnhd *EH20*
BM27	1	Fowler Cres, Lnhd *EH20*
	2	Fowler Sq, Lnhd *EH20*
	3	Linden Pl, Lnhd *EH20*

Page 55

| BQ26 | 1 | West Mill Ct, Lass. *EH18* |
| BQ27 | 1 | Melville Vw, Lass. *EH18* |

Page 56

BS27	1	Viewbank Cres, Bonny. *EH19*
BT27	1	Bellfield Vw, Bonny. *EH19*
BU25	1	Weir Ct, Dalk. *EH22*
	2	Eskbank Ct, Dalk. *EH22*
BU26	1	Fairhaven Vil, Dalk. *EH22*
	2	Westfield Ct, Dalk. *EH22*
	3	Westfield Dr, Dalk. *EH22*
BV23	1	Bridgend, Dalk. *EH22*
BV25	1	New Meadowspott, Dalk. *EH22*

Page 57

BW24	1	Maxton Ct, Dalk. *EH22*
	2	Plummer Ct, Dalk. *EH22*
	3	Pettigrew's Cl, Dalk. *EH22*
	4	Eskdaill Ct, Dalk. *EH22*
	5	Jarnac Ct, Dalk. *EH22*
	6	Parkside Ct, Dalk. *EH22*
	7	White Hart St, Dalk. *EH22*
BX24	1	Newmills Ter, Dalk. *EH22*
BY24	1	Place Charente, Dalk. *EH22*
BY25	1	Primrose Ter, Dalk. *EH22*
BY26	1	Easthouses Pl (Easth.), Dalk. *EH22*
BY27	1	Parkhead Pk (Easth.), Dalk. *EH22*
BZ24	1	Robert Burns Ms, Dalk. *EH22*

Page 58

| AL26 | 1 | Quarry Howe, Bal. *EH14* |

Page 61

| BG28 | 1 | Sycamore Path, Lnhd *EH20* |

| BH28 | 1 | Fir Vw, Lnhd *EH20* |
| | 2 | Willow Path, Lnhd *EH20* |

Page 62

| BL28 | 1 | Mayfield Ct, Lnhd *EH20* |
| | 2 | Harnes Ct, Lnhd *EH20* |

Page 63

BQ28	1	Polton Ter, Lass. *EH18*
BQ30	1	Cockpen Pl, Bonny. *EH19*
	2	Poltonhall, Bonny. *EH19*
BR28	1	Leyden Pl, Bonny. *EH19*
	2	Arniston Pl, Bonny. *EH19*
	3	Woods Ct, Bonny. *EH19*
	4	Moorfoot Ct, Bonny. *EH19*

Page 64

| BS29 | 1 | Dickson Gro, Bonny. *EH19* |
| BT29 | 1 | Sherwood Wk, Bonny. *EH19* |

Page 65

BW30	1	Deanpark Ct (Newt.), Dalk. *EH22*
BX29	1	Lady Rd Pl (Newt.), Dalk. *EH22*
BX31	1	Lingerwood Cotts (Newt.), Dalk. *EH22*
BZ29	1	Blackcot Pl (Mayf.), Dalk. *EH22*
BZ30	1	Dougall Rd (Mayf.), Dalk. *EH22*
	2	Bevan Rd (Mayf.), Dalk. *EH22*

Page 69

| BB39 | 1 | Bankmill Vw, Pen. *EH26* |

Page 70

BX34	1	Greenhall Cres, Gore. *EH23*
BY34	1	Emily Ct, Gore. *EH23*
	2	Redheugh Ln, Gore. *EH23*
BY37	1	John Bernard Way, Gore. *EH23*
BZ36	1	Harvieston Vil, Gore. *EH23*

Page 71

CA29	1	Laurelbank Pl (Mayf.), Dalk. *EH22*
CA30	1	Ruskin Pl (Mayf.), Dalk. *EH22*
	2	Westhouses St (Mayf.), Dalk. *EH22*
	3	Westhouses Dr (Mayf.), Dalk. *EH22*
	4	Ramsay Wk (Mayf.), Dalk. *EH22*